LE CANADA FRANÇAIS DEVANT
LA FRANCOPHONIE MONDIALE

Serge Dupuis

LE CANADA FRANÇAIS DEVANT LA FRANCOPHONIE MONDIALE

L'expérience du mouvement
Richelieu pendant la deuxième
moitié du XXᵉ siècle

SEPTENTRION

Pour effectuer une recherche libre par mot-clé à l'intérieur de cet ouvrage,
rendez-vous sur notre site Internet au www.septentrion.qc.ca

Les éditions du Septentrion remercient le Conseil des Arts du Canada et la Société de
développement des entreprises culturelles du Québec (SODEC) pour le soutien accordé
à leur programme d'édition, ainsi que le gouvernement du Québec pour son Programme
de crédit d'impôt pour l'édition de livres.

**Financé par le
gouvernement
du Canada** | Canadä

Cet ouvrage a été publié grâce à une subvention de la Fédération canadienne des sciences
humaines de concert avec le Programme d'aide à l'édition savante, dont les fonds
proviennent du Conseil de recherches en sciences humaines du Canada.

Nous tenons à souligner la collaboration de la Chaire pour le
développement de la recherche sur la culture d'expression française
en Amérique du Nord (CEFAN) à l'élaboration de cet l'ouvrage.

cefan
l'essor des chercheurs

Coordination éditoriale : Marie-Michèle Rheault
Révision : Marie-Élaine Gadbois, Oculus
Correction d'épreuves : Myriam Cyr
Mise en pages et maquette de couverture : Pierre-Louis Cauchon

Si vous désirez être tenu au courant des publications
des ÉDITIONS DU SEPTENTRION
vous pouvez nous écrire par courrier,
par courriel à sept@septentrion.qc.ca,
ou consulter notre catalogue sur Internet :
www.septentrion.qc.ca

Diffusion au Canada :
Diffusion Dimedia
539, boul. Lebeau
Saint-Laurent (Québec)
H4N 1S2

Dépôt légal :
Bibliothèque et Archives
nationales du Québec, 2017
ISBN papier : 978-2-89448-890-4
ISBN PDF : 978-2-89448-249-0
ISBN EPUB : 978-2-89448-250-6

Ventes en Europe :
Distribution du Nouveau Monde
30, rue Gay-Lussac
75005 Paris

Remerciements

L'ÉTUDE QUE VOUS AVEZ SOUS LES YEUX, qui découle d'un projet de recherche doctoral en histoire entrepris à l'automne 2010 et qui a été déposé comme thèse à l'été 2013, a bénéficié de la générosité de nombreuses personnes.

Pour leur appui au dépouillement des sources du mouvement Richelieu, je dois une reconnaissance à Alice Cocunubova, à Anne Gilbert et à Michel Lalonde du Centre de recherche en civilisation canadienne-française de l'Université d'Ottawa, où j'ai passé quatre jours par semaine de janvier à mars 2011, ainsi qu'au personnel de Bibliothèque et Archives Canada et à celui de Bibliothèque et Archives nationales du Québec où j'ai consulté des sources plus ponctuellement. Je dois aussi remercier Chantal Lagrois, qui m'a fourni un accès illimité aux documents au siège social du mouvement à Ottawa au printemps 2011. J'offre aussi ma sincère reconnaissance aux gardiens des archives privées des clubs, que j'ai rencontrés, qui m'ont accueilli chaleureusement et qui m'ont permis de consulter leurs archives – Paul Jutras à Montréal (mai 2011), Normand Clavet à Edmundston (juin 2011), Jean-Marc Beunier à Paris (juillet 2011), Guy Rogister à Liège (juillet 2011), Marie-Jeanne Chaput à Manchester (octobre 2011), André Beaudoin à Québec (octobre 2012) et Sylvain Frétigny à Hollywood (avril 2013) – lors de séjours de recherche. Les nombreux échanges avec les historiens Gratien Allaire, Michel Bock, François-Olivier Dorais, Marcel Martel, Florian Panissié, Denise Robillard et Geneviève Richer ainsi que mes nombreuses rencontres avec les mémoires institutionnelles du mouvement Richelieu, G.-Mathias Pagé et Grégoire Pagé, ont considérablement enrichi la portée de cet ouvrage. Finalement, j'en dois beaucoup à ma famille, Alain, Joël,

Régent et Diane Dupuis, ainsi qu'à ma conjointe, Noémi Paquette, qui m'ont certes appuyé moralement, mais aussi aidé à photographier de nombreux documents lors des séjours de recherche auxquels ils ont participé.

Sur le plan institutionnel, je dois reconnaître le soutien professionnel, logistique et financier de l'Université de Waterloo et du Conseil des recherches en sciences humaines du Canada, qui m'a libéré de soucis financiers pendant mes quatre années d'études et m'a permis de réaliser la thèse dans les délais prescrits. Un merci tout particulier s'adresse à Matthew Hayday, professeur de l'Université de Guelph, qui a accepté de diriger une thèse en français.

Grâce au stage postdoctoral qui m'a été offert de 2014 à 2016 à la Chaire pour le développement de la recherche en culture d'expression française en Amérique du Nord (CEFAN) de l'Université Laval, j'ai eu accès à des discussions enrichissantes avec Martin Pâquet, son titulaire, mais surtout la flexibilité et le temps suffisants pour transformer une thèse pas plus que digeste en manuscrit qui, je l'espère, pourra interpeller un grand public; notons que Sophie Imbeault, Marie-Michèle Rheault, Gilles Herman, Myriam Cyr, Jane Ferland et Pierre-Louis Cauchon méritent une grande part du crédit pour la beauté de l'ouvrage et sa promotion.

Enfin, je dois à nouveau remercier le Conseil des recherches en sciences humaines du Canada ainsi que le Prix d'auteur pour l'édition savante de la Fédération des sciences humaines du Canada, qui ont assez cru en ce projet pour en subventionner l'adaption et la publication.

Comme quoi, si la paternité d'une œuvre ne revient qu'à son auteur, il nous incombe de reconnaître l'importance des réseaux, de l'encadrement et du soutien qu'il a reçus au fil des ans.

Liste des sigles

ACCT	Agence de coopération culturelle et technique
ACDI	Agence canadienne de développement international
ACELF	Association canadienne d'éducation de langue française
ACFAS	Association francophone pour le savoir
ACFO	Association canadienne-française de l'Ontario
AGA	Assemblée générale annuelle
ALÉNA	Accord de libre-échange nord-américain
APCRE	Archives privées du Club Richelieu d'Edmundston
APCRL	Archives privées du Club Richelieu de Liège
APCRM	Archives privées du Club Richelieu de Manchester
APCRMQ	Archives privées du Club Richelieu de Montréal
APCRP	Archives privées du Club Richelieu de Paris
APCRQ	Archives privées du Club Richelieu de Québec
APRI	Archives privées du Richelieu International
AUPELF	Association des universités partiellement ou entièrement de langue française
BAC	Bibliothèques et Archives Canada
BAnQ	Bibliothèques et Archives nationales du Québec
CA	Conseil d'administration
CE	Conseil exécutif
CEE	Communauté économique européenne
CODOFIL	Conseil pour le développement du français en Louisiane
CP	Conseil permanent
CRCCF	Centre de recherche en civilisation canadienne-française, Université d'Ottawa
CVFA	Conseil de la vie française en Amérique

DOM	Département(s) d'outre-mer
FNSSJB	Fédération nationale des Sociétés Saint-Jean-Baptiste
FFHQ	Fédération des francophones hors Québec
FRI	Fondation Richelieu International
FRIF	Fondation Richelieu International France
MAÉ	Ministère des Affaires étrangères de France
MAE	Ministère des Affaires extérieures du Canada
OAF	Office des Affaires francophones de l'Ontario
OCED	Organisation culturelle et éducative de développement
OJC	Ordre de Jacques Cartier
ONU	Organisation des Nations unies
OTAN	Organisation du traité de l'Atlantique Nord
PQ	Parti québécois
SÉ	Secrétariat d'État du Canada
SCFOF	Service du Canada français d'outre-frontières
SNA	Société nationale de l'Acadie
SSJB	Société Saint-Jean-Baptiste
SSVP	Société Saint-Vincent-de-Paul
UE	Union européenne
UN	Union nationale du Québec
USAID	United States Agency for International Development

Introduction

F ONDÉE À OTTAWA LE 3 MAI 1944, la Société Richelieu, en moins de 15 ans, rassemblerait quelques milliers d'hommes d'affaires et de professionnels dans une chaîne de clubs s'étalant de Pointe-de-l'Église (Nouvelle-Écosse) à l'est jusqu'à Saint-Boniface (Manitoba) à l'ouest, d'Alma (Québec) au nord jusqu'à Fall River (Massachusetts) au sud. En choisissant comme patron le cardinal Richelieu, qui avait été le principal ministre du roi Louis XIII, l'élite canadienne-française de l'Outaouais signalait son engagement envers la langue française, Richelieu lui ayant donné une Académie, l'enfance, car le cardinal avait aussi fondé le premier hôpital et orphelinat de la Nouvelle-France[1], puis une certaine impatience devant ce que Richelieu appelait les «passions féminines». Ainsi, les clubs se situeraient quelque part entre un cercle intellectuel masculin inspiré par les Lumières et une cellule catholique caritative.

En amont de la fondation de ce nouveau mouvement, l'Ordre de Jacques Cartier (OJC), une société secrète canadienne-française établie à Ottawa en 1926, voulait faire reculer ou du moins endiguer l'élan des *service clubs* d'origine américaine – les Kiwanis, Lion et Rotary au premier chef – qui s'étaient mis à fonder des clubs pour des Canadiens français dès la fin des années 1930. La création d'un contrepoids canadien-français découlait alors d'une «culture première» nord-américaine, pour reprendre l'expression de Fernand Dumont[2], qui cherchait à s'approprier des mœurs du continent, tout en constituant un espace distinct, bien franco-catholique et adapté à

---

1. Cécile d'Ablis, *Richelieu : l'essor d'un nouvel équilibre européen*, Paris, Éditions Armand Colin, 2012, 287 p.
2. Fernand Dumont, *Raisons communes*, 2ᵉ édition, Montréal, Les Éditions du Boréal, 1997, 261 p.

« la culture seconde », de l'ordre des ambitions particulières d'une petite société comme le Canada français. Le Richelieu a d'abord emprunté le véhicule du nationalisme canadien-français pour répandre la « paix et [la] fraternité », comme l'entendait sa mission première. À partir de son siège social à Ottawa, sa vision du Canada français était pourtant largement inspirée d'un milieu minoritaire, où le paradigme d'une nation débordant les frontières québécoises encadrait les agissements sur le terrain. Ce faisant, le Richelieu a refusé de constituer des conseils provinciaux, comme l'avaient fait l'OJC et la Fédération nationale des Sociétés Saint-Jean-Baptiste, et n'a pas eu de mal à troquer le nationalisme canadien-français, jugé sans avenir prometteur à la fin des années 1960, pour une solidarité francophone. En fondant de nouveaux clubs en Europe, en Afrique et dans les Antilles francophones, elle s'éclipsait des fractures grandissantes entre fédéralistes et souverainistes du Québec[3].

Autrement dit, la mondialisation francophone a aussi joué un rôle dans le démantèlement du projet national canadien-français. Si d'autres organismes patriotiques de l'époque ont connu un déclin rapide à la fin des années 1960, la Société Richelieu a encouragé le Québec et l'Amérique française à tisser des liens avec d'autres peuples francophones du monde sans pour autant abandonner l'assise canadienne-française qui l'avait vu naître. Au moment de sa fondation, le mouvement s'était investi dans l'« Église-nation » canadienne-française, mais la montée de l'État providence, de la contre-culture, du mouvement féministe, des politiques participatives et (surtout) des tensions constitutionnelles, l'a mené à s'en éloigner. Au lieu de s'entêter à défendre un paradigme chancelant, le Richelieu a choisi d'embrasser une « solidarité francophone », certes plus diffuse, mais offrant la possibilité de rassembler des sociétés disparates autour de la langue française, la démocratie, la justice sociale et la diversité culturelle. Certains tâcheraient d'arrimer le traditionalisme canadien-français au projet de la Francophonie mondiale (ou vice-versa) en soulignant les continuités entre ces projets. Devant ce pari, force est de constater pourtant que la

---

3. Serge Dupuis, « La contribution de la mondialisation francophone au démantèlement du Canada français ou l'évolution du mouvement Richelieu (1944-1982) », *Mens. Revue d'histoire intellectuelle et culturelle*, vol. 14, n° 1, automne 2013, p. 91-138.

concurrence des nouveaux projets communautaires – le fédéralisme canadien, le nationalisme québécois et les identités francophones « provincialisées » –, a mis à rude épreuve le projet canadien-français. L'émergence d'une pluralité de nouveaux projets communautaires, ainsi que la prolifération des droits individuels et des programmes sociaux publics pendant les années 1960, comme le rappelle le politicologue Simon Langlois, ont accéléré cette fragmentation des appartenances[4]. Dans ce contexte, le Richelieu a fait preuve d'originalité en embrassant la mondialisation francophone tout en maintenant, pour les minorités nord-américaines, une place centrale dans son mouvement.

Avec l'expansion du réseau en Europe, ainsi qu'aux second et tiers mondes, l'archipel du Richelieu a intégré une variété de nouveaux cercles. Si les cercles canadiens-français en milieu minoritaire, en contribuant à l'émergence d'une conscience francophone locale, préservaient l'essence humanitaire et nationaliste des fondateurs, plusieurs cercles du Québec ont plus ou moins écarté la question nationale pour se consacrer plus strictement au soutien humanitaire. Les clubs européens, quant à eux, offraient surtout un soutien humanitaire et intellectuel à la consolidation de la Francophonie, projet dans sa tendre enfance à l'époque, tandis que les clubs africains cherchaient, avant tout pour des motivations économiques, à tisser des liens avec des francophones de l'Occident. Dès 1976, les cercles se diversifiaient également sur le plan du genre, plusieurs clubs masculins devenant mixtes et de nouveaux clubs féminins se joignant à la chaîne. Ainsi, le mouvement est devenu plus démocratique, inclusif et libéral, conformément aux idéaux que chérissaient les promoteurs de la Francophonie mondiale.

La solidarité francophone comme paradigme analytique

L'émergence d'une communauté d'intérêts entre divers peuples ayant en commun la langue française, voire d'une « solidarité francophone »,

---

4. Simon Langlois, « Un cas typique de mutation de la référence nationale : le Canada français », dans Simon Langlois, dir., *Identités et cultures nationales. L'Amérique française en mutation*, Québec, Les Presses de l'Université Laval, 1995, p. 3-14.

s'est exprimée par l'institutionnalisation et la multiplication des rapports entre parlants français de la planète. Si ce nouveau projet contenait des recoupements avec le nationalisme canadien-français dans sa promotion de la culture et de la langue françaises, et peut-être plus secondairement pour assurer une certaine justice sociale, la mondialisation mine souvent les assises des nations.

Aux XVIe et XVIIe siècles, des projets à caractère national, visant la cohésion culturelle, linguistique et symbolique des royaumes, avaient permis l'émergence des États-nations en Europe. Comme «communauté politique imaginaire, et imaginée comme intrinsèquement limitée et souveraine[5]», pour reprendre la définition du politicologue Benedict Anderson, cette définition de la nation peut se transposer, sans trop d'écueils, aux expériences des États-nations ayant été préalablement unifiés par la religion ou la langue. En revanche, elle s'applique plus difficilement aux États modernes qui ont rassemblé quelques groupes nationaux ou compris des territoires partagés. Les frontières des États ne suivant pas nécessairement celles des nations, les sociologues et politicologues font aussi appel au concept de «petite société», dont la paternité revient au romancier Milan Kundera, qui l'a défini ainsi:

> Ce qui distingue les petites nations des grandes, ce n'est pas le critère quantitatif du nombre de leurs habitants; c'est quelque chose de plus profond: leur existence n'est pas pour elles une certitude qui va de soi, mais toujours une question, un pari, un risque; elles sont sur la défensive envers l'Histoire, cette force qui les dépasse, qui ne les prend pas en considération, qui ne les aperçoit même pas[6].

Ces sociétés dotées de régimes politiques hétéroclites ont le point commun, d'après le politicologue Uriel Abulof, d'être traversées par l'absence d'un passé et d'un avenir «éternels[7]», propres

---

5. Benedict Anderson, *L'imaginaire national: réflexions sur l'origine et l'essor du nationalisme*, Paris, Éditions La Découverte, 2002, p. 19.

6. Milan Kundera, *Le Rideau, essai en sept parties*, Paris, Éditions Gallimard, 2005, p. 47.

7. Uriel Abulof, «"Small Peoples": The Existential Uncertainty of Ethnonational Communities», *International Studies Quarterly*, n° 53, 2009, p. 227-248.

aux grandes nations, et d'une «fragilité[8]» intrinsèque, selon le professeur de littérature François Paré. Ainsi, pour les politicologues Linda Cardinal et Martin Papillon, le concept de «nation» correspond peut-être imparfaitement au Québec et au Canada français, une collectivité dispersée entre une province, des régions et des villages majoritaires, ainsi qu'une masse d'individus vivant une plus grande précarité dans des situations de minorisation extrême[9]. Le Canada français et d'autres nations sans État indépendant – la Catalogne, l'Écosse et la Flandre –, mais aussi des petits États-nations – l'Irlande ou Israël, par exemple –, dont la pérennité culturelle et/ou politique peut sembler tout aussi incertaine, partagent ainsi les similitudes des caractéristiques propres à une «petite société».

Au Canada, l'échec des Rébellions à assurer l'avènement d'une république et la recommandation de Lord Durham d'assimiler les habitants canadiens a incité l'élite clérico-nationale canadienne-française à multiplier les institutions nationales pour encadrer la population et préserver la foi catholique et la langue française[10]. En infléchissant un destin collectif à cette petite société, cette élite croyait pouvoir repousser la prescription commandée par la majorité anglo-protestante. Le nationalisme canadien-français, qui s'est déployé principalement entre 1840 et 1960, a pourtant fait l'objet de critiques, surtout après la Deuxième Guerre mondiale. L'historien Michel Brunet lui reprochait ses excès de «traditionalisme», qu'il réduisait à l'agriculturisme, à l'antiétatisme et au messianisme[11]. Certes, la ruralité, la «revanche des berceaux» et la «mission providentielle» de convertir le continent au catholicisme constituaient des caractéristiques inéluctables du Canada français, mais tout autant que le réseau d'institutions économiques et sociales modernes fondées par l'Église qui auraient amené, selon le sociologue Joseph

---

8. François Paré, *Théories de la fragilité*, Ottawa, Les Éditions David, 1994, 156 p.

9. Linda Cardinal et Martin Papillon, «Le Québec et l'analyse comparée des petites nations», *Politique et Sociétés*, vol. 30, n° 1, 2011, p. 75-93.

10. Claude Bélanger, «The Three Pillars of Survival», Marianopolis College [En ligne], 23 août 2000.

11. Michel Brunet, «Trois dominantes de la pensée canadienne-française: l'agriculturisme, l'anti-étatisme et le messianisme», *Écrits du Canada français*, n° 3, 1957, p. 31-118.

Yvon Thériault, l'émergence d'une «Église-nation», parallèle à l'État, au XIXe siècle[12].

Entre 1840 et 1930, les avancées médicales ont augmenté le taux de natalité, ont entraîné une surpopulation des terres de la vallée laurentienne et le départ de près du tiers des Canadiens français pour l'Acadie, la Nouvelle-Angleterre, l'Ontario et les Prairies. Suivant les préceptes d'une «nation organique» pouvant s'étaler là où les Canadiens français s'installaient en assez grand nombre, le réseau institutionnel franco-catholique s'est étendu aux régions en périphérie du Québec. En revanche, si la «fragilité» a marqué la quête du Québec pour une autonomie culturelle et politique, les milieux minoritaires ont été encore plus susceptibles à l'acculturation, malgré la volonté d'obtenir une reconnaissance et de maintenir une auto-nomie institutionnelle; Thériault parle alors du caractère «nationa-litaire» de ces communautés minoritaires[13]. La fédération canadienne, partagée inégalement entre deux peuples de souche européenne, en avant des peuples indigènes placés sous tutelle par la *Loi sur les Indiens*, a donc souvent pris l'allure d'un État unitaire anglo-protestant. En revanche, la Confédération, en partie grâce à la création de provinces – et particulièrement du Québec – a pu répondre à la volonté des Canadiens français dans certains champs de compétence.

Autrement dit, le Canada a tendu vers – mais n'a pas réussi à devenir – un État unitaire ou une nation unique, selon les para-mètres définis par Anderson. Il y a certes existé une forme de nationalisme britannique, qui visait à englober l'ensemble des citoyens de souche européenne, mais les Canadiens français l'ont souvent reçu avec suspicion. Dans le dernier tiers du XXe siècle, les efforts du Parti libéral du Canada à promouvoir le bilinguisme et, plus tard, le multiculturalisme, rappelle l'historien José Igartua, ont transformé ces vertus en véritable socle de la citoyenneté cana-dienne[14]. L'enseignement des deux langues officielles d'un océan à

12. Joseph Yvon Thériault, *Critique de l'américanité. Mémoire et démocratie au Québec*, Montréal, Les Éditions Québec Amérique, 2005, 386 p.

13. Joseph Yvon Thériault, «Entre l'ethnie et la nation. Sociologie, société et commu-nautés minoritaires francophones», *Sociologie et sociétés*, vol. 26, n° 1, 1994, p. 15-32.

14. José Igartua, *The Other Quiet Revolution: National Identities in English Canada, 1945-71*, Vancouver, University of British Columbia Press, 2006, 277 p.

l'autre, le développement d'une fête nationale et le soutien financier aux communautés minoritaires « de langue officielle », rappellent l'historien Matthew Hayday et le politicologue Leslie Pal[15], ont servi à promouvoir un nationalisme fédéraliste pendant les décennies 1970 et 1980. Rien de moins, d'après Fernand Dumont, qu'une seconde « fondation [idéologique] du pays[16] », qui a relégué aux oubliettes certaines reliques de l'impérialisme britannique, mais aussi, selon les politicologues Graham Fraser et Kenneth McRoberts, à miner la légitimité de la souveraineté du Québec[17]. En fin de siècle, le rapatriement de la Constitution et l'enchâssement d'une *Charte canadienne des droits et libertés*, selon le juriste Sébastien Grammond, en sont venus à dicter les critères de l'appartenance communautaire chez les francophones et les peuples indigènes[18].

Entretemps, plusieurs Québécois ont voulu recentrer les frontières, autrefois fluides, de la société canadienne-française sur celles de la Belle Province, pour en faire un État-nation. Cela dit, les intellectuels continuent de s'interroger sur les tenants et les aboutissants de cette métamorphose de la question nationale, non seulement parce qu'« une partie du Canada français [...] a été coupée[19] » pendant ces années, selon le sociologue Jacques Beauchemin, mais aussi parce que ce projet inspire toujours un certain « respect », aux dires des sociologues Joseph Yvon Thériault et E.-Martin Meunier[20], comme unique projet de société globale

---

15. Matthew Hayday, *Bilingual Today, United Tomorrow: Official Languages in Education and Canadian Federalism*, Montréal, McGill-Queen's University Press, 2005, 256 p. ; Matthew Hayday, « Fireworks, Folk-dancing, and Fostering a National Identity: The Politics of Canada Day », *The Canadian Historical Review*, vol. 91, n° 2, juin 2010, p. 287-314 ; Leslie Alexander Pal, *Interests of State: The Politics of Language, Multiculturalism, and Feminism in Canada*, Montréal, McGill-Queen's University Press, 1993, 330 p.

16. Fernand Dumont, *op. cit.*, p. 39

17. Graham Fraser, *Sorry! I don't Speak French. Ou pourquoi quarante ans de politiques linguistiques au Canada n'ont rien réglé... ou presque*, Montréal, Les Éditions du Boréal, 2007, 406 p. ; Kenneth McRoberts, *Un pays à refaire : l'échec des politiques constitutionnelles*, Montréal, Les Éditions du Boréal, 1999, 483 p.

18. Sébastien Grammond, *Identity Captured by Law: Membership in Canada's Indigenous Peoples and Linguistic Minorities*, Montréal, McGill-Queen's University Press, 2009, 252 p.

19. Jacques Beauchemin, dans Jean-François Laniel, « Le Canada français et nous : entretien avec Jacques Beauchemin », *La Relève : le journal des étudiants de la francophonie canadienne*, vol. 3, n° 1 (hiver 2012), p. 22.

20. Joseph Yvon Thériault et E.-Martin Meunier, « Que reste-t-il du Canada français ? », dans Joseph Yvon Thériault, Anne Gilbert et Linda Cardinal, dir., *L'espace francophone en*

comprenant les minorités et n'étant pas dicté par les aspirations d'une majorité exogène. L'historien Marcel Martel a été l'un des premiers à étudier la « rupture » en rappelant les nombreuses sous-criptions menées par les Canadiens français du Québec pour appuyer le développement institutionnel des collectivités minoritaires[21]. Si c'est pendant la décennie 1960 que les Canadiens français du Québec se sont partiellement désengagés vis-à-vis du soutien de leur diaspora, Yves Frenette situe la fragmentation du projet canadien-français plus en amont, pendant l'entre-deux-guerres, au moment où les migrations de masse vers la Nouvelle-Angleterre et l'Ontario ont ralenti et, par conséquent, les rapports transfrontaliers entre proches se sont raréfiés[22].

Les recherches plus récentes de Michel Bock complexifient l'analyse du rapport de l'Ontario français au projet national canadien-français et au Québec[23]. François-Olivier Dorais et Serge Miville soulignent, par exemple, à quel point l'élite franco-ontarienne, tout en consolidant une certaine autonomie institutionnelle, a surtout cherché à y actualiser la « volonté nationale » canadienne-française pendant les décennies 1970 et 1980[24]. Selon ces historiens, l'éloi-gnement progressif entre les aspirations des minorités et du Québec – dont l'impact des fractures publiques aux États généraux du Canada français de 1967 aurait été exagéré –, ne s'est pas transformé en rupture avec le projet canadien-français avant que les minorités aient bénéficié de l'interprétation par les tribunaux de l'article 23

milieu minoritaire au Canada : nouveaux enjeux, nouvelles mobilisations, Montréal, Éditions Fides, 2008, p. 205-238.

21. Marcel Martel, *Le deuil d'un pays imaginé : rêves, luttes et déroute du Canada français : les rapports entre le Québec et la francophonie canadienne (1867-1975)*, Ottawa, Les Presses de l'Université d'Ottawa et le Centre de recherche en civilisation canadienne-française, 1997, 203 p.

22. Yves Frenette, *Brève histoire des Canadiens français*, avec la collaboration de Martin Pâquet, Montréal, Éditions du Boréal, 1998, 209 p.

23. Michel Bock, *Quand la nation débordait des frontières : les minorités françaises dans la pensée de Lionel Groulx*, Montréal, Éditions HMH Hurtubise, 2004, 452 p. ; Michel Bock et Yves Frenette, dir., *Histoire de l'ACFO*, Ottawa, Les Presses de l'Université d'Ottawa. À paraître.

24. François-Olivier Dorais, « Gaétan Gervais : témoin et agent d'une mutation réfé-rentielle en Ontario français », *Mens : revue d'histoire intellectuelle et culturelle*, vol. 13, n° 2 (automne 2013), p. 59-99 ; Serge Miville, « "À quoi sert au Canadien français de gagner l'univers canadien s'il perd son âme de francophone ?" : représentations identitaires et mémo-rielles dans la presse franco-ontarienne après la "rupture" du Canada français (1969-1986) », thèse de maîtrise (histoire), Ottawa, Université d'Ottawa, 2012, 246 p.

de la *Charte* dans le domaine scolaire pendant les années 1990. C'est ainsi que le rapatriement de la Constitution (1982) et les tentatives ratées de réforme constitutionnelle de 1987, de 1992 et de 1995 ont progressés différemment selon la rive de l'Outaouais sur laquelle les francophones se trouvaient. La métamorphose idéologique et institutionnelle aurait donc commencé au milieu du XXᵉ siècle pour n'être consommée qu'à la fin du millénaire, même si la référence canadienne-française n'a pas complètement disparu des projets plus récents (québécois, franco-ontarien, etc.), ni des nouvelles communautés diasporales sur le continent[25].

Jamais entièrement accepté ni complètement largué, le projet national canadien-français risque d'interpeller les chercheurs encore longtemps, d'autant plus que la décennie 1960 risque de demeurer un tournant incontournable pour comprendre cette mutation. Devant la disparition de l'Ordre de Jacques Cartier, la québécisation de la Fédération des sociétés Saint-Jean-Baptiste et la marginalisation du Conseil de la vie française en Amérique, d'autres groupes politiques ont pris la relève pour défendre les intérêts nationaux des Canadiens français, dont le Parti québécois (1968) et la Fédération des francophones hors Québec (1975), respectant dès lors le tracé des frontières provinciales. Seuls trois organismes rassemblant le Québec et les minorités canadiennes-françaises ont survécu jusqu'à nos jours : l'Association canadienne d'éducation de langue française (ACELF), l'Association francophone pour le savoir (ACFAS) de même que la Société Richelieu, le seul des trois organismes à avoir préservé un certain caractère canadien-français. Selon les politicologues Lawrence Olivier et Guy Bédard, cet éloignement a apporté un malaise chez les Québécois vis-à-vis des minorités, devenues des figures repoussoir rappelant leur propre fragilité culturelle en Amérique[26]. La Révolution tranquille et le

---

25. Serge Dupuis, « On prévoyait le déluge ! La résistance franco-ontarienne au rapatriement de la Constitution canadienne : 1977-1982 », *Revue du Nouvel-Ontario*, nº 33 (2008), p. 7-39 ; Serge Dupuis, « "Plus peur de l'hiver que du diable" : des immigrants aux hivernants canadiens-français à Palm Beach (Floride), 1945-1997 », *Revue d'histoire de l'Amérique française*, vol. 63, nº 4 (printemps 2010), p. 465-495.

26. Laurence Olivier et Guy Bédard, « Le nationalisme québécois, les Acadiens et les francophones du Canada », *Égalité : Revue acadienne d'analyse politique*, nº 33, printemps 1993, p. 81-100.

fédéralisme renouvelé ont accéléré le développement des assises institutionnelles des communautés minoritaires, mais le taux d'assimilation a continué d'augmenter devant l'intensification de l'exogamie et des migrations vers les villes anglophones[27].

Les politicologues Trang Phan et Michel Guillou rappellent toutefois que ces mutations nationales au Canada français ont eu lieu en même temps que la formation de la Francophonie, ce nouvel ensemble mondial qui s'érigeait contre l'homogénéisation – voire l'américanisation – des cultures[28]. Au Richelieu, ce projet mondial a été choisi, dès 1968, comme nouveau dénominateur commun liant le Québec aux minorités francophones. Conséquence du développement des communications et des transports qui ont amené en contact des peuples autrefois isolés, la mondialisation est souvent considérée comme une menace à l'originalité des sociétés, même si le poids démographique de certains peuples les a gardés, pour l'instant, à l'abri de son rouleau compresseur. Pourtant, la mondialisation renforce les identités sectorielles et détache les peuples de leur souveraineté politique, ce qui contribue à essentialiser les communautés et à les rabaisser au rang des groupes d'intérêts. Pour le politicologue Will Kymlicka, il existe un étrange paradoxe de nos jours entre la faveur des sociétés majoritaires pour le multiculturalisme et leur insensibilité aux conséquences de la mondialisation sur les sociétés minoritaires[29].

Pour le Québec, l'intensification des rapports économiques et politiques avec la France et les autres sociétés francophones apparaissait essentiel pour élargir son autonomie politique, rappellent les historiens Robin Gendron et David Meren. En revanche, la décolonisation du Sud a provoqué une concurrence entre Québec

---

27. Michael Behiels, *La francophonie canadienne : renouveau constitutionnel et gouvernance scolaire*, Ottawa, Les Presses de l'Université d'Ottawa, 2005, 432 p. ; Joel Belliveau, *Le « moment 68 » et la réinvention de l'Acadie*, Ottawa, Les Presses de l'Université d'Ottawa, 2014, 311 p. ; Suzanne Arsenault, Michel Bock et Gaétan Gervais, *L'Ontario français : des Pays-d'en-Haut à nos jours*, Ottawa, Centre franco-ontarien de ressources pédagogiques, 2004, 271 p.

28. Trang Phan et Michel Guillou, *Francophonie et mondialisation. Histoire et institutions des origines à nos jours*, Paris, Les Éditions Belin, 2011, 472 p.

29. Will Kymlicka, *Multicultural Odysseys : Navigating the New International Politics of Diversity*, New York, Oxford University Press, 2007, 374 p.

et Ottawa pour établir une présence dans les pays francophones[30]. L'ascension du Québec dans les milieux diplomatiques dans ses champs de compétence a pourtant été reconnue en 1986, rappellent les politicologues Louise Beaudoin et Stéphane Paquin[31]. Si le visage inoffensif des Canadiens a permis à plusieurs ressortissants de participer à la fondation de l'édifice institutionnel de la Francophonie, seulement deux de ces organismes ont vu le jour au Canada français, soit l'Association des universités partiellement ou entièrement de langue française (1961) et le Richelieu International (1967)[32].

La démocratisation des rapports sociaux

En plus de la concurrence entre le nationalisme canadien-français et la Francophonie mondiale, le Richelieu a aussi été traversé par d'autres mutations à l'œuvre dans la deuxième moitié du xxᵉ siècle. Si l'histoire nationale a longtemps eu tendance à réserver peu de place au « deuxième sexe[33] », l'étude de la construction historique de la féminité et de la masculinité en ont fait, comme le dit Joan Scott, une « catégorie d'analyse historique utile[34] », même dans les études d'histoire culturelle, intellectuelle et politique. La volonté d'étudier les hommes, non seulement *dans* l'histoire, mais *comme* de l'histoire, n'a pas nécessairement accordé davantage de place aux femmes, mais a problématisé l'identité masculine et les rapports de pouvoir dans le temps[35]. L'étude de la masculinité a permis,

---

30. Robin S. Gendron, *Towards a Francophone Community: Canada's Relations with France and French Africa, 1945-1968*, Montréal, McGill-Queen's University Press, 2006, 191 p.; David Meren, *Friends Like These: Entangled Nationalisms in the Canada-Quebec-France Triangle, 1945-1970*, Vancouver, University of British Columbia Press, 2012, 355 p.

31. Stéphane Paquin et Louise Beaudoin, *Histoire des relations internationales du Québec*, Montréal, VLB Éditeur, 2006, 357 p.

32. Pierre Vallée, « L'Agence universitaire de la Francophonie a 50 ans », *Le Devoir* [En ligne], 10 septembre 2011.

33. Simone de Beauvoir, *Le deuxième sexe*, Paris, Éditions Gallimard, 1949, 2 tomes.

34. Joan W. Scott, « Gender: A Useful Category of Historical Analysis », *The American Historical Review*, vol. 91, n° 5, décembre 1986, p. 1053-1075.

35. Joanne Meyerowitz, « A History of Gender », *The American Historical Review*, vol. 113, n° 5, décembre 2008, p. 1346-1356; John Tosh, « The History of Masculinity: An Outdated

selon l'historien Michael Kimmel, de comprendre comment l'idéal du *self-made man* a triomphé sur ceux du patriarche et de l'artisan et tourmenté les hommes qui peinaient à incarner cette norme aux XIXᵉ et XXᵉ siècles[36].

Les traumatismes successifs de la crise économique, de la Deuxième Guerre mondiale et de la guerre froide ont d'ailleurs renforcé la normativité masculine. Au Canada anglais, la représentation de l'institution familiale, révèle l'historienne Nancy Christie, s'est éloignée d'une conception traditionnelle de la maternité au profit d'une défense plus rigoureuse du statut du père comme pourvoyeur et représentant public de la cellule familiale[37]. Par conséquent, les hommes se sont adonnés à faire plus de chasse récréative et à stigmatiser l'homosexualité en l'associant aux sympathies communistes et à la pédophilie[38]. Selon l'historien Christopher Dummitt, les hommes canadiens-anglais sont demeurés déchirés entre la volonté d'agir de manière autosuffisante et celle de « dominer » l'environnement naturel[39]. L'historienne Mary Louise Adams constate même l'émergence d'une hétérosexualité hostile au célibat et au matriarcat[40].

Pourtant, la scolarisation des femmes, la diminution de la natalité, la redistribution des tâches ménagères et leur participation au travail salarié, rappelle l'historien Callum Brown, émancipaient les femmes d'une subordination relative à leurs maris et à l'Église[41]. La masculinité rocambolesque s'est donc vue confrontée au courant,

Concept? », dans John H. Arnold et Sean Brady, dir., *What is Masculinity? Historical Dynamics from Antiquity to the Contemporary World*, London, Palgrave Macmillan, 2011, p. 17-34.

36. Michael S. Kimmel, *Manhood in America: A Cultural History*, 3ᵉ édition, New York, Oxford University Press, 2011, 392 p.

37. Nancy Christie, *Engendering the State: Family, Work and Welfare in Canada*, Toronto, University of Toronto Press, 2000, 459 p.

38. R. W. Connell, *Masculinities*, 2ᵉ édition, Berkeley, University of California Press, 2005, 324 p.; K.A. Cuordileone, *Manhood and American Political Culture in the Cold War*, New York, Routledge Press, 2005, 282 p.; Reginald Whitaker, *Canada and the Cold War*, Toronto, Lorimer Publishing, 2002, 256 p.

39. Christopher Dummitt, *The Manly Modern: Masculinity in Postwar Canada*, Vancouver, University of British Columbia Press, 2007, 232 p.

40. Mary Louise Adams, *The Trouble with Normal: Postwar Youth and the Making of Heterosexuality*, Toronto, University of Toronto Press, 1997, 256 p.

41. Callum G. Brown, *Religion and the Demographic Revolution: Women and Secularization in Canada, Ireland, UK, and USA since the 1960s*, Woodbridge, Boydell, 2012, 305 p.

plus modéré celui-ci, de la paternité engagée. Selon l'historien Robert Rutherdale, les années de misère ont fait émerger différentes figures dans le milieu familial, dont des « tyrans » autoritaires, réservés et souvent dysfonctionnels, des « bourreaux de travail », choisissant de s'éclipser du milieu familial en travaillant de longues heures et en faisant du bénévolat dans des groupements sociaux, et des « mentors », ménageant malgré les accusations de « mollesse » les normes rigides de la masculinité avec une paternité engagée pour préparer les enfants au travail et à la vie privée[42]. Ainsi, un « père responsable » pouvait être malaisé dans l'expression de son assurance.

Ces représentations ont eu des échos dans toutes les sociétés occidentales, mais leur réception a varié, rappellent les historiens John Arnold et Sean Brady, dans les plus petites[43]. Au Québec, les chercheurs ont d'abord étudié la masculinité dans les collèges classiques et les ordres religieux, mais les études plus récentes s'intéressent à la reconfiguration du genre à l'intérieur du mouvement « personnaliste » de l'Église catholique[44]. Selon Vincent Duhaime, l'idéal du *self-made man* n'aurait pas triomphé sur les autres représentations au Canada français catholique, mais coexisté avec la représentation du patriarche des décennies 1930 à 1960[45]. Pourtant, cette autorité masculine accrue a, à certains égards, continué de marginaliser les femmes canadiennes-françaises un peu plus longtemps au Québec qu'ailleurs, rappelle l'historien Jeffery Vacante[46]. Les conservateurs de la première moitié du xxe siècle, rappelle l'historien Damien-Claude Bélanger, croyaient que les libertés accordées aux femmes américaines (le droit de vote et l'ascension

---

42. Robert Rutherdale, « Three Faces of Fatherhood as a Masculine Category : Tyrants, Teachers, and Workaholics as "Responsible Family Men" during Canada's Baby Boom », dans John H. Arnold et Sean Brady, *op. cit.*, p. 323-346.

43. John H. Arnold et Sean Brady, *op. cit.*, p. 2.

44. Louise Bienvenue, Ollivier Hubert et Christine Hudon, *Les collèges classiques pour garçons. Études sur une institution québécoise disparue*, Montréal, Édition Fides, 2014, 424 p. ; Pierre Hurteau, *Homosexualités masculines et religions du monde*, Paris, Éditions L'Harmattan, 2010, 418 p.

45. Vincent Duhaime, « "Les pères ont ici leur devoir" : le discours du mouvement familial québécois et la construction de la paternité dans l'après-guerre, 1945-1960 », *Revue d'histoire de l'Amérique française*, vol. 57, n° 4, printemps 2004, p. 535-566.

46. Jeffery Vacante, « Liberal Nationalism and the Challenge of Masculinity Studies in Quebec », *Left History*, vol. 11, n° 2, automne 2006, p. 96-117.

à une certaine vie publique) augmenteraient la promiscuité ainsi que la fréquence des divorces et des naissances hors mariage[47].

Le recentrement de la doctrine catholique sur l'épanouissement de la personne, au travers des cellules féminines et masculines de l'action catholique, rappellent les historiens Louise Bienvenue, Michael Gauvreau et Lucie Piché, a toutefois nourri l'engagement social des jeunes laïcs (femmes et hommes) à partir des années 1930[48]. Il a aussi favorisé un épanouissement intellectuel, social et sexuel voulant qu'une femme, pour devenir une chrétienne plus authentique et une meilleure mère, s'instruise, travaille à l'extérieur du foyer et mène à terme moins de grossesses. La priorité accordée à l'action temporelle, au-delà de la spiritualité, a redonné vie à l'Église, mais ce mouvement a aussi, de manière inattendue, éloigné les croyants de la famille comme institution et préparé le terrain pour une contestation éventuelle de l'autorité paternelle. Certains clercs personnalistes, en privilégiant les valeurs des jeunes, ont encouragé le «conflit des générations» – présent dans les médias de masse – à devenir bien réel. Non plus perçue comme une source d'équilibre social, l'autorité paternelle s'est lentement réduite à un mépris pour les désirs des enfants. La famille, longtemps conçue comme institution publique intermédiaire entre l'Église, l'État et les personnes, rappelle Michael Gauvreau, s'est démocratisée et s'est privatisée. Par conséquent, la complémentarité spirituelle des époux et le féminisme personnaliste auraient aussi cédé à un féminisme individuel, critique des contraintes aux libertés individuelles que prescrivaient les maris, l'État et l'Église[49]. Cet effondrement obligerait le Richelieu, imaginé à l'apogée du renouveau personnaliste, à ajuster son tir.

D'ailleurs, les clubs ont d'abord intégré les femmes à titre d'épouses, d'auxiliaires et de collaboratrices privilégiées, et vers 1980, à titre de membres dans des clubs mixtes ou féminins. Cette

---

47. Damien-Claude Bélanger, *Prejudice and Pride: Canadian Intellectuals Confront the United States, 1891-1945*, Toronto, University of Toronto Press, 2011, p. 96-113.

48. Louise Bienvenue, *Quand la jeunesse entre en scène: l'Action catholique avant la Révolution tranquille*, Montréal, Les Éditions du Boréal, 2003, 291 p.; Michael Gauvreau, *Les origines catholiques de la Révolution tranquille*, Montréal, Éditions Fides, 2008, p. 125-247; Lucie Piché, *Femmes et changement social au Québec: l'apport de la Jeunesse ouvrière catholique féminine, 1931-1966*, Sainte-Foy, Les Presses de l'Université Laval, 2003, 349 p.

49. Michael Gauvreau, *op. cit.*, p. 236-246.

libéralisation des rapports sociaux s'est faite en démocratisant les structures administratives du mouvement, en ouvrant les clubs à une plus grande variété d'hommes et en admettant finalement des femmes professionnelles. C'est de cette manière que sont apparues les fractures entre le nationalisme d'une petite société et la volonté de sortir son élite masculine de sa marginalisation par la société dominante, la tension entre la représentation du patriarche comme représentant public de la famille et sa responsabilité d'assurer l'équilibre psychosocial des enfants, ainsi que la transformation du mariage comme union spirituelle à une famille comme institution démocratique. Ici, il sera question des résistances et des tensions suscitées par cette présence croissante de femmes dans les marges du Richelieu, et plus tard en son sein, mais aussi de l'idéal masculin qui y a été nourri (et reçu par les épouses) d'un club à l'autre. On cernera également la tension entre la masculinité virile et la paternité engagée, l'épanouissement des enfants dans la famille spirituelle et l'émergence d'une culture autonome de jeunesse, la complémentarité des époux et la liberté individuelle, la défense de la nation et l'appropriation des tendances du continent, et enfin, la sociabilité homosociale et l'engagement social mixte. On pourra alors distinguer les parcours parfois divergents des clubs, anciens et nouveaux, ruraux et urbains, l'évolution du rôle public des hommes et des femmes au Québec, ainsi que l'expérience particulière des clubs dans les milieux minoritaires, pour lesquels la place du genre a été peu étudiée[50].

La réinvention de l'humanitarisme chrétien

Par l'entremise d'associations, de services sociaux et de syndicats catholiques, l'Église catholique avait encadré de larges pans de l'activité humaine au Canada français, rappellent les historiens Jean

---

50. Linda Cardinal, « Making a Difference : The Theory and Practice of Francophone Women's Groups 1969-1982 », dans Joy Parr, dir., *Women in Ontario*, Toronto, University of Toronto Press, 1995, p. 281-316 ; Danielle Coulombe, *Coloniser et enseigner : le rôle du clergé et la contribution des Sœurs de Notre-Dame du Perpétuel Secours à Hearst, 1917-1942*, Ottawa, Les Éditions du Nordir, 1998, 253 p.

Hamelin et Nicole Gagnon[51]. Entre 1930 et 1960, le personnalisme a incité l'élite canadienne-française à embrasser le coopératisme comme voie alternative au socialisme athée et au capitalisme débridé. Certains voyaient dans le personnalisme une « protestantisation » du catholicisme, dont par son souci pour les questions temporelles et matérielles, mais le « pari », rappellent les sociologues E.-Martin Meunier et Jean-Philippe Warren, qu'a fait l'Église pour maintenir sa pertinence en plaçant les laïcs au centre de l'œuvre religieuse était tout de même audacieux[52]. On tend aujourd'hui à comprendre la transformation de la société canadienne-française comme ayant eu lieu à partir de celle-ci et non pas en se mettant l'institution phare à dos, comme on l'a cru pendant un certain temps. Les cercles d'Action catholique, rappelle Louise Bienvenue, ont incité les jeunes à intensifier leur implication, dont au sein des institutions à caractère social de l'Église[53]. Par ailleurs, on a peut-être confondu le retrait rapide de l'Église du domaine social et la baisse de la fréquentation de la messe dominicale après 1960 avec une supposée dissipation du catholicisme sur le plan culturel. Certes, en plus de l'effondrement des vocations religieuses, la participation à la messe dominicale a chuté de 85 à 20 % de la population au Québec entre 1965 et 1998. En revanche, rappellent les sociologues Patrice Bergeron, Raymond Lemieux et Robert Mager, une « religion culturelle » au Québec, comme ailleurs en Occident, a continué d'encadrer certains rites de passage, dont le baptême et les funérailles, et les perceptions de la justice sociale. La présence de commissions scolaires confessionnelles (jusqu'en 1998) et de cours de catéchisme (jusqu'en 2008), tout comme la volonté des Québécois francophones de se dire « catholiques », sert de preuve à cet égard[54]. Chez les minorités

---

51. Jean Hamelin et Nicole Gagnon, *Histoire du catholicisme québécois, Volume III : Le XXᵉ siècle. Tome I, 1898-1940*, Montréal, Les Éditions du Boréal, 1985, 504 p.

52. E.-Martin Meunier et Jean-Philippe Warren, *Sortir de la grande noirceur : l'horizon personnaliste de la Révolution tranquille*, Sillery, Les éditions du Septentrion, 2002, 209 p.

53. Louise Bienvenue, *Quand la jeunesse entre en scène : l'Action catholique avant la Révolution tranquille*, Montréal, Les Éditions du Boréal, 2003, 291 p.

54. Robert Mager et Patrice Bergeron, « Sortir la religion de l'école ou l'école de la religion ? Le débat québécois sur la confessionnalité scolaire (1960-2000) », dans François Nault, dir., *Religion, modernité et démocratie en dialogue avec Marcel Gauchet*, Québec, Les Presses de l'Université Laval, 2008, p. 170-194 ; Raymond Lemieux, « Le catholicisme québécois : une question de culture », *Sociologie et sociétés*, vol. 22, nᵒ 2, octobre 1990, p. 145-164.

canadiennes-françaises, l'Église a continué d'occuper un rôle plus important à l'encadrement social et culturel, mais aussi dans la scolarisation, notamment en Alberta et en Ontario, où la majorité des écoles de langue française sont demeurées confessionnelles, des nouvelles paroisses ont ouvert leurs portes et le taux de fréquentation de la messe dominicale est demeuré légèrement plus élevé[55].

Cette « religion culturelle », rappelle l'historien Bronislaw Geremek, a d'ailleurs été à la source des mouvements poussant l'État à intervenir davantage dans le domaine social, vu comme un acteur plus efficace à assurer une meilleure redistribution de la richesse[56]. Car avec l'industrialisation et la culture de consommation, la pauvreté perdait sa vertu d'antan et devait être éventuellement éliminée grâce aux allocations familiales, à la scolarisation obligatoire et à l'assurance-maladie. Au Québec comme au Canada, des majorités se sont ralliées à l'idée que l'État constituait un filet de sauvetage nécessaire, rappelle l'historienne Dominique Marshall[57]. La démocratisation de la classe moyenne et l'importance croissante de la charité organisée, selon l'historienne Shirley Tillotson, ont permis l'émergence de l'État providence canadien. La professionnalisation et la technocratisation de ce soutien auraient incité les citoyens à accepter une « double taxation »[58]. La charité s'est également transformée, passant de l'œuvre des hommes d'affaires à la profession des travailleuses sociales, souligne l'historienne Amélie Bourbeau[59]. Plusieurs fondations pancanadiennes ciblant des causes

---

55. Serge Dupuis, « La déconfessionnalisation partielle de l'école canadienne-française », *La Relève* [En ligne], septembre-décembre 2010 ; Gaétan Gervais, « Les paroisses de l'Ontario français 1767-2000 », *Cahiers Charlevoix 6. Études franco-ontariennes*, Sudbury, Éditions Prise de parole, 2004, p. 99-194 ; E.-Martin Meunier, Jean-François Laniel et Jean-Christophe Demers, « Permanence et recomposition de la "religion culturelle". Aperçu socio-historique du catholicisme québécois (1970-2006) », dans Robert Mager et Serge Cantin, dir., *Modernité et religion au Québec. Où en sommes-nous ?*, Québec, Les Presses de l'Université Laval, 2010, p. 79-129.

56. Bronislaw Geremek, *Poverty : A History*, Oxford, Blackwell Publishers, 1994, 273 p.

57. Dominique Marshall, *Aux origines sociales de l'État-providence. Familles québécoises, obligation scolaire et allocations familiales, 1940-1955*, Montréal, Les Presses de l'Université de Montréal, 1998, 317 p.

58. Shirley Tillotson, *Contributing Citizens : Modern Charitable Fundraising and the Making of the Welfare State, 1920-66*, Vancouver, University of British Columbia Press, 2008, 320 p.

59. Amélie Bourbeau, *Techniciens de l'organisation sociale. La réorganisation de l'assistance catholique privée à Montréal (1930-1974)*, Montréal, McGill-Queen's University Press, 2015, 316 p.

particulières, rappelle l'historienne Lucia Ferretti, ont fini par prendre le relais des charités catholiques généralistes pendant la décennie 1960[60].

En revanche, les crises du pétrole, l'inflation et la montée du néolibéralisme ont freiné l'expansion de l'État providence, conçu pendant une quarantaine d'années comme un mécanisme pour endiguer la sympathie dans les sociétés occident pour le communisme. Le libéralisme social encourageant aussi l'individualisme, plusieurs sont devenus indifférents aux iniquités économiques, rappellent les historiens Peter Holloran et Andrew Hunt[61]. D'après le sociologue David Guest, le politicologue Rodney Haddow et l'historien James Struthers, une marge de la population s'est mise à contester le niveau élevé d'imposition et à devenir sceptiques des bienfaits de la redistribution de la richesse[62]. Ainsi, le rapport du salaire minimum au seuil de pauvreté a pu passer de 127 % en 1968 à 56 % en 1991 ; à ce moment, la pauvreté atteignait désormais 21 % des enfants et un pourcentage plus élevé de jeunes autochtones et immigrants.

Pour sa part, le Richelieu rappelle la diversification des efforts de l'Église pour inciter l'élite à se soucier davantage du sort de ses compatriotes au milieu du XXᵉ siècle. D'abord orientée vers les œuvres matérielles, sa charité est passée, devant le développement de l'État providence et la laïcisation du soutien caritatif, aux œuvres récréatives. Le Richelieu a longtemps maintenu le modèle d'une charité d'hommes d'affaires et de professionnels, mais a développé des œuvres plus ciblées à partir de la décennie 1960. Dans la mêlée,

---

60. Lucia Ferretti, « Caritas-Trois-Rivières (1954-1966), ou les difficultés de la charité catholique à l'époque de l'État providence », *Revue d'histoire de l'Amérique française*, vol. 58, nº 2, automne 2004, p. 187-216.

61. Peter C. Holloran et Andrew Hunt, dir., *The 1980s : Social History of the United States*, Santa Barbara, ABC-CLIO Publishing, 2009, 438 p.

62. Dennis Guest, *The Emergence of Social Security in Canada*, 3ᵉ édition, Vancouver, University of British Columbia, 1997, p. 173, 240 ; Rodney S. Haddow, *Poverty Reform in Canada, 1958-1978 : State and Class Influences on Policy Making*, Montréal, McGill-Queen's University Press, 1993, 247 p. ; James Struthers, « Unequal Citizenship : The Residualist Legacy Within the Canadian Welfare State », dans John English, Kenneth McLaughlin et Whitney Lackenbauer, dir., *Mackenzie King : Citizenship and Community. Essays Marking the 125th Anniversary of Birth of William Lyon Mackenzie King*, Toronto, Robin Brass Publishing, 2002, p. 169-185.

il n'a ni promu ni opposé le développement de l'État providence, misant surtout sur le succès de ses œuvres et, dès 1968, la possibilité d'en augmenter l'ampleur avec des subventions étatiques. Son expérience rappelle toutefois comment des individus de bonne foi pouvaient se contredire en cherchant des subventions publiques pour des projets privés, tout en critiquant le taux d'imposition et se démenant pour maintenir la garde de leurs œuvres, même quand l'État proposait d'en prendre la charge. Étrange paradoxe, devant la montée des compressions néolibérales en fin de siècle, il s'est mis à soutenir des institutions publiques, un changement de cap qui aurait été difficile à imaginer lorsque l'Ordre de Jacques Cartier a conçu le Richelieu.

Le cadre de l'ouvrage

Quant au milieu associatif, les historiens Denise Robillard et James Trépanier ont écrit sur l'action militante de l'OJC pour le développement institutionnel des milieux minoritaires et l'augmentation de la place du français au sein de l'État fédéral[63]. Malgré tout, les études sur les *service clubs* sont à peu près inexistantes. Dans la seule étude savante à leur sujet, l'historien Larry Charles soulève les efforts des « trois grands » aux États-Unis pour promouvoir le commerce local et la bienfaisance, tout en luttant contre le communisme et le syndicalisme[64]. « Not only do they represent a crucial but historically undervalued aspect of American culture – its voluntary associational life – », constatait-il en 1993. « They also reflect vital, often contradictory impulses in American middle-class experience[65] ». Les historiens Kenneth Coates et Fred McGuiness ont rédigé un historique des Kinsmen Clubs au Canada et certains

---

63. Denise Robillard, *L'Ordre de Jacques Cartier. Une société secrète pour les Canadiens français catholiques, 1926-1965*, Montréal, Éditions Fides, 2009, 544 p.; James Trépanier, *Battling a Trojan Horse: The Ordre de Jacques Cartier and the Knights of Columbus, 1917-1965*, thèse de maîtrise (histoire), Ottawa, Université d'Ottawa, 2007, 186 p.

64. Paul Martin, *We Serve: A History of the Lions Clubs*, Washington, Regnery Greenway Publishers, 1991, 324 p.

65. Larry A. Charles, *Service Clubs in American Society: Rotary, Kiwanis, and Lions*, Urbana, University of Illinois Press, 1993, p. 1-2.

clubs anglo-canadiens, dont le Rotary Club de Montréal, ont également rédigé de brefs bouquins[66]. En 1971 et en 1994, des membres du Richelieu ont tâché d'écrire des premiers jets de l'histoire de leur mouvement et quelques clubs ont aussi rédigé des textes sur leurs réalisations[67], mais seul le cercle de Sudbury, grâce à la thèse de l'historienne Brigitte Berthiaume, a subi un examen scientifique à présent[68].

La présente étude s'inspire principalement des archives du Richelieu International, dont les documents des années 1944 à 1974 sont conservés par le Centre de recherche en civilisation canadienne-française (CRCCF) de l'Université d'Ottawa et ceux depuis 1975 étaient conservés, au moment de la collecte des données en 2011, au siège social du mouvement, également situé dans la capitale fédérale canadienne. On y retrouve des bulletins, des coupures de presse, des procès-verbaux et des rapports financiers, mais peu de correspondance, qui elle, semble avoir été jetée. Bibliothèque et Archives Canada (BAC) à Ottawa et Bibliothèque et Archives nationales du Québec (BAnQ) à Montréal possèdent aussi des articles, des rapports et de la correspondance entre les gouvernements du Canada, du Québec et le mouvement ; à BAC, les fonds du ministère des Affaires extérieures, de l'Ordre de Jacques Cartier et du Secrétariat d'État ont fourni un précieux éclairage sur les relations externes du Richelieu. Les bases de données Canadian Newstand et Eureka identifient également quelques centaines d'articles sur le Richelieu ayant paru dans la presse canadienne depuis les années 1960. Quelques biographies de membres de longue date offrent des perspectives plus intimes sur l'engagement au mouvement. Nous avons aussi fait appel à un échantillon,

---

66. Kenneth Coates et Fred McGuiness, *Only in Canada. Kinsmen and Kinnettes*, Winnipeg, Peguis, 1987, 271 p. ; Robert Gardner, *Golden Jubilee, 1913-1963*, Montréal, Rotary Club of Montreal, 1963, 48 p., dans Queen's University, W.D. Jordan Collection, Edith and Lorne Pierce Rare Books, Kingston (Ontario).

67. Armand Dufresne, *Les Clubs Richelieu : les premiers 25 ans du Richelieu International*, Montréal, Éditions du Jour, 1971, 209 p. ; Renée Veilleux et Céline Des Chênes, *Dans les sentiers de l'amitié : le Richelieu International 1944-1994*, Mont-Joli, Club Richelieu Mont-Joli, 1994, 166 p.

68. Brigitte Berthiaume, *Le Club Richelieu Sudbury, 1947 à 1977 : le rôle des membres d'un club social dans une communauté canadienne-française*, thèse de maîtrise (histoire), Sudbury, Université Laurentienne, 2009, 143 p.

sélectionné selon le degré de représentativité, de disponibilité et d'accessibilité, d'archives de clubs. Préservés par des particuliers, les documents des clubs à Edmundston (Nouveau-Brunswick), Hollywood (Floride), Liège (Belgique), Manchester (New Hampshire), Montréal (Québec), Ottawa (Ontario) et Québec (Québec) ont été très utiles pour mesurer les représentations et l'action sur le terrain, ainsi que le rapport entre les cercles et le siège social. Pourtant, la préservation de la documentation varie considérablement, d'où le poids variable que nous accordons à chacun de ces fonds. Enfin, 36 acteurs ont été interviewés pendant les séjours de recherche, de l'automne 2010 au printemps 2013, ce qui nous a permis de recueillir leurs souvenirs et de nuancer le déroulement de certains événements[69].

Les cinq chapitres qui suivent forment un récit qui allie la chronologie à l'enquête thématique pour offrir une cohérence à l'analyse et mesurer l'évolution de certaines questions dans le temps. Le premier chapitre porte sur la fondation du Richelieu comme rempart à la « menace » culturelle que représentait, au tournant de la décennie 1940, l'arrivée des *service clubs* américains au Canada français. Ensuite, les mutations sociales des années 1960 et 1970 étant multiformes, les axes d'interrogation sur le nationalisme, le genre et l'altruisme sont divisés en chapitres distincts. Ainsi, le deuxième chapitre traite de l'expansion du mouvement devant l'émergence des identités provinciales, du bilinguisme fédéral et de la Francophonie naissante, tandis que les troisième et quatrième chapitres portent sur les mutations sociopolitiques des années 1960 et 1970, qui ont aussi marqué les rapports sociaux entre professionnels et ouvriers, jeunes et adultes, hommes et femmes. L'idéal de l'égalité des individus et l'altruisme, de plus en plus imaginé en lien avec l'État providence, comptait pour beaucoup. Enfin, le dernier chapitre porte sur la montée du néolibéralisme au Richelieu, qui a ramené le besoin

---

69. Des détails additionnels sur la méthodologie de l'enquête en oralité peuvent être repérés et consultés dans la thèse originale : Serge Dupuis, *Le passage du Canada français à la Francophonie mondiale : mutations nationales, démocratisation et altruisme au mouvement Richelieu, 1944-1995*, thèse de doctorat (histoire), Waterloo, University of Waterloo, 2013, p. 4-7, 368.

d'une charité privée, mais aussi ouvert les vannes pour la participation accrue des femmes et des minorités dans sa réalisation. L'étude s'arrête en 1995, puisque la majeure partie de l'analyse porte sur les conséquences des mutations sociopolitiques des décennies 1960 et 1970, mais aussi parce que la chute du communisme (1991) et la dernière des crises constitutionnelles au Canada (1995) ont en quelque sorte clos une période de tensions tout à fait particulières au Canada français et mené à la période pendant laquelle nous rédigions cette étude.

Un nouveau maillon dans le réseau institutionnel du Canada français (1944-1959)

V OULANT ATTEINDRE L'AUTONOMIE dans une nouvelle sphère d'activité et assumer pleinement la dualité canadienne, des professionnels libéraux et des gens d'affaires de l'élite canadienne-française ont fondé le Richelieu. Fernand Dumont aurait dit qu'il s'agissait d'une initiative, adaptée aux cultures première et seconde du Canada français. Cette logique binaire a incité les nationalistes à refuser leur marginalisation dans les mouvements de langue anglaise, tout en reconnaissant l'attrait que pouvait exercer cette activité d'origine américaine sur les Canadiens français, par la création d'une variante d'un secteur émergent. Son développement serait rapide au Québec, en Acadie, en Nouvelle-Angleterre et en Ontario, à une époque où l'on considérait toujours le Canada français comme une société dont les tentacules s'étendaient obligatoirement à l'extérieur de la Belle Province. Le Richelieu essuierait quelques échecs pendant ces premières années, mais consoliderait son assise grâce en partie à la collaboration du réseau de l'Ordre de Jacques Cartier (OJC), au succès de ses œuvres caritatives auprès de la jeunesse et à l'opinion généralement favorable des épouses et des décideurs politiques à l'égard des *service clubs*.

Le cercle de service comme nouvel espace d'autonomie

Les mouvements Rotary, Kiwanis et Lions, fondés respectivement en 1905, en 1915 et en 1917, avaient créé environ neuf *service clubs* américains sur dix. À leurs débuts, ils avaient encouragé les hommes de la haute classe moyenne à contribuer de leur temps libre à la réalisation d'œuvres caritatives dans leurs localités. À partir des années 1920, les trois mouvements avaient érigé des cellules dans les principales villes du Canada anglais[1]. Leurs « districts » régionaux, ces structures organisationnelles intermédiaires, tendaient toutefois à chevaucher la frontière canado-américaine et à faire fi des espaces linguistiques. Les *service clubs* occultant également la spécificité canadienne-anglaise, certains, dont Hal Rogers qui s'était vu refuser l'admission à un Rotary Club, se sont mis à fonder de nouveaux mouvements, dont le Kinsmen Club à Hamilton en 1920 et le Canadian Progress Club à Toronto en 1922[2]. Malgré la verve de leurs promoteurs, ils demeureraient marginaux comparativement aux « trois grands » en sol canadien.

Pour des raisons tant culturelles que morales, l'élite canadienne-française de l'entre-deux-guerres s'est préoccupée de l'installation des *service clubs* dans les localités (souvent bilingues) de l'Outaouais, des Laurentides et des Cantons-de-l'Est. On soupçonnait ces clubs d'avoir des atomes crochus avec le militantisme anticatholique et antifrançais de la Franc-Maçonnerie et de l'Ordre d'Orange. Déjà en 1927, en raison desdits « graves préjudices aux catholiques » dont ces clubs faisaient preuve, Cyrille Gagnon, abbé au Séminaire de Québec, avait proposé à l'élite canadienne-française d'établir des « clubs sociaux catholiques[3] ». En revanche, même parmi les groupements catholiques, dont les Knights of Columbus, constitués par des Irlandais à New Haven (Connecticut) en 1880 et actifs dans plusieurs paroisses canadiennes-françaises depuis le tournant du xxe siècle, on pouvait

---

1. Larry A. Charles, *Service Clubs in American Society: Rotary, Kiwanis, and Lions*, Urbana, University of Illinois Press, 1993, p. 114-116 ; Paul Martin, *We Serve: A History of the Lions Clubs*, Washington, Regenry Greenway Publishing, 1991, p. 15-22 ; John Herd Thompson et Stephen J. Randall, *Canada and the United States: Ambivalent Allies*, 4e édition, Montréal, McGill-Queen's University Press, 2008, p. 113.

2. « Rotary International Official Directory, 1954-1955 », p. 6, dans Bibliothèque et Archives Canada (BAC), Fonds Ordre de Jacques Cartier (FOJC) MG28-I98, vol. 147, dossier « Rotary Clubs 1940-1949 » ; Ken Coates et Fred McGuiness, *Only in Canada. Kinsmen and Kinnettes*, Winnipeg, Peguis Books, 1987, p. 17-24, 53 ; « History of the Canadian Progress Club », Canadian Progress Club [En ligne].

3. Cyrille Gagnon, *Les Clubs sociaux neutres : ce qu'en pense la théologie*, Montréal, L'Action paroissiale, 1925, p. 10.

trouver des opposants à l'enseignement du français[4]. Pour contrer ces affronts de coulisse, l'élite canadienne-française d'Ottawa avait fondé l'Ordre de Jacques Cartier (OJC) en octobre 1926[5]. En recrutant quelques milliers de militants des Maritimes aux Prairies, cet ordre secret contribuerait, grâce au noyautage de l'opinion publique, à accélérer l'adoption par le gouvernement fédéral de symboles canadiens-français, dont la feuille d'érable et l'hymne *Ô Canada*, l'embauche d'une proportion équitable de Canadiens français dans la fonction publique fédérale et la multiplication de services gouvernementaux offerts en français[6]. L'OJC favorisait également l'élargissement du réseau coopératif canadien-français.

L'OJC ne s'est pas penché sur les *service clubs* avant 1937, année pendant laquelle les « trois grands » ont commencé à émerger dans certaines localités à majorité canadienne-française au Québec[7]. Ces cercles avaient l'audace, leur reprochait-on, de se dire représentatifs de la population locale en recrutant proportionnellement moins de Canadiens français que leur poids réel[8]. Pire encore, ces mouvements insistaient souvent pour que les délibérations des clubs se tiennent en anglais et, même là où ce n'était pas le cas, on se mettait tout de même à la remorque de la volonté d'un autre peuple. Malgré cela, la volonté de « diffuser dans le public l'idée que les Canadiens de langue française embrigadés dans ces organismes [étaie]nt des ignorants ou des traîtres[9] » et de former les

---

4. James Trépanier, *Battling a Trojan Horse : The Ordre de Jacques Cartier and the Knights of Columbus, 1917-1965*, thèse de maîtrise (histoire), Ottawa, Université d'Ottawa, 2007, p. 20-38, 70.

5. « Mémoire soumis par le Conseil d'administration à la CX lors d'une réunion plénière au sujet des organismes étrangers », 19 mai 1948, p. 3, dans BAC, FOJC MG28-I98, vol. 10, dossier « CX No 177 ».

6. Denise Robillard, *L'Ordre de Jacques Cartier. Une société secrète pour les Canadiens français catholiques, 1926-1965*, Montréal, Éditions Fides, 2009, 544 p.

7. Lettre du Sec. Adj. du CR 3 Québec au Secrétaire « Re : Club Rotary », 11 avril 1956 ; « Re : Clubs neutres », 5 mai 1956 ; Lettre du Sec. Adj. du CR 3 au Secrétaire CX, « Re : Kiwanis Sillery », 4 juillet 1956, dans BAC, FOJC MG28-I98, vol. 147, dossiers « Clubs neutres » et « Rotary Clubs 1940-1949 » et « 1956-1960 ».

8. Lettre du Secrétaire régional N° 25 Hull au Secrétaire CX, 25 avril 1956 ; Gérald Boudeau, Lettre du Montréal CR n° 5 au secrétaire, 21 mars 1956, dans BAC, FOJC MG28-I98, vol. 147, dossiers « Clubs neutres » et « 1956-1960 ».

9. « Projet de campagne concernant les organismes étrangers », 21 mai 1948, p. 5, dans BAC, FOJC MG28-I98, vol. 10, dossier « CX No 177 ».

Chevaliers de Champlain (1956) pour concurrencer les Knights est tombée à plat ; l'OJC n'est parvenu ni à chasser les *service clubs* et la Franc-maçonnerie du Canada français, ni à convaincre la majorité des membres canadiens-français à les quitter[10].

L'Ordre s'est donc retroussé les manches pour leur offrir une autre solution, inspirée des mœurs nord-américaines, mais conforme aux idéaux franco-catholiques. L'un de ses chanceliers franco-ontariens, Horace Viau, a d'abord essayé d'extirper les « membres [canadiens-français] de clubs sociaux actuels » en formant un premier groupement à Ottawa en 1937, mais sans succès. Trois ans plus tard, il a constitué le Club Lucerne, ayant un objectif « identique à celui du Rotary », tout en étant « chrétien, international, [et] canadien-français[11] », mais a essuyé un second échec. C'est ainsi qu'en février 1941, le secrétaire de l'OJC, Esdras Terrien, est intervenu avec une directive pour les commandeurs on ne peut plus claire :

> Ramener ces compatriotes [...], les rassembler avec leurs frères dans des groupes distincts, les instruire sur l'histoire de leurs ancêtres en Amérique, sur leur idéal, leurs droits, leurs besoins, leurs intérêts, les amener [...] à pratiquer l'Action sociale catholique, à mettre leurs énergies en commun pour le bien moral, intellectuel et matériel de tous nos compatriotes[12].

La crise de la conscription en 1942, pendant laquelle les *service clubs* auraient promu le bon-ententisme, a ranimé la frustration de l'OJC à leur égard[13]. Rassemblés en congrès annuel en octobre 1942, les commandeurs ont insisté sur la formation d'un nouveau mouvement, qui servirait aussi, du coup, comme « moyen

---

10. « Mémoire soumis par le Conseil d'administration à la CX lors d'une réunion plénière au sujet des organismes étrangers », 19 mai 1948, p. 2, dans BAC, FOJC MG28-I98, vol. 10 et 149, dossier « CX No 177 ».

11. « Club Lucerne », 17 mai 1940, p. 6, dans BAC, FOJC MG28-I98, vol. 147, dossier « Club Lucerne 1940 ».

12. Esdras Terrien, « Réception à Mgr A. Vachon », 2 février 1941, dans Denise Robillard, *op. cit.*, p. 48.

13. Armand Dufresne, *Les Clubs Richelieu : les premiers 25 ans du Richelieu International*, Montréal, Éditions du Jour, 1971, p. 14-15 ; Denise Robillard, *op. cit.*, p. 205.

Charte de la Société Richelieu, dans Archives privées du Richelieu International (APRI), Ottawa (Ontario).

d'extériorisation [de l'OJC] pour atteindre le grand public[14]». Dans ce nouveau contexte, Viau s'est ressayé encore, mais en se joignant cette fois au Rotary Club de Hull, duquel il s'inspirerait pour mieux comprendre le fonctionnement d'un club, même si sa faible assiduité donnait probablement l'impression qu'il en était passablement

---

14. «Comité spécial de la CX», 22 avril 1944, dans Denise Robillard, *op. cit.*, p. 237, 500.

désintéressé[15]. Après avoir traduit et adapté les règlements administratifs du Rotary, le 21 février 1944, Viau a déposé une demande au gouvernement fédéral pour qu'à la Société Richelieu soit accordée une charte, charte qui lui a été octroyée le 3 mai 1944[16]. L'OJC lui a prêté des fonds de démarrage, nommé 17 chanceliers d'Ottawa, de Hull et de Montréal comme administrateurs fondateurs et prêté ses locaux dans la basse-ville d'Ottawa pour tenir ses premières rencontres[17]. L'OJC a ensuite appelé ses commandeurs à « encourager la fondation de clubs Richelieu dans toutes les localités comptant un nombre suffisant d'hommes d'affaires et de profession[18] ». À North Bay (Ontario) par exemple, 15 des 20 fondateurs du cercle appartenaient à la commanderie locale de l'OJC[19]. Plus encore, 27 des 33 premiers cercles seraient constitués dans les villes où l'on trouvait déjà une commanderie[20]. Ce faisant, dans l'esprit des commandeurs avertis, le déploiement rapide du mouvement Richelieu ne relevait pas de la coïncidence…

L'affiliation d'un cercle pouvait représenter un processus de longue haleine. Un instigateur devait identifier un minimum de 15 adhérents, parrainés de six mois à trois ans par un club existant dont la mission était de transmettre le protocole et de veiller à l'obtention d'une charte civile locale[21]. L'initiative de fonder un club revenait largement aux acteurs locaux, qui assuraient l'affiliation et le recrutement, tout en identifiant les principaux besoins de la jeunesse de leur milieu. Le recrutement dépendait des habiletés interpersonnelles

---

15. « Report on Attendance », 1943, dans BAC, FOJC MG28-I98, vol. 147, dossier « Rotary Clubs 1940-1949 ».

16. « La Société Richelieu, Charte », 1944, dans BAC, FOJC MG28-I98, vol. 37, dossier 3.

17. « Première assemblée du Conseil général », 18 janvier 1945 ; dans Archives privées du Richelieu International (APRI), Ottawa (Ontario), vol. « Procès verbaux 1944-1949 ».

18. « Projet de campagne concernant les organismes étrangers », 21 mai 1948, p. 4, dans BAC, FOJC MG28-I98, vol. 10, dossier « CX No 177 ».

19. Entretien avec Simon Brisbois, North Bay (Ontario), 4 janvier 2013.

20. Marie-Josée Lévesque, « Répertoire numérique du fonds Ordre de Jacques Cartier », 2000, p. viii-xii, dans Université d'Ottawa, Centre de recherche en civilisation canadienne-française (CRCCF), Répertoires.

21. « Procès-verbal de la douzième réunion régulière et deuxième assemblée plénière du Conseil d'administration », 17 mai 1953 ; « Procès-verbal de la vingt-sixième assemblée régulière du Conseil d'administration », 15 novembre 1954 ; « Liste des clubs Richelieu », [juin 1955], 4 p. ; Procès-verbal de la cinquième assemblée, 28 mars 1956, dans CRCCF, Fonds Richelieu International (FRI) C76, vol. 1, dossiers 2 et 4.

de l'instigateur, qui trouvait des recrues dans son réseau interpersonnel et professionnel. Le club moyen perdant quelques membres par année, la rétention et le recrutement nécessitaient un soin constant[22].

Ayant pour patron le cardinal Richelieu, le mouvement s'est doté d'un écusson, un cercle bleu rappelant «le ciel chargé de nuages sombres», soit les vices de «l'égoïsme personnel», des «petits intérêts» et de «l'apathie». Un «R» blanc figurait au centre pour symboliser le rayon de soleil de l'activité caritative, qui «frapp[ait]» et «dissip[ait][23]» les nuages du vice. Pendant sa première année, le Richelieu a aménagé un siège social au 465, rue Rideau dans la basse-ville d'Ottawa[24]. Il a établi un fonds de réserve et lancé un bulletin, dont la parution serait irrégulière pendant six ans[25]. En 1948, le conseil d'administration (CA) a embauché un directeur général et une secrétaire[26], qui ont fixé une cotisation annuelle de 2,50 $ par membre et l'ont fait augmenter progressivement à 7 $ douze ans plus tard. Atteignant 1 000 membres à l'été 1949, l'effectif du Richelieu a crû à 3 415 membres en septembre 1954 et à 6 000 membres en décembre 1959. Dès lors, il comprenait une strate de l'élite dans diverses bourgades plus ou moins proportionnelle à la distribution régionale de la population canadienne-française au Québec et en sa périphérie[27]. En revanche, l'acharnement avec lequel les clubs de Montréal et de Québec travailleraient à l'expansion dès 1953 accélérerait le poids des affiliations au Québec.

---

22. J.-Émile Boucher, «Aperçu historique et constitutionnel», [1950], 2 p.; «Procès-verbal de la quatrième assemblée annuelle», 20 février 1954, p. 9, dans CRCCF, FRI C76, vol. 1, dossiers 1 et 4.

23. «Première assemblée», 27 avril 1944, dans APRI, vol. «Procès-verbaux 1944-1949».

24. «Comité des finances», 22 janvier 1949; «État des revenus et des dépenses», 3 février 1954; «Douzième rapport du trésorier général», 16 février 1956, dans CRCCF, FRI C76, vol. 1, dossiers 1, 3 et 5; Armand Dufresne, *op. cit.*, p. 39-40.

25. «Réunion d'affaires», 2 novembre 1947, p. 2; «Procès-verbal de la dix-septième réunion du Conseil d'administration», 25 juin 1953, dans CRCCF, FRI C76, vol. 1, dossier 4.

26. «Procès-verbal de l'assemblée», 31 décembre 1947, p. 94; «Réunion du Bureau d'administration», 30 juin 1948, p. 136, dans APRI, vol. «Procès-verbaux 1944-1949».

27. Brigitte Berthiaume, *Le Club Richelieu Sudbury, 1947 à 1977: le rôle des membres d'un club social dans une communauté canadienne-française*, thèse de maîtrise (histoire), Sudbury, Université Laurentienne, 2009, p. 71-78; «Liste des clubs Richelieu», mai 2011, p. 1-4, dans APRI, Base de données électroniques; «Procès-verbal de la trente-quatrième assemblée régulière et quatrième assemblée plénière du Conseil d'administration», 18 février 1955, dans CRCCF, FRI C76, vol. 1, dossier 5.

Le Conseil exécutif de la Société Richelieu, ca. 1950. Première rangée, de gauche à droite : M. J.-A. Boyer d'Ottawa, trésorier ; Dr Pierre Jobin de Québec, 1er vice-président ; M. J.-Émile Boucher de Montréal, président ; Dr Horace Viau d'Ottawa, gouverneur ; G.-A. Desjardins d'Ottawa, 2e vice-président ; Olivier Lefebvre d'Ottawa, secrétaire. Deuxième rangée, de gauche à droite : l'abbé Émile Vézina d'Ottawa, aviseur moral ; M. Éric Héroux de Trois-Rivières ; Dr Paul Côté d'Ottawa, directeur ; Me Gaston Vincent, aviseur juridique... [indéchiffrable], dans Collection iconographique (CI), APRI, Ottawa (Ontario).

À toutes les semaines, le conseil exécutif (CE) se réunissait pour administrer les affaires de la Société. Pendant sa première décennie, les cercles nommaient des délégués pour des mandats de trois ans à un collège permanent (CP), qui comptait aussi les fondateurs (cinq Ottaviens, deux Montréalais et un Trifluvien)[28]. Pour assurer la venue de nouvelles idées et assurer la continuité, on renouvelait annuellement un tiers des membres du CP. Cependant, les cercles éloignés retrouvaient rarement les leurs à cette table. En 1957 par

---

28. « Réunion », 30 décembre 1946, p. 32 ; « Procès-verbal de la réunion », 7 juin 1947, p. 2 ; « Réunion consultative des clubs Richelieu », 22 novembre 1947, p. 2 ; « Réunion du bureau d'administration », 17 février 1948, p. 102, dans APRI, vol. « Procès-verbaux 1944-1949 ».

exemple, les Ottaviens occupaient 21 des 39 postes du CP[29]. Certaines questions ne regardant pas les cercles d'après le CE, la représentation proportionnelle n'y était pas souhaitable. Pourtant, dès 1958, un comité consultatif sur la gouvernance jugerait que les membres auraient intérêt à élire directement un conseil d'administration[30]. Entretemps, on conclurait une entente à l'amiable avec les cercles américains pour qu'ils respectent l'autorité de la structure canadienne[31].

On a affilié une centaine de clubs de l'Acadie au Manitoba, en passant par la Nouvelle-Angleterre et l'Ontario, et réussi le tour en évitant une guerre ouverte avec les mouvements d'origine américaine. Plus modérées que ne l'avaient été celles de l'OJC, les directives du Richelieu appelaient les clubs à se retenir d'émettre de déclarations sur les « clubs neutres », mais plutôt de veiller avec vigilance à la consolidation de leurs compatriotes à l'intérieur du réseau Richelieu. Né à L'Orignal (Ontario) en 1900, Horace Viau ne voyait pas de gain à s'ériger « en adversaire des mouvements existants » ; il valait mieux « revendique[r] sa place dans une société chrétienne et catholique[32] ». Certains cercles ont toutefois entrepris des démarches, parfois avec l'appui d'un curé, pour stigmatiser les « trois grands » sur le plan local. Par exemple, l'arrivée d'un club Richelieu à Joliette (Québec) en 1950 a offert au curé local l'occasion d'y éradiquer le Rotary Club et d'y affaiblir le Kiwanis Club[33]. Pourtant, le Lions Club d'Edmundston (Nouveau-Brunswick) est resté à l'abri de telles condamnations, puisqu'il fonctionnait en

---

29. « Assemblée annuelle du Conseil général », 25 février 1950, p. 2 ; « Procès-verbal de la deuxième réunion du Conseil d'administration », 20 février 1953 ; « Registre des administrateurs », [mars 1957] ; « Procès-verbal de la vingt-troisième assemblée », 14 décembre 1957, p. 5, dans CRCCF, FRI C76, vol. 1, dossiers 1 et 4.

30. Armand Dufresne, « Rapport du secrétaire général », 17 février 1962, dans *Le Richelieu*, vol. 12, n° 1, janvier-février 1962, p. 4, dans APRI, vol. « Vie Richelieu 1946-1980 ».

31. « Procès-verbal de la dix-septième assemblée », 16 septembre 1955, dans CRCCF, FRI C76, vol. 1, dossier 4.

32. Horace Viau, dans *L'Écho du Bas-St-Laurent*, 5 septembre 1946, dans Diane Vallée, « Rappels et reconnaissance 1946-1996. Cinquantenaire du Club Richelieu Mont-Joli », 1996, p. 8, dans Bibliothèque et Archives nationales du Québec (BAnQ), Fonds HS 2735, vol. M65, dossier V34.

33. Entretien avec Jean Malo, Joliette (Québec), 5 juin 2011.

français et ne comptait que des catholiques acadiens dans ses rangs[34]. À Québec également, le Canadian Progress Club semblait fonctionner en français[35], une nuance que le discours de l'OJC ne prenait pas souvent en compte. Comme en témoignent les parties de cartes et visites à l'érablière organisées conjointement avec les *service clubs*, une coexistence s'installait lentement[36]. Par conséquent, le Richelieu a pu rejoindre le Central Council of Service Clubs, un regroupement majoritairement étatsunien; il en assurerait même la présidence en 1955[37].

En Nouvelle-Angleterre, l'élite franco-américaine ne fabulait même pas le recul des « trois grands » chez elle, mais croyait toujours pouvoir agir pour assurer un certain avenir à sa collectivité. Elle s'est donc mise à recruter discrètement des connaissances « embrigadées » dans les *service clubs* à d'éventuels cercles Richelieu là-bas. Dans le recrutement, on disait vouloir faire abstraction de « la race, la religion ou la couleur[38] » dans un effort, semblerait-il, d'arrimer l'autonomie franco-américaine à la lutte contemporaine contre la discrimination des minorités raciales. Et certains cercles parviendraient à se tailler une réputation enviable. En 1958 par exemple, le cercle de Manchester ferait la plus importante contribution, parmi les *service clubs*, à la collecte de denrées pour les paniers de Noël de la localité[39].

---

34. *Bulletin*, mars 1953, dans Archives privées du Club Richelieu d'Edmundston (APCRE), Edmundston (Nouveau-Brunswick), vol. « Bulletins 1953-1954 ».

35. « Pourquoi le golf des clubs sociaux », 15 septembre 1955, dans Archives privées du Club Richelieu de Québec (APCRQ), L'Ancienne-Lorette (Québec), vol. « Bulletins », dossier « 1955 ».

36. *Bulletin*, 19 octobre 1953, p. 2 ; « Procès-verbal de la onzième assemblée régulière du Conseil d'administration », 2 juillet 1959, p. 2, dans CRCCF, FRI C76, vol. 1, dossier 7 et Fonds Club Richelieu Ottawa (FCRO) C117-1, vol. 9, dossier 12 ; « Club Richelieu-Montmagny », *Le Courrier de Montmagny*, 2 octobre 1948.

37. « Les directeurs se sont réunis », 26 novembre 1945, p. 15, dans APRI, vol. « Procès-verbaux 1944-1949 » ; Arthur Desjardins, « Une décennie de vie Richelieu », *Le Richelieu*, vol. 6, n° 1, janvier 1956, p. 5, dans CRCCF, FCRO C117-2, vol. 10, dossier 17.

38. « Le Club Richelieu New Bedford reçoit sa Charte à Boston », *L'Indépendant*, 21 janvier 1959, dans Archives privées du Club Richelieu de Manchester (APCRM), Manchester (New Hampshire), vol. « 1959 ».

39. « Christmas Effort. Report of Income from Service Clubs », 2 janvier 1959, dans APCRM, vol. « 1959 ».

Affiche annonçant les *service clubs* de Manchester, ca. 1960,
dans CI, APRI, Ottawa (Ontario).

Une élite masculine sensible à ses « devoirs »

Le Rotary rassemblait surtout des propriétaires d'entreprise et des professionnels prospères, le Kiwanis recrutait davantage des gérants et des professionnels réguliers, tandis que le Lion attirait principalement des cols blancs de premier rang[40] ; le Richelieu ne voulait pas recruter n'importe qui non plus. Selon le fondateur du cercle d'Ottawa-Hull, Arthur Desjardins, le mouvement voulait « recruter des gens qui [avaie]nt de l'argent[41] » et misait sur les hommes laïcs les plus « talentueux » de l'Amérique française, mais ne serait pas aussi sélectif que les *service clubs*. Malgré certaines similitudes avec l'élite des villes typiques, la composition de l'« élite » de langue

---

40. Larry A. Charles, *op. cit.*, 226 p.

41. Arthur Desjardins, dans « Le comité exécutif », 10 septembre 1945, p. 12, dans APRI, vol. « Procès-verbaux 1944-1949 ».

française tendait à se distinguer de l'élite économique anglo-protestante[42]. Pour le membre montréalais Trefflé Boulanger, les « personnes très riches » au Canada français n'étaient déjà pas « assez nombreuses [...] pour constituer une classe sociale[43] ». Ce faisant, le Richelieu n'avait pas le luxe de refuser la participation d'un laïc susceptible de renforcer le statut des Canadiens français et n'avait pas de quota de propriétaires, de gérants ou de professionnels dans ses clubs. Ainsi, il recrutait davantage de fonctionnaires (surtout en milieu minoritaire francophone) et d'ouvriers (surtout dans les villes mono-industrielles)[44].

Si 8 % des membres du cercle de Roberval (Québec) étaient ouvriers, l'« honneur » d'y être nommé membre demeurait « réservé à un groupe choisi[45] ». Le CA hésitait également à fonder des cercles dans les localités industrielles ou rurales où les professionnels se faisaient trop rares[46]. La tâche de maintenir un cercle apparaissait plus évidente dans les milieux aux strates économiques plus diversifiées. « [L]a classe pauvre est trop prise », partageait Trefflé Boulanger avec le club de Montréal, « par ses pénibles travaux et ses soucis matériels pour avoir le temps et les moyens de s'intéresser aux choses de l'esprit, de la littérature et de l'art. La bourgeoisie reste donc le seul terrain vraiment capable de faire prospérer la culture et de lui assurer son juste essor[47]. » À Manchester (New Hampshire), le cercle fondateur regroupait, entre autres, un juge à la Cour suprême d'État, un dentiste, deux médecins, un avocat, un assureur et un vice-président de la filiale américaine de la

---

42. Serge Dupuis, « Pour une grille d'analyse appropriée à l'élite en francophonie canadienne », *Francophonies d'Amérique*, n° 37, printemps 2014, p. 77-86.

43. Trefflé Boulanger, « Le sens social. Causerie prononcée au poste CKAC », 30 juin 1948, dans Bibliothèque et Archives nationales du Québec, Montréal (BAnQ-M), Fonds Club Richelieu Montréal (FCRM) P206, bobine 6391, image 1023.

44. « Souper intime et assemblée préliminaire à l'organisation d'un club Richelieu Manchester », 11 avril 1956, p. 3, dans Archives privées du Club Richelieu de Manchester, Manchester (New Hampshire) (APCRM), vol. « Assemblées préliminaires » ; Brigitte Berthiaume, *op. cit.*, p. 6-17, 85-86 ; Marcel Leblanc, *Club Richelieu Roberval, 1949-1999*, Roberval (Québec), Imprimerie Roberval, 1999, p. 220-228.

45. Marcel Leblanc, *op. cit.*, p. 157.

46. Gilles Allard, « Rapport des gouverneurs régionaux », 14 février 1959, dans CRCCF, FRI C76, vol. 1, dossier 7.

47. Trefflé Boulanger, *op. cit.*, 30 juin 1948.

Monsieur Arthur Desjardins, fondateur du club d'Ottawa-Hull, accompagnée de son épouse, lors d'une célébration en son honneur, *Le Droit*, 12 avril 1951, p. 1.

Habitant Pea Soup Company[48]. Le membre moyen admis était établi financièrement, marié et âgé d'une quarantaine d'années, même si on se greffait aussi quelques célibataires dans la vingtaine,

---

48. « Souper intime et assemblée préliminaire à l'organisation d'un club Richelieu Manchester », 11 avril 1955, p. 3, Lettre de Gilles Morin à Leo Dion, [1959], dans APCRM, vol. « Assemblées préliminaires » et « 1959 ».

dans l'espoir qu'ils ressemblent aux autres tôt ou tard[49]. Après l'affiliation d'un cercle, ses dirigeants se faisaient avertir de porter une attention prudente au recrutement en amont et tâchaient périodiquement d'«éliminer le bois mort[50]» en aval.

Cette prudence pouvait optimiser les compétences au sein d'un cercle, mais elle pouvait aussi encourager des tendances corporatistes. Si la solidarité faisait la force d'une société minoritaire, certains insistaient sur la primauté de l'harmonie, non pas sans excès parfois. Afin que la bourgeoisie soutienne ses compatriotes moins nantis, elle devait chasser «la concurrence outrancière» et inciter «les hommes d'affaires d'un milieu à s'apprécier de plus en plus[51]». Certains n'y voyaient qu'une directive modérée pour que chacun se guérisse de ses «caprices choquants[52]» et contribue à déjouer la marginalisation collective des Canadiens français. Au cercle de Montmagny, Philippe Béchard, propriétaire d'une entreprise de distribution, a précisé:

> Nous devons vivre avec une race qui nous est supérieure en capitaux et en influence politique, commerçante par hérédité et par formation, ayant un sens pratique inné, le talent d'organisation net, l'esprit de coopération. [...] Pourquoi ne pas chercher à absorber leurs qualités sans pour cela avoir à renier notre religion, notre langue et notre génie latin[s]. Au lieu de les critiquer efforçons-nous de les imiter dans ce qu'ils font de bien. Nous sommes en présence d'un fait: celui de faire partie d'un pays habité par deux races de langue et de mentalité différentes. C'est un mariage forcé, mais il n'y a pas de divorce possible. Tirons-en donc le meilleur parti[53].

49. *Le Richelieu*, vol. 9, n° 3, mai-juin 1959, p. 4; *Le Richelieu*, vol. 10, n° 2, mars-avril 1960, p. 10, dans CRCCF, FCRO C117-2, vol. 10, dossier 17; «Le comité exécutif», *op. cit.*, p. 12; Brigitte Berthiaume, *op. cit.*, p. 79-81.

50. Robert Toupin, dans «Rapport des gouverneurs régionaux», 1er octobre 1959, p. 4, dans CRCCF, FRI C76, vol. 1, dossier 6.

51. «Dîner causerie», 5 novembre 1947, dans CRCCF, FCRO C117-1, vol. 8, dossier 7.

52. Jean-Jacques Tremblay, Causerie sur les ondes de CKCH, 8 septembre 1948, dans CRCCF, Fonds Jean-Jacques Tremblay (FJJT) P195, vol. 1, dossier 3.

53. Philippe Béchard, dans «Club Richelieu», *Le Courrier de Montmagny*, 28 septembre 1946.

Dans un pays partagé où les Canadiens français étaient minoritaires, seules les campagnes d'« achat chez nous », d'après le cercle de Montréal, pouvaient assurer la prospérité de leurs commerçants[54]. Le relèvement économique appelait les Canadiens français non seulement à s'entraider et à s'instruire, mais aussi à augmenter le capital symbolique du français dans les affaires dans les milieux où ils étaient majoritaires, comme l'a rappelé l'abbé Lionel Groulx lors d'une conférence en février 1948[55]. Si le cercle de Montréal y voyait un mécanisme pour devenir « maîtres dans leur pays », le cercle d'Edmundston y voyait plutôt, dans une province où les parlants français étaient minoritaires, une question de « respect » de la clientèle acadienne[56]. Du coup, l'homme d'affaires et administrateur du Richelieu Lucien Bélair estimait qu'on se devait employer le français dans les affaires pour réaliser les aspirations économiques collectives.

> Si le groupe commercial et industriel de langue française consent à la disparition du français dans les relations d'affaires, il contribue inconsciemment à sa propre disparition progressive. Que l'on habitue la clientèle de langue française à l'usage des expressions ou à l'appréciation des affiches anglaises et on l'oriente vers le voisin, en lui enlevant le goût de la pratique de la solidarité[57].

Un club de langue française devait donc regrouper des Canadiens français « talentueux », mais aussi amener le membre, comme le demandait la prise de serment, à « sacrifier un peu de [son] confort et de [se]s aises [...] en prenant une part active au travail de l'équipe[58] ». On constatait « une erreur destructive de tout ordre social à ne plus voir que le gagne-pain [...], l'appât du gain [et] la

---

54. *Bulletin*, 21 septembre 1947, p. 2, dans BAnQ-M, FCRM P206, vol. 8, dossier 88.
55. *Bulletin*, 9 février 1948, dans BAnQ-M, FCRM P206, bobine 6387, image 1023.
56. *Bulletin*, 22 décembre 1955; *Bulletin*, 13 septembre 1956, dans APCRE, vol. «Bulletins 1955-1957 ».
57. Lucien Bélair, «Le français et le signe de piastre», *Bulletin*, 29 novembre 1954, p. 3, dans BAnQ-M, FCRM P206, bobine 6391, image 1650.
58. «Admission d'un nouveau membre», 3 janvier 1961, dans APCRM, vol. sans nom.

recherche avide d'un profit[59]. » On rejetait le matérialisme protestant, qui préconisait une « recette dépourvue d'âme, d'élan et d'idéal[60] ». Plus qu'une équation pour se faire « des amis » et « réussir dans la vie », comme le recommandait un magnat de la trempe de Dale Carnegie, la vie devait être une œuvre morale avant tout. Il fallait « sortir [le membre] de son [s]oi égoïste[61] » et l'amener à « nourrir le Christ dans les pauvres[62] ». Le président André Dorion appelait le membre à « descendre vers ces misères, les toucher, [et] y communier[63] ». En s'épanouissant soi-même, le membre devait consacrer de l'argent et du temps à l'œuvre que parrainait le club pour soutenir la jeunesse sur les plans matériel et moral. Souvent, le membre trouvait son inspiration d'une rencontre avec des enfants soignés dans les hôpitaux pédiatriques. Comme on s'en attendait d'un homme public de l'époque, le membre pouvait faire preuve de virilité et s'engager dans un projet de travail social[64] ; il pouvait proposer des solutions aux insuffisances constatées dans son entourage et échapper à la « monotonie » de la routine[65].

Et l'engagement social de certains membres pouvait impressionner. Propriétaire du grand magasin Dupuis Frères, Raymond Dupuis était non seulement membre du club de Montréal et gouverneur à l'Université de Montréal, il présidait aussi la Fédération des œuvres de charité canadienne-française, la Chambre de commerce de Montréal et la Fédération des scouts du Québec[66]. Les membres s'engageaient souvent auprès de quelques conseils à la fois, dont

---

59. « Service », *Le Richelieu*, vol. 5, n° 3, mai 1955, 27, dans APRI, vol. « Vie Richelieu 1946-1980 ».

60. Jean-Jacques Tremblay, « Conférence au Richelieu », [1955], p. 4, dans CRCCF, FJJT P195, vol. 1, dossier 10.

61. Louis-P. Cécile, « Le sens social », *Le Richelieu*, mars 1949, *op. cit.*, p. 6.

62. « La vie des clubs », *Le Richelieu*, vol. 9, n° 6, novembre-décembre 1959, p. 4, dans APRI, vol. « Vie Richelieu 1946-1980 ».

63. André Dorion, « Allocution au Château Laurier », 14 janvier 1959, dans *Le Richelieu*, vol. 9, n° 2, mars-avril 1959, p. 5, dans APRI, vol. « Vie Richelieu 1946-1980 ».

64. Amélie Bourbeau, *Techniciens de l'organisation sociale. La réorganisation de l'assistance catholique privée à Montréal (1930-1974)*, Montréal, McGill-Queen's University Press, 2015, 316 p.

65. Michel Le Net et Jean Werquin, *Le volontariat. Aspects sociaux, économiques et politiques en France et dans le monde*, Paris, La Documentation française, 1985, p. 9-17, 35.

66. *Bulletin*, 18 décembre 1950 ; *Bulletin*, 23 octobre 1957, dans BAnQ-M, FCRM P206, vol. 8 et 9, dossiers 91 et 98.

ceux des caisses populaires, des cellules Caritas, des commissions scolaires, des Knights of Columbus, de la Ligue d'Achat Chez Nous ou de la Société Saint-Jean-Baptiste (SSJB). L'engagement pouvait aussi s'inscrire dans la durée. En se joignant au club de Saint-Jean-sur-Richelieu en 1950, Jean-Louis Toupin y resterait 59 ans, jusqu'à son décès à l'âge mûr de 97 ans[67]. Selon le mouvement, il allait de soi qu'«une certaine élite» soit «appelé[e] à agir dans un tas de secteurs[68]». En revanche, l'implication ne rejoignait pas la totalité des membres : selon quelques estimations, jusqu'aux deux tiers des membres auraient été peu actifs dans leurs clubs[69].

On mobilisait alors les loisirs pour motiver les hommes. «Créé […] pour être heureux», le membre devait pouvoir «récup[érer] ses énergies morales[70]» au club pendant un dîner ou un souper au Château Laurier d'Ottawa, au Queen City Hotel de Manchester ou à l'Hôtel Reine-Élizabeth de Montréal par exemple. Le rituel de la soirée comprenait le plaisir (les amendes et les taquineries), la réflexion (la conférence) et le volontariat (le geste charitable)[71]. Accordé par «la Providence», le loisir amenait cependant certains «saints en devenir» à formuler des demandes farfelues pour que le siège social leur développe des insignes personnels ou leur accorde un statut honorifique lorsqu'ils pouvaient acheter leurs absences des réunions[72].

Promues par l'Église pendant les années 1950, les campagnes d'assainissement des mœurs ont amené le Richelieu à intervenir sur la question de l'alcoolisme dans les clubs. À partir de 1953, le

---

67. «Avis de décès de Jean-Louis Toupin», 28 novembre 2009, dans APRI, vol. «Anciens présidents», dossier «Jean-Louis Toupin».

68. «Procès-verbal de la huitième assemblée du Conseil d'administration», 9 juin 1962, p. 4, dans CRCCF, FRI C76, vol. 2, dossier 2.

69. «Rapport commun», 1952, p. 2-3; «Rapport du comité des présences et de l'ordre», 7 novembre 1951, 3 p., dans CRCCF, FCRO C117-1, vol. 7 et 9, dossiers 11 et 1; Brigitte Berthiaume, *op. cit.*, p. 97.

70. Alexandre Martin, dans «Club Richelieu-Montmagny», *Le Courrier de Montmagny*, 21 février 1948.

71. «Dîner au chevreuil Richelieu-Manchester», *L'Action*, [13] février 1956, dans APCRM, vol. «Coupures de presse»; *Bulletin*, 14 mars 1949, dans BAnQ-M, FCRM P206, bobine 6390, image 320.

72. «Propos charitables», *Le Richelieu*, vol. 10, n° 2, mars-avril 1960, p. 3, dans CRCCF, FCRO C117-2, vol. 10, dossier 17.

Raymond Gauthier, « Les retardataires nous causent des ennuis »,
circulaire en prévision du congrès de Québec en octobre 1962, dans
Archives privées du club Richelieu de Manchester (New Hampshire).

CA guettait les cercles qui consommaient des liqueurs au souper[73]. Selon le CA, certains cercles auraient laissé « une place trop importante » au « vin d'honneur » ; d'autres auraient été conduits comme un « club de raquetteurs[74] ». Parfois, un cercle devait exclure un « ivrogne », qui menaçait l'unité du cercle. Le CA avait beau aborder l'enjeu avec humour en appelant les membres à ne pas « confondre le sourire de l'optimisme avec la gaîté [...] bonasse et [...] la dissipation[75] », les abus ont continué, du moins selon ce que certaines

---

73. « Procès-verbal de la quatrième assemblée plénière et de la trente-deuxième réunion du Conseil d'administration », 5 décembre 1953, dans CRCCF, FRI C76, vol. 1, dossier 3 ; *Le Richelieu*, mars-avril 1960, *op. cit.*, p. 4.

74. « Procès-verbal de la vingt-deuxième assemblée régulière et quatrième plénière du Conseil d'administration », 3 décembre 1955, dans CRCCF, FRI C76, vol. 1, dossier 5.

75. « Un premier mot », *Le Richelieu*, vol. 7, n° 2, mars 1957, p. 15, dans CRCCF, FCRO C117-2, vol. 10, dossier 17.

épouses rapportaient au siège social[76]. Un cercle en particulier prélevait même son fonds caritatif à partir des profits générés par la vente d'alcool lors de réunions. Des défis à l'assiduité et aux collectes de fonds s'ensuivaient souvent[77]. Certains cercles ont repoussé les interventions du CA et retourné la flèche aux administrateurs qui, selon eux, ne se seraient pas gênés de fêter hardiment lors des congrès[78]. Décidément, certains membres éprouvaient du mal à dépasser les petites sensibilités dans l'effort de leurs clubs de redonner à leur communauté.

Une générosité paternelle envers les enfants et les épouses

Ce comportement « bonasse » – c'est l'expression qu'utilisait le Richelieu – ne semble pas avoir trop nui à son engagement envers la jeunesse. Les membres cherchaient à former « la relève » pour les préparer « physiquement, moralement, intellectuellement, [et] civiquement[79] » à relever les défis de leur époque. Selon le club de Campbellton, la fonction principale du père demeurait celle du pourvoyeur, une tâche « ingrate et dépourvue de ces incidents quotidiens du foyer qui permett[e]nt les rapprochements familiers[80] ». Ailleurs, les membres voulaient propager l'enthousiasme pour leur mission en invitant les familles locales à des conférences, dont celle du « Rocket » Maurice Richard à Timmins (Ontario), ou à un souper entre pères et fils[81]. À l'inverse des Lions Clubs,

---

76. « Procès-verbal de la trente-troisième assemblée régulière et cinquième plénière du Conseil d'administration », 22 février 1957, p. 4, dans CRCCF, FRI C76, vol. 1, dossier 5.

77. « Procès-verbal de la trente-et-unième assemblée régulière et cinquième plénière du Conseil d'administration », 1er mars 1958 ; « Procès-verbal de la quinzième assemblée régulière et troisième plénière du Conseil d'administration », 19 septembre 1958, p. 2, dans CRCCF, FRI C76, vol. 1, dossiers 5 et 6.

78. « Procès-verbal de la vingt-deuxième assemblée régulière et quatrième plénière du Conseil d'administration », 12 décembre 1959, p. 4, 6, dans CRCCF, FRI C76, vol. 1, dossier 6.

79. « Un aspect de l'esprit Richelieu », *Bulletin de la Société Richelieu*, n° 2, 31 décembre 1946, p. 2, dans APRI, vol. « Vie Richelieu 1946-1980 ».

80. « Père et Mère… tu honoreras », *Le Richelieu*, mars-avril 1960, *op. cit.*, p. 1-2.

81. *Le Richelieu*, vol. 5, n° 3, juin 1955, p. 48, dans APRI, Volume « Vie Richelieu 1946-1980 ».

qui mettaient sur pied des cercles juvéniles, le Richelieu préférait inciter les jeunes à se joindre aux jeunesses laurentiennes, aux associations catholiques de jeunesse ou au scoutisme[82]. Il aurait peut-être eu intérêt à s'intéresser davantage au partage intergénérationnel, car selon une estimation aux clubs de Manchester et de Roberval, moins de 10 % des fils, rendus à l'âge adulte, se joignaient au cercle de leur père[83].

Souvent prise de haut, la protection «intellectuelle, sociale et morale» a parfois amené les pères à reprocher aux jeunes les habitudes qu'ils adoptaient dans les milieux urbains bilingues. Les mœurs permissives et les «idées subversives» ne feraient qu'aboutir à «l'abandon des principes de la morale traditionnelle», à la «délinquance juvénile» et peut-être même à une pléthore «d'enfants illégitimes[84]». Cette vision des choses ne faisait pas l'unanimité, mais a rejoint suffisamment de membres pour que le CE déclare les «comics» une littérature subversive en 1956. Certains membres ont réussi à obliger le Richelieu à lancer une souscription destinée à la production d'un court-métrage sur leurs dits «effets désastreux». Toutefois, la campagne n'ayant rapporté que 7 700 $ après un an, on en a annulé la production en septembre 1957. Selon le CE, les diocèses avaient déjà censuré plusieurs revues, la motivation des membres pour la cause faisait défaut. D'ailleurs, certains commençaient à douter de l'efficacité de la censure[85]. La psychologue Thérèse Gouin Décarie partageait au Richelieu qu'elle ne fonctionnait jamais parfaitement et occultait l'appel à la raison[86]. Certains relents patriarcaux ont donc tenu le haut du pavé, surtout dans les clubs

---

82. «Procès-verbal de la neuvième assemblée régulière du Conseil d'administration», 6 mai 1954, p. 2; «Procès-verbal de la dixième assemblée annuelle», 19-20 février 1960, p. 4, dans CRCCF, FRI C76, vol. 1, dossiers 3, 7; Paul Martin, *op. cit.*, p. 196.

83. Marcel Leblanc, *op. cit.*, p. 43-46.

84. Paul-Émile Léger, dans *Bulletin*, 11 janvier 1954, p. 6; *Bulletin*, 26 novembre 1961, p. 2, dans BAnQ-M, FCRM P206, bobines 6391 et 6392, images 267 et 1488.

85. «Procès-verbal de la onzième assemblée régulière et deuxième plénière du Conseil d'administration», 16 juin 1956, p. 2; «Procès-verbal de la dix-septième assemblée régulière et troisième plénière du Conseil d'administration», 13 septembre 1957, p. 2, dans CRCCF, FRI C76, vol. 1, dossiers 5 et 6.

86. *Bulletin*, 17 avril 1955, dans APCRE, vol. «Bulletins 1955-1957»; «La protection de l'enfant», *Le Richelieu*, vol. 3, n° 2, [printemps] 1953, p. 4-5, dans APRI, vol. «Vie Richelieu 1946-1980».

ruraux et diasporaux, où l'institution familiale demeurait plus qu'en ville le ciment de la reproduction culturelle.

Les clubs recrutaient presque exclusivement des hommes mariés, chargés d'assurer l'épanouissement social et moral de leurs familles. Pour sa part, l'épouse devait l'aider et lui ressembler[87]. Inégalitaire sans être nécessairement malsaine, cette complémentarité amenait les conjointes à participer à l'organisation des banquets, à publier des recettes et des conseils vestimentaires dans les bulletins des clubs et à proposer une programmation parallèle pour leurs consœurs pendant les congrès annuels[88]. « Elles sont nos collaboratrices de tous les jours », a écrit Raymond Tanguay du club de Montréal en mai 1953 sur les bienfaits de la complémentarité. « Elles sont la voix qui encourage dans les difficultés ; elles sont la conseillère dont l'intuition découvre les misères qui échappent à nos observations froides et mathématiques[89]. » Plusieurs membres croyaient à la sensibilité accrue d'une femme aux détails qui échappaient aux hommes dits plus pragmatiques. Certains membres avançaient que le Richelieu n'aurait pas pu réussir sans l'acharnement, dans l'ombre, des épouses[90]. Le mouvement n'a pourtant pas établi d'ordre auxiliaire féminin de la trempe des Filles d'Isabelle, associées aux sections des Knights. En fait, on tenait à l'étanchéité du cercle au point où le CE n'a pas hésité à rappeler à l'ordre les clubs qui laissaient une place trop importante aux épouses, dont le club d'Alma (Québec) qui les invitaient jusqu'en 1954 à tous ses soupers[91]. Peut-être à cause de la plus faible diversité associative en milieu minoritaire ou de leur double marginalisation en tant que femmes canadiennes-françaises, quelques clubs au Nouveau-Brunswick et en Ontario ont fondé des cellules de « Dames

---

87. Michael Gauvreau, *op. cit.*, p. 185, 214.

88. « Réunion du Bureau d'administration », 10 septembre 1948, p. 149, dans APRI, vol. « Procès-verbaux 1944-1949 » ; « Congrès des Richelieu », 19 septembre 1949, p. 17 ; « Dîner hebdomadaire », 7 février 1951, p. 3, dans CRCCF, FCRO C117-1, vol. 9, dossier 1.

89. Raymond Tanguay, « Soirée d'hommage à nos épouses », *Bulletin*, 11 mai 1953, p. 2, dans BAnQ-M, FCRM P206, bobine 6391, image 1329.

90. *Bulletin*, 25 septembre 1950, p. 2, dans BAnQ-M, FCRM P206, bobine 6391, image 677.

91. *Bulletin*, 6 janvier 1955, p. 2, dans APCRE, vol. « Bulletins 1955-1957 ».

Richelieu[92] ». À Edmundston, les Dames ont tenu des réunions et des collectes de fonds autonomes pour appuyer les œuvres de leurs maris. De toute évidence, l'interprétation de la complémentarité des époux pouvait varier d'un milieu à l'autre…

L'exclusion des femmes du club était tenue pour acquise, mais cette pratique implicite n'a pas empêché qu'une femme gère le Richelieu pendant huit ans. Embauchée comme secrétaire en 1948, Madeleine Carpentier a dû prendre les bouchées doubles à partir de 1957 lorsque le directeur du siège social, Roland Dion, a pris un congé de maladie avant de décéder quelques années plus tard. Carpentier a de facto occupé la direction jusqu'à l'embauche de G.-Mathias Pagé en 1965[93]. En analysant le travail de Carpentier, les administrateurs transposaient la logique de la complémentarité au milieu de travail en soulignant sa sensibilité et son attention au détail, qui aurait fait contrepoids au regard pressé et froid des hommes sur certains dossiers. Malgré cette appréciation, le salaire de Carpentier n'a jamais ressemblé à celui d'une direction générale ; par ailleurs, on n'a jamais pensé lui offrir le poste dont elle occupait les fonctions suffisamment bien pour qu'on le garde vacant pendant près d'une décennie[94]. En contrepartie, lorsqu'un adjoint juridique masculin s'est avéré persistant dans sa volonté de contourner l'autorité de Carpentier et de travailler directement pour les hommes du CA, on a remercié l'avocat de ses services et l'a invité à démissionner[95].

On concevait alors l'épouse et l'employée comme complémentaires, peut-être même incontournables, mais pas égales aux hommes.

---

92. « Le Richelieu dans la vie sociale », *Le Richelieu*, vol. 7, n° 6, novembre-décembre 1957, p. 48, dans APRI, vol. « Vie Richelieu 1946-1980 » ; « Rapport commun des clubs », automne 1952, p. 7 ; « Procès-verbal de la trente-huitième assemblée régulière du Conseil d'administration », 4 février 1954, dans CRCCF, FRI C76, vol. 1, dossier 4 ; Entretien avec Réjane Clavet, Edmundston (Nouveau-Brunswick), 3 juin 2011.

93. « Procès-verbal de la vingt-troisième assemblée régulière et quatrième plénière du Conseil d'administration », 14 décembre 1957, p. 2, dans CRCCF, FRI C76, vol. 1, dossier 6 ; Raymond Dufresne, *Les Clubs Richelieu : les premiers 25 ans du Richelieu International*, Montréal, Éditions du Jour, 1971, p. 7.

94. « Procès-verbal de la cinquième assemblée régulière du Conseil d'administration », 1er mai 1958, p. 2, dans CRCCF, FRI C76, vol. 1, dossier 6.

95. « Procès-verbal de la dixième assemblée régulière du Conseil d'administration », 18 juin 1959, p. 3 ; « Procès-verbal de la troisième assemblée du Conseil d'administration », 17 mars 1960, dans CRCCF, FRI C76, vol. 1, dossier 7.

Souper des Dames Richelieu d'Edmundston, 1965, dans Archives privées
du Club Richelieu d'Edmundston, Edmundston (Nouveau-Brunswick).
Première rangée : Marielle Chouinard, Dorilla Bédard, Irène Subran.
Deuxième rangée : Ilna Tardif, Françoise Bourque, Marie-Lourdes Thibault, Lorainne Bois.
Troisième rangée : Hianne Chiasson, Carmen Beaulieu, Mare-May Dubé.

À sa façon, le Richelieu croyait contribuer à l'épanouissement des épouses lorsqu'elles accompagnaient les membres à des rencontres et à des collectes de fonds. La plupart du temps, les membres les abordaient avec respect, mais le déséquilibre inhérent entre leurs champs d'activité transparaissait dans toute dérogation aux normes. Les tribunes des clubs accueillaient rarement des conférencières et lorsque cela se faisait, les membres suggéraient que leurs propos, dont ceux de Mariana Jodoin, la première sénatrice du Québec, servaient à « plaire aux femmes[96] ». Le fond de l'intervention de la militante Thérèse Casgrain au club de Montréal en février 1957 a dû être captivant, mais le rédacteur du bulletin interne s'est limité à louer sa « personnalité », son « charme » et son « habileté oratoire[97] ». Par ailleurs, une épouse n'aurait pas eu à feuilleter la revue du Richelieu longtemps pour trouver des blagues chauvines de premier degré sur la (prétendue) tendance des femmes de causer longuement au téléphone, d'être malhabiles au volant, de magasiner de manière irréfléchie et de souffrir (surtout les blondes) d'un faible quotient intellectuel[98]. Les épouses contaient peut-être des blagues tout aussi gratuites aux dépends de leurs maris, mais si c'était le cas, elles se faisaient discrètes et laissaient peu de traces...

De manière globale, le Richelieu était résolument masculin, voire machiste à l'occasion, mais ne pouvait être qualifié d'homo-social. En fait, la marge dans laquelle se tenaient les épouses n'était jamais très éloignée du club. Les membres se permettaient encore de discréditer les militantes qui dérogeaient d'un féminisme catholique et personnaliste. Par contre, une vague de contestation occidentale, qui emporterait bientôt dans sa traîne plusieurs conventions d'une petite société catholique et française, ne laisserait pas le Richelieu indemne.

Le Canada français comme communauté imaginée

Sans toutefois mener à l'indépendance politique, le réseau institutionnel franco-catholique avait permis au Canada français d'aspirer à une autonomie dans la plupart des sphères des activités sociales. Comme nous l'avons vu, il s'était accommodé d'une autonomie politique relative au sein de la fédération canadienne, notamment par l'entremise des compétences provinciales du Québec, ainsi qu'un réseau institutionnel religieux s'étendant aux

---

96. *Bulletin*, 20 juin 1955, dans BAnQ-M, FCRM P206, bobine 6392, image 114.

97. *Bulletin*, 25 février 1957, p. 2, dans BAnQ-M, FCRM P206, bobine 6392, image 400.

98. *Le Richelieu*, vol. 9, n° 4, juillet-août 1959, p. 7, *Le Richelieu*, vol. 10, n° 2, mars-avril 1960, p. 11-12, dans CRCCF, FCRO C117-2, vol. 10, dossier 17.

milieux francophones à l'extérieur de la Belle Province. Pour le Richelieu, cette tradition n'était pas une expression de retard, mais bien un véhicule qui habilitait les Canadiens français à se situer sur une trame historique et à se forger un avenir autoréférentiel. Il donnait suite à une conception « organique » de la communauté imaginée canadienne-française en rapprochant, sur le plan cognitif, le « foyer national » québécois des minorités hors province. Ainsi, le Richelieu a érigé un archipel de clubs de l'Acadie au Manitoba en passant par le Rhode Island, et privilégié un certain discours sur la nation, de manière à mieux nourrir un esprit de « survivance » franco-catholique commun au Québec et en sa périphérie.

En tant que Franco-Ontariens engagés dans leur collectivité, Jean-Jacques Tremblay et Horace Viau ont choisi Ottawa pour établir le siège social d'abord pour des raisons logistiques, mais aussi pour diminuer la probabilité que le mouvement se québécise un jour – un risque qui, soit dit en passant, guettait les Sociétés Saint-Jean-Baptiste (SSJB) et l'Ordre de Jacques Cartier. Viau avait grandi dans l'Est ontarien et étudié la médecine à l'Université de Montréal avant de gagner Ottawa pour y pratiquer la pédiatrie. Son expérience comme Canadien français d'un milieu minoritaire ayant vécu au Québec l'a sans doute amené à imaginer un réseau national qui pourrait nourrir la connaissance des symboles, des valeurs, des « modes de penser, d'aimer, de sentir, [et] de s'exprimer » du Canada français. À l'époque, Tremblay et Viau n'étaient pas les seuls à penser la nation de cette manière. « On ne choisit pas sa culture », renchérissait le membre Joseph Martineau, « elle nous est en quelque sorte imposée par l'histoire, le milieu, [et] le temps[99] », partageait-il au cercle de Montmagny (Québec) en avril 1948.

Le tour de force de l'élite d'Ottawa a peut-être été de maintenir une voix surreprésentée des minorités dans un mouvement où le poids des cercles québécois était déjà devenu prépondérant en août 1946, deux ans seulement après sa fondation. L'élite d'Ottawa-Hull maintiendrait une majorité courte au CE jusqu'au début des

---

99. Joseph Marineau, dans « Club Richelieu-Montmagny », *Le Courrier de Montmagny*, 24 avril 1948.

années 1960[100]. On justifiait cette majorité en soulignant que la proximité géographique pouvait faciliter la tenue de rencontres urgentes. Par exemple, le Richelieu a refusé de concéder à ce que l'administrateur Normand Grimard appelait un «provincialisme [...] de mauvais aloi[101]» en formant des conseils provinciaux, comme l'OJC et la SSJB venaient de le faire. L'élite d'Ottawa se montrait alors plus méfiante du risque que la majorité au Québec usurpe la direction du mouvement. La ferveur de l'après-guerre pour les *service clubs* a peut-être amené les administrateurs du Québec à fermer les yeux sur cette surreprésentation des minorités – qui ne formaient que 31 % des cercles en décembre 1959[102] – au profit d'une franche collaboration entre les cercles de Montréal et d'Ottawa-Hull, tous deux bien représentés au CP et parrains de deux nouveaux cercles sur trois entre 1945 et 1959; le club de Montréal s'occupait des fondations dans la vallée laurentienne, tandis que celui d'Ottawa-Hull s'occupait des celles en Ontario, en Acadie, mais aussi dans le Nord et l'Ouest québécois. On peut aussi se questionner à savoir si le rapprochement entre le foyer québécois et sa périphérie n'allait peut-être plus de soi, les rapports entre Canadiens français de divers milieux étant déjà moins familiers depuis le ralentissement des migrations outre-frontières pendant les années 1930, comme le rappelle Yves Frenette[103]. Grâce à cette démarche, l'effectif des cercles grandissait et la chaîne de cercles demeurerait relativement représentative du poids géographique des Canadiens français.

---

100. «Assemblée annuelle du Conseil général», 25 février 1950, p. 2; «Registre des administrateurs», [mars 1957], dans CRCCF, FRI C76, vol. 1, dossiers 1 et 4.

101. Normand Grimard, dans «Le Richelieu ne souffre pas de "provincialisme"», *La Patrie*, 8 novembre 1957.

102. «Procès-verbal de la seizième assemblée régulière du Conseil d'administration», 24 septembre 1959, dans CRCCF, FRI C76, vol. 1, dossiers 2 et 7; «Liste...», [juin 1955], *op. cit.*, 4 p.; «Liste des clubs Richelieu», *op. cit.*, p. 1-4.

103. Yves Frenette, *Brève histoire des Canadiens français*, Montréal, Les Éditions du Boréal, 1998, p. 172.

TABLEAU 1.1

Effectifs d'une sélection de clubs (1949-1955)[104]

Club	Effectifs (1949)	Effectifs (1952)	Effectifs (1955)
Montréal (Québec)	150	165	175
Québec (Québec)	100	105	111
Trois-Rivières (Québec)	45	90	92
Verdun (Québec)	–	98	105
Eastview (Ontario)	–	64	70
Ottawa-Hull (Ontario-Québec)	115	124	120
Sudbury (Ontario)	90	64	65

Le succès de l'expansion au Québec, sans appui significatif du siège social, se distinguait pourtant de l'important soutien qu'exigeait la survie des cercles lointains. Les cercles à plus de 500 kilomètres de l'axe Ottawa-Québec n'entretenaient que de rares contacts avec d'autres clubs et les maigres moyens du siège social limitaient ses capacités d'y assurer une liaison efficace[105]. Souvent en milieu de minorisation « extrême », les clubs à l'extérieur de la « ceinture bilingue[106] », cette zone tampon entre le Québec français et le Canada anglais, éprouvaient du mal à trouver assez de conférenciers de langue française ou de professionnels canadiens-français ayant la capacité de s'exprimer publiquement dans leur langue maternelle. Le CE évoquerait d'ailleurs de telles inquiétudes devant l'idée de fonder des cercles à Elliot Lake (Ontario), à Saskatoon (Saskatchewan), à Edmonton (Alberta) ou à Maillardville (Colombie-Britannique)[107]. Quelques cercles éloignés, où se trouvaient des concentrations

---

104. « Liste des Clubs et du nombre de membres », été 1949 ; « Nombre de membres dans chaque club », 20 mai 1952 ; « Nombre de personnes dans chaque club », 5 avril 1955, dans CRCCF, FRI C76, vol. 1, dossier 2.

105. « Réunion du Bureau d'administration », 10 mars 1948, dans APRI, vol. « Procès-verbaux 1944-1949 » ; « Vie des clubs, vue de loin », *Le Richelieu*, vol. 3, n° 1, février 1953, p. 4, dans BAC, Collection de livres rares, J.257.2.

106. Richard Joy, *Languages in Conflict : The Canadian Experience*, Toronto, McClelland and Stewart Publishing, 1972, 149 p.

107. « Séances d'étude du Congrès », 17 septembre 1949, p. 2 ; « Procès-verbal de la trente-et-unième réunion du Conseil d'administration », 26 novembre 1953 ; « Procès-verbal de la onzième assemblée régulière (deuxième assemblée plénière) du Conseil d'administration »,

importantes de Canadiens français, se tiraient pourtant assez bien d'affaire. Le cercle de Welland, une ville ouvrière ayant attiré plusieurs Canadiens français dès 1920, était décrit par son maire comme le « meilleur club de service[108] » de sa ville et à Saint-Boniface, l'évêque Maurice Baudoux estimait qu'il ne manquait qu'une « âme dirigeante [...] capable d'attirer et retenir[109] » des professionnels pour que le club dans ce fleuron des Prairies décolle.

En Ontario, cette province où le Richelieu a vu le jour, la croissance fulgurante de l'exploitation forestière et minière dans le Nord-Est, ainsi que la disponibilité des terres dans l'Est, avaient amené près de 100 000 Canadiens français à s'y établir. Bien qu'ils ne pesaient, au milieu du siècle, que 7 % dans la balance de la population ontarienne, ils formaient la majorité des habitants dans certains comtés du Nord-Est et de l'Est et environ le tiers de la population à Cornwall, à Ottawa, à Sudbury et à Timmins[110]. Leur arrivée n'est pas passée inaperçue chez la majorité anglaise, qui avait tâché d'enrayer ou de restreindre l'enseignement du français pendant quelques décennies. Preuve de la solidarité qu'on cherchait à susciter entre les Canadiens français du Québec et de l'Ontario, lorsque le mouvement a fondé son premier club dans la capitale fédérale en septembre 1945, il ne l'a pas assis dans l'une ou l'autre des villes sœurs de l'Outaouais. Son fondateur hullois, Arthur Desjardins, souhaitait au contraire qu'il agisse comme « symbole » de la pérennité d'une solidarité dans une nation débordant les frontières du Québec :

> Le club Ottawa-Hull symbolise véritablement l'union et la colla-
> boration qui doivent exister entre toutes les branches de la famille

29 mai 1954 ; « Procès-verbal de la vingt-sixième assemblée régulière du Conseil d'adminis-tration », 23 janvier 1958, dans CRCCF, FRI C76, vol. 1, dossiers 1, 4 et 6.

108. Aurel Gervais, *Club Richelieu Welland 1957-1992*, Welland, Les Éditions Soleil, 1992, p. 6.

109. Maurice Baudoux, dans « Procès-verbal de la vingt-septième assemblée régulière et quatrième plénière du Conseil d'administration », 15 décembre 1956, dans CRCCF, FRI C76, vol. 1, dossier 5.

110. Michel Bock et Gaétan Gervais, *L'Ontario français des Pays-d'en-Haut à nos jours*, Ottawa, Centre franco-ontarien de ressources pédagogiques, 2004, p. 77-131 ; Yves Frenette, *op. cit.*, p. 81-110 ; Brigitte Berthiaume, *op. cit.*, p. 32, 37.

française au Canada. Il convenait peut-être, pour cette raison, que la série des clubs Richelieu commençât à un endroit qui pût réunir à la même table les Hullois, qui sont les Québécois les plus rapprochés des Ontariens, et les Outaouais, qui sont les Ontariens les plus Québécois[111].

Cette solidarité entre une région québécoise colorée par l'anglais et une région ontarienne marquée par le français tenait peut-être la route dans les faits, même si les cercles en milieu majoritaire et ceux en milieu minoritaire se distinguaient, bien entendu, dans leurs capacités d'action respectives. Déjà pendant la décennie 1950, par exemple, tandis que les clubs en milieux minoritaires cherchaient seulement à ce que « la population canadienne-française » soit « considéré[e] avec dignité et respect[112] » par la majorité, les clubs au Québec justifiaient l'unilinguisme français des tribunes comme un moyen d'en faire la principale langue d'intégration en milieu majoritaire[113]. Ces derniers n'hésitaient pas à discuter de la nationalisation des ressources naturelles[114] ni même à entendre le premier ministre Maurice Duplessis promouvoir l'autonomie des compétences provinciales[115]. En 1950, Pierre Jobin, professeur de l'Université Laval, a rédigé en tant que vice-président de la Société Richelieu, un mémoire pour la Commission royale d'enquête sur l'avancement des arts, des lettres et des sciences (commission Massey). Dans celui-ci, il endossait une vision autonomiste, mais qui, à l'inverse du « chef », espérait le soutien éventuel du gouvernement fédéral à la production artistique et médiatique canadienne-française, qui permettrait à chacune des « deux grandes races » du

---

111. Arthur Desjardins, « Les Clubs Richelieu : causerie à CKAC », 1er juin 1948, dans *Le Richelieu*, vol. 4, n° 5 (septembre 1954), p. 34, APRI, vol. « Vie Richelieu 1946-1980 ».
112. « L'épouse d'un Richelieu… la vie du Richelieu », *Le Richelieu*, vol. 11, n°s 5-6 (septembre-octobre 1961), p. 2, CRCCF, FCRO C117-2, vol. 10, dossier 17.
113. Émile Boucher, « Société Richelieu », *Relations*, décembre 1948, p. 160.
114. « Procès-verbal de la quatrième assemblée annuelle », 20 février 1954, p. 9, CRCCF, FRI C76, vol. 1, dossier 4 ; « Éclatant succès : plus de 400 visiteurs présents à ces assises annuelles », *La Frontière*, 21 septembre 1954.
115. « Congrès des Richelieu », 19 septembre 1949, CRCCF, FCRO C117-1, vol. 9, dossier 1.

Canada de se développer selon sa « personnalité propre[116] ». Jobin liait aussi le destin du Québec au sort des minorités canadiennes-françaises et distinguait la culture globale (la nation) de la communauté politique (l'État fédéral partagé) auxquels appartenaient les Canadiens français[117].

L'élite d'Ottawa sentait pourtant que la défamiliarisation des Québécois avec les milieux minoritaires par la raréfaction des liens familiaux nécessitait qu'on nourrisse la solidarité outre-frontières. Ainsi, le Richelieu tâchait surtout de renforcer les liens entre les îlots dans l'archipel de l'Amérique française les plus rapprochés du Québec, dont en tenant des grands congrès et des rencontres pour que des réseaux et des amitiés émergent organiquement[118]. Lorsqu'on organisait un congrès annuel à l'extérieur de la vallée laurentienne (environ un congrès sur deux), on profitait du passage à Windsor (Ontario, 1957) ou à Moncton (Nouveau-Brunswick, 1958) pour promouvoir l'histoire et les exploits locaux des Canadiens français ou des Acadiens[119]. La réceptivité de ce discours variait parmi les membres, dont certains avaient une connaissance profonde du Canada français et d'autres pour qui le monde s'arrêtait aux limites de leur patelin. Pourtant, la possibilité d'éveiller des amitiés et une solidarité sincère pendant les congrès n'était pas négligeable, comme le signale un témoignage recueilli d'un délégué du Québec par *Le Devoir* à l'issue du congrès de 1957 :

> J'y ai rencontré un groupe extrêmement sympathique, avide d'entendre des conférenciers du Québec et au sein duquel évoluaient des personnes ayant conquis les épaulettes de la notoriété parmi la population de Windsor... Dans un Ontario où les

---

116. Pierre Jobin, *Mémoire à la Commission royale d'enquête sur l'avancement des arts, des lettres et des sciences au Canada*, Ottawa, Société Richelieu, janvier 1950, p. 6-7.

117. Lettre de Pierre Jobin à Horace Racine, 27 mars 1950, CRCCF, FCRO C117-1, vol. 9, dossier 5.

118. « Procès-verbal de la onzième assemblée [...] du Conseil d'administration », 29 mai 1954 ; « Procès-verbal de la vingt-sixième assemblée [...] », 23 janvier 1958, CRCCF, FRI C76, vol. 1, dossiers 4 et 6.

119. « Oye Richelieu ! », *Bulletin du Club Richelieu Windsor, Ont.*, août 1956, Archives privées du Club Richelieu Manchester (ci-après APCRM), vol. « 1956 » ; « Procès-verbal de la vingt-septième assemblée [...] », 15 décembre 1956, p. 2, CRCCF, FRI C76, vol. 1, dossier 5.

clubs sociaux font florès, à deux pas des États-Unis, où il existe également un engouement pour ces institutions, les clubs Richelieu se révèlent comme une formule rajeunie et adéquate de propagande et de liaison qui ne peut que servir parfaitement les vues et les ambitions légitimes des Canadiens français... Il ne cherche évidemment pas à [se] substituer à la paroisse et à l'école, mais rejoignant la mentalité anglaise sur son propre terrain, il est plus apte ainsi à la tenir en respect[120].

Plusieurs membres faisaient d'ailleurs la route jusqu'à Campbellton (Nouveau-Brunswick) ou Manchester (New Hampshire) pour assister aux remises de charte à leurs « fiers » confrères « dont l'esprit se nourri[ssai]t aux mêmes sources que le [leur][121] ». Leur projet national en était un qui minimisait les différences entre les membres de différentes localités pour souligner les défis communs à la « survivance » française en Amérique.

Par ailleurs, la sensibilité aux enjeux en milieu minoritaire se manifestait aussi à l'intérieur des clubs du Québec. Le cercle de Montréal, par exemple, a accueilli plusieurs conférenciers venant des milieux minoritaires. S'il critiquait parfois, en coulisse, la mainmise de l'élite d'Ottawa sur la direction du mouvement[122], le cercle de la métropole consacrait plus d'énergie à déplorer les « difficultés politiques [...] des minorités nationales[123] », ainsi que les injustices que subissaient les jeunes « francos » dans le domaine scolaire[124]. Les exposés, souvent présentés devant des personnalités notables, comme les historiens Guy Frégault et Lionel Groulx, ont parfois abouti à un don ponctuel pour une cause[125]. En 1952, à la suite du troisième Congrès de la langue française à Québec, le cercle de Montréal a amassé 15 000 $ pour les œuvres du Conseil

---

120. *Le Richelieu*, vol. 8, n° 4 (juillet-août 1958), p. 11-12, CRCCF, FCRO C117-2, vol. 10, dossier 17.

121. *Acadiana*, 17 mars 1950, BAnQ-M, FCRM P206, vol. 8, dossier 91.

122. « Réunion mensuelle du Conseil d'administration », 21 janvier 1946 ; « Procès-verbal de l'assemblée spéciale au bureau d'administration », 15 août 1947, p. 70, APRI, vol. « Procès-verbaux 1944-1949 ».

123. *Bulletin*, 16 août 1948, BAnQ-M, FCRM P206, vol. 8, dossier 88.

124. *Bulletin*, 10 mai 1954, p. 3, BAnQ-M, FCRM P206, vol. 9, dossier 94.

125. « Maillardville », 1953, p. 3, BAnQ-M, FCRM P206, vol. 9, dossier 94.

de la vie française en Amérique. Et au moment du bicentenaire du Grand Dérangement, ce même cercle a écouté l'auteur Calixte Savoie parler du passage imminent de l'Acadie de l'idéologie de la survivance à l'ambition nationale[126].

Quant à l'Acadie, l'arrivée des colons français dans ce qui deviendrait la Nouvelle-Écosse s'était faite parallèlement à celle dans la vallée laurentienne aux XVIe et XVIIe siècles. La Déportation des Acadiens vers la Nouvelle-Angleterre, la Louisiane et la France pendant la guerre de Sept Ans (1755-1763) n'avait pas empêché l'établissement de certains d'entre eux en Gaspésie et au Nouveau-Brunswick[127]. Le Madawaska avait aussi reçu beaucoup de colons canadiens-français du Québec aux XIXe et XXe siècles. Tout en constituant une «zone tampon[128]» du Québec, l'Acadie, de par son statut historique et ses symboles, constituait aussi une société distincte au sein du Canada français. Grâce aux avances médicales et à une «revanche des berceaux» locale, les Acadiens représentaient 40 % de la population du Nouveau-Brunswick en 1951, ainsi que 300 000 âmes dans les Maritimes[129].

Le Richelieu a songé à former des clubs à Chéticamp (Nouvelle-Écosse) et à Miscouche (Île-du-Prince-Édouard) dès 1948, mais la crainte de ne pas pouvoir recruter une strate commerciale et profes-sionnelle suffisante l'en a toutefois retenu[130]. En 1949, le club de Campbellton est devenu le premier en Acadie à se joindre à la chaîne, suivi de ceux d'Edmundston, de Moncton, de Shippagan et de Shédiac (Nouveau-Brunswick) dans les années suivantes. Lors du bicentenaire de la Déportation, le club d'Edmundston a appuyé la tenue de festivités dans sa localité et même envoyé des délégués

---

126. Calixte Savoie, «Les Acadiens sont à refaire leur Acadie», *La Patrie*, 14 janvier 1955, p. 2.

127. Nicolas Landry et Nicole Lang, *Histoire de l'Acadie*, Québec, Les éditions du Septentrion, 2001, 335 p.

128. Dean Louder et Éric Waddell (dir.), *Franco-Amérique*, Québec, Les éditions du Septentrion, 2008, p. 11.

129. *Bulletin*, 20 janvier 1955; *Bulletin*, 21 avril 1955, dans APCRE, vol. «Bulletins 1955-1957».

130. «Réunion du Bureau d'administration», 3 février 1948, p. 103, dans APRI, vol. «Procès-verbaux 1944-1949».

pour marquer l'événement historique au Québec et en Louisiane[131], non pas pour «retourner le fer dans une vieille plaie et réveiller l'animosité entre les races, mais tout simplement [pour] célébrer le courage, la détermination de [leur]s ancêtres à reconquérir leurs droits, [ainsi que] le seul bien qu'ils possédaient et qu'ils croyaient leur avoir été donné par Dieu lui-même, la terre[132]».

Cette ferveur avait aussi des résonnances dans les États américains du Connecticut, du Maine, du Massachusetts, du New Hampshire, du Rhode Island et du Vermont, dont les moulins manufacturiers avaient attiré 900 000 Canadiens français entre 1840 et 1930. Ils y avaient initialement migré de façon temporaire pour gagner un revenu d'appoint, mais plus d'un demi-million y avaient élu domicile depuis. Certaines villes, de Fall River (Massachusetts) à Lewiston (Maine) en passant par Manchester (New Hampshire), ont fini par abriter une forte minorité canadienne-française, voire une majorité à Suncook (New Hampshire) et à Woonsocket (Rhode Island)[133]. L'arrivée d'une élite cléricale et professionnelle avait contribué au développement de paroisses, d'écoles, de journaux, d'associations et, enfin, d'une conscience collective. Au milieu du xxe siècle, une majorité des descendants canadiens-français pouvait toujours s'exprimer en français. Cependant, la ferveur s'atténuait avec le ralentissement des migrations du Québec, les mariages exogames et la désaffection des écoles paroissiales bilingues.

Le projet canadien-français traversait toujours la frontière pour atteindre cette «zone tampon», où plusieurs Franco-Américains tenaient encore au rayonnement de la culture et de la langue françaises[134]. Si les premières tentatives d'enraciner le Richelieu au Massachusetts en 1948 et au Vermont en 1951 ont échoué, le cercle de Manchester, fondé en 1955, a agi comme phare au développement de ce réseau dans l'archipel de contingents

---

131. André Lesage, «Rapport du secrétaire général», *Le Richelieu*, vol. 5, n° 2, mars 1955, p. 21, dans APRI, vol. «Vie Richelieu 1946-1980».

132. *Bulletin*, 21 avril 1955, dans APCRE, volume «Bulletins 1955-1957».

133. Yves Roby, *Les Franco-Américains de la Nouvelle-Angleterre. Rêves et réalités*, Sillery, Les éditions du Septentrion, 2000, 526 p.

134. Adolphe Robert, dans «Un Franco-Américain à Baie-Comeau», *L'Aquillon*, 4 novembre 1959.

franco-américains entre Fall River et Lewiston[135]. Le premier cercle américain a attiré des conférenciers de renom, dont le commissaire au travail du New Hampshire, Adélard Côté, ou encore le sénateur démocrate Jean-Charles Boucher[136]. Comme celui-ci, les cercles subséquents ont insisté pour maintenir l'exclusivité du français. Ce principe leur causait des ennuis lorsqu'un conférencier franco-américain ou une recrue potentielle avouait sa difficulté à prendre la parole dans cette langue, un rappel de l'acculturation chez les deuxième et troisième générations, mais aussi de l'intérêt pour un réseau de langue française, qui semblait suffisant pour y constituer plusieurs clubs[137].

Des Canadiens français avaient aussi migré vers la colonie de la rivière Rouge dans les Prairies depuis le début du XIXe siècle. La région avait été le théâtre de nombreuses tensions entre, d'une part, le métissage des populations indigènes et européennes et, d'autre part, l'arrivée de *settlers* protestants, souvent hostiles aux autochtones, au catholicisme et à la langue française. S'était ensuivie une série de conflits scolaires et religieux, dont la pendaison de Louis Riel en 1885 et la suspension de l'enseignement du français en 1890 constituent des exemples éclatants. Le Richelieu aurait voulu développer son réseau dans l'Ouest canadien, mais la précarité du cercle de Saint-Boniface, fondé en 1954, l'a fait hésiter. Celui-ci y serait le seul pendant une décennie.

Entretemps, quelques dizaines de milliers de Canadiens français étaient en train de migrer vers la Floride, attirés par le climat et les nombreux emplois dans les infrastructures et les manufactures. Plus encore, la politique d'immigration des États-Unis favorisait, de 1942 à 1968, l'attribution de permis de travail aux ouvriers et

---

135. « Réunion du bureau d'administration », 11 mai 1948, p. 120, dans APRI, vol. « Procès-verbaux 1944-1949 » ; Lettre de Jean-Louis Toupin à J.-Arthur Falcon, 5 février 1951, dans APRI, vol. « Anciens présidents », dossier « Jean-Louis Toupin » ; « Procès-verbal de la sixième assemblée régulière du Conseil d'administration », 13 avril 1957 ; « Rapport des gouverneurs régionaux », octobre 1959, dans CRCCF, FRI C76, vol. 1, dossiers 6 et 7.

136. Lettre de Paul J. Gingras à l'Hon. Jean-Charles Boucher, 24 mai 1955 ; Lettre d'Adélard E. Côté à Paul J. Gingras, 9 mars 1956, dans APCRM, vol. « Procès-verbaux et correspondance », dossier « 1955-1956 ».

137. Adolphe Robert, « Assemblée du bureau », 7 mars 1956 ; Lettre d'Antoine A. Guertin à Paul J. Gingras, 23 janvier 1958, dans APCRM, vol. « Procès-verbaux et correspondance », dossiers « 1955-1956 » et « 1957-1958 ».

professionnels canadiens et mexicains[138]. L'augmentation du revenu disponible, mais aussi l'amélioration des transports en faisaient aussi un paradis émergent pour les touristes et les hivernants. Dès 1957, le Richelieu entrevoyait la constitution d'un premier cercle floridien, mais des divergences entre les Canadiens français et les Français consultés à North Miami ont découragé le siège social à poursuivre ses efforts[139].

L'élite canadienne-française agissait presque par instinct lorsqu'elle tâchait de rassembler, dans ses nouveaux clubs, sa diaspora dispersée sur le territoire d'un empire perdu. Ainsi, la nation comportait une dimension territoriale, qui identifiait le Québec comme le foyer du Canada français et les anciens lieux français comme des extensions naturelles. En revanche, le Richelieu ne s'y limitait pas, car il intégrait aussi des endroits vers lesquels les Canadiens français avaient migré plus récemment. L'idée d'une nation canadienne-française aux frontières fluides encadrait les agissements des membres sur le terrain. Bien entendu, il existait des divergences entre les cercles du Québec qui vantaient surtout les mérites de la nation, ceux de l'Ontario et de l'Acadie qui partageaient certaines postures de leurs confrères québécois en misant davantage sur la bonne entente, et ceux de la Nouvelle-Angleterre qui souhaitaient seulement ralentir l'hémorragie de l'assimilation. Le Richelieu tendait à négliger ces divergences régionales pour souligner les aspirations, les réalités et les symboles partagés par les descendants français du continent nord-américain. Le poids de l'élite d'Ottawa dans la direction du mouvement réussissait alors à inculquer les soucis des milieux minoritaires dans la conscience nationale qu'il véhiculait.

---

138. Serge Dupuis, *Plus peur de l'hiver que du Diable : une histoire des Canadiens français en Floride*, Sudbury, Éditions Prise de parole, 2016, 188 p.

139. Lettre de Normand Grimard à Adolphe Robert, 28 février 1957, dans APCRM, vol. « Procès-verbaux et correspondance », dossier « 1957 » ; « Procès-verbal de la dix-neuvième assemblée régulière du Conseil d'administration », 24 octobre 1957 ; « Procès-verbal de la vingt-sixième assemblée régulière du Conseil d'administration », 23 janvier 1958, p. 2, dans CRCCF, FRI C76, vol. 1, dossiers 5 et 6.

Un prélude aux relations étrangères canadiennes-françaises

Les membres du Québec et de sa périphérie semblaient s'entendre sur cette solidarité nationale et commençaient aussi à s'intéresser à l'étranger, à l'immigration et aux autres «parlants français» du monde. Plusieurs Canadiens français avaient combattu dans les régions de langue française de l'Europe pendant la Seconde Guerre mondiale ou y avaient étudié et voyagé[140]. L'élévation du niveau de vie moyen et l'amélioration des moyens de transport accéléraient un rapprochement, tandis qu'au Québec, la baisse du taux de natalité et la prépondérance des transferts linguistiques des immigrants à l'anglais, même parmi les catholiques, poussaient les nationalistes à trouver de nouveaux moyens pour assurer l'avenir de la langue française[141]. En 1956, la Commission royale d'enquête sur les problèmes constitutionnels (commission Tremblay) a simultanément proposé à Québec – peut-être un peu paradoxalement – d'abandonner les souscriptions pour le développement institutionnel des minorités canadiennes-françaises, une pratique jugée analogue aux compétences provinciales, mais de commencer à intervenir dans ces mêmes champs à l'étranger, notamment en France et en Afrique française[142]. Ces nouveaux échanges n'entraînaient encore pas trop de dissonance avec la solidarité nationale.

Rien n'empêchait le Richelieu de consolider ses réseaux au Canada français, par exemple, tout en considérant l'immigration comme un bassin potentiel de futurs compatriotes. Dès 1957, le CE estimait qu'il n'était pas nécessaire de « refuser comme membres des protestants ou des citoyens autres que canadiens-français[143] »

---

140. Sean Mills, *Contester l'empire : pensée postcoloniale et militantisme politique à Montréal, 1963-1972*, traduit de l'anglais par Hélène Paré, Montréal, Éditions Hurtubise HMH, 2011, 349 p. ; David Meren, «An Atmosphere of *Libération* : The Role of Decolonization in the France-Quebec : Rapprochement of the 1960s », *The Canadian Historical Review*, vol. 92, n° 2 (juin 2011), p. 263-294.

141. « Naissances et taux de natalité, Québec, 1900-2014 », Institut de la statistique Québec [En ligne].

142. Robin S. Gendron, *Towards a Francophone Community : Canada's Relations with France and French Africa, 1945-1968*, Montréal, McGill-Queen's University Press, 2006, 191 p.

143. « Procès-verbal... », 13 avril 1957, *op. cit.*, p. 3.

dans les clubs. Lorsque le ministère de la Citoyenneté et de l'Immigration fédérale a voulu sensibiliser les cercles en milieu minoritaire au sujet de l'immigration en 1959, les agents ont été surpris de constater, tant à Moncton (Nouveau-Brunswick) qu'à Sturgeon Falls (Ontario), que les membres de ces clubs étaient favorables à l'immigration, même si cet appui demeurait philosophique pour l'instant[144]. Bien entendu, on pensait plus à une immigration judéo-chrétienne ou à la francisation des immigrants catholiques qu'autre chose[145]. Si le cercle d'Ottawa-Hull souhaitait « que [leur] groupe ethnique puisse profiter de la venue de ces nouveaux collaborateurs à la vie canadienne[146] », les listes de membres tendaient à comprendre des patronymes canadiens-français presque exclusivement. Quelques patronymes italiens et irlandais s'y glissaient, dont au cercle de Montréal où le ministre unioniste Daniel Johnson était membre ; l'« estimé Irlando-Franco » Maurice Moynihan du club de Manchester, Lawrence Dayhaw du cercle d'Ottawa et Patrick Laughrea de celui de Thetford Mines constituaient d'autres exemples de l'intégration d'Irlandais catholiques à la société canadienne-française au Québec et en milieu minoritaire au fil des ans[147].

Plusieurs conférences portaient sur l'étranger, dont le commerce international, la Communauté économique européenne (CEE), le fédéralisme suisse, le marxisme, l'Organisation des Nations unies (ONU), l'Organisation du traité de l'Atlantique Nord (OTAN) et le soviétisme, la plupart du temps grâce à un conférencier ayant

---

144. Lettre d'A. J. Cormier à R.A. Sim, « Addressing Weekly Meeting of the Richelieu Club », 24 février 1959 ; Lettre de J.M. McCullagh à G.P. Allen, « Richelieu Clubs in Northern Ontario », 21 janvier 1960, dans BAC, Fonds du Secrétariat d'État (FSÉ) RG6-F4, vol. 79, dossier CB9-213.

145. René Gauthier, *Les Néo-Canadiens. Problème humain. Problème chrétien*, Montréal, L'œuvre des tracts, mars 1951, p. 9, dans BAnQ, collection de livres rares ; « Le problème des Néo-Canadiens est un problème humain, un problème chrétien », *La Patrie*, 29 décembre 1950.

146. « Dîner hebdomadaire », 13 juin 1951, p. 3, dans CRCCF, FCRO C117-1, vol. 9, dossier 1.

147. « Conférence », *Bulletin*, 28 mai 1965, dans APCRM, vol. « 1965 » ; *Bulletin*, 12 décembre 1966, p. 2, dans BAnQ-M, FCRM P206, bobine 6392, image 1351 ; « Procès-verbal de la quinzième réunion et troisième plénière du Conseil d'administration », 6 novembre 1964, p. 7 ; « La Fraternité », *Le Richelieu*, vol. 13, n° 4, juillet-août 1964, p. 11, dans CRCCF, FRI C76, vol. 2, dossier 1 et FCRO C117-2, vol. 10, dossier 17.

vécu à l'étranger, dont un prêtre ou un diplomate par exemple[148]. Pour le cercle de Montréal, on jugeait «anormal», pour citer le député de l'Assemblée nationale de France, Francis Leenhardt, «que tant d'amitié [entre le Canada français et la France] soit liée à si peu d'affaires[149]». Les congrès de Montebello (Québec) en 1948 et de Moncton (Nouveau-Brunswick) en 1958 ont reçu les ambassadeurs de France et de Belgique, donnant peut-être le goût chez les membres d'établir des nouveaux liens avec ces pays. En 1953, le club d'Ottawa-Hull a d'ailleurs participé à une réception, à l'ambassade de France, pour le président Vincent Auriol en visite et tenu quelques conférences sur la France[150]; à Manchester les membres étaient «avides d'entendre parler[151]» le consul de France à Boston.

Certains cercles, dont à Montréal et à Manchester, se penchaient aussi sur l'Afrique française, en s'intéressant à ses caractéristiques ethniques et culturelles[152]. Quant à l'«immense avenir» de la langue française dans le monde, des diplomates et professeurs prenaient la parole pour encourager des échanges entre journalistes de langue française, ainsi que la formation d'une communauté internationale pouvant contrecarrer l'homogénéisation anglo-américaine. «L'union

---

148. «Feuille annexe à celle du procès-verbal», 12 octobre 1948, p. 158, dans APRI, vol. «Procès-verbaux 1944-1949»; Marcel Cadieux, «Un discours traitant du service à l'extérieure [sic] prononcé au Club Richelieu», juillet 1950, p. 5, dans BAC, Fonds du ministère des Affaires extérieures (FMAE) MG31-E31, vol. 20, dossier 17; *Bulletin*, [1948]; *Bulletin*, 9 mars 1953, p. 2, dans BAnQ-M, FCRM P206, vol. 8 et 12, dossiers 89 et 120; «Déjeuner causerie», 11 juillet 1951; «Déjeuner causerie», 27 février 1953, p. 2, dans CRCCF, FCRO C117-1, vol. 9, dossiers 1 et 12; «La langue française garde son influence dans les pays d'Asie», *La Patrie*, 20 octobre 1950; «Perspectives Nord-Atlantiques», *La Patrie*, 7 septembre 1951; «La Suisse tient à sa diversité linguistique et culturelle», *La Patrie*, 13 mars 1953; «La France victorieuse et glorieuse sous ses rois reprendra un jour son rôle», *La Patrie*, 11 novembre 1953; «Congrès...», 19 septembre 1949, *op. cit.*, p. 17.

149. Francis Leenhardt, dans *Bulletin*, 13 septembre 1954, dans BAnQ-M, FCRM P206, bobine 6391, image 1599.

150. *Bulletin*, 1er juin 1953, p. 3; «Dîner hebdomadaire», 11 avril 1951, p. 5, dans CRCCF, FCRO C117-1, vol. 9, dossiers 1 et 12.

151. Lettre de Paul J. Gingras à Charles de Pampelonne, 20 avril 1956, dans APCRM, vol. «Procès-verbaux et correspondance», dossier «1955-1956».

152. Lettre de Paul. J. Gingras à Vital Veilleux, 17 avril 1957, dans APCRM, vol. «Procès-verbaux et correspondances», dossier «1957»; *Bulletin*, 2 avril 1953, p. 5, dans BAnQ-M, FCRM P206, bobine 6391, image 1311; «Pour comprendre l'Africain, il faut tenir compte de sa lutte perpétuelle et de sa religiosité», *La Patrie*, 27 mars 1953.

française, c'est-à-dire le rassemblement de toutes les forces françaises du Canada, des États-Unis, d'Haïti et de France, est nécessaire[153] », a lancé l'historien Jean Bruchési au cercle de Montréal en juin 1952. L'année suivante, cet intérêt pour les « parlants français » a rejoint le cercle de Timmins, le premier à suggérer publiquement que le Richelieu devrait « s'étendre dans toutes les provinces du Canada [et] s'implanter aux États-Unis, en Europe, en Asie, [en] Afrique, enfin partout où la langue française [étai]t au service d'un peuple chrétien[154] ».

Notons que les Lions Clubs étaient en train de s'établir en France et au Luxembourg, à Saint-Pierre-et-Miquelon, ainsi qu'en Afrique, dont au Burkina Faso, au Gabon et au Niger, d'où peut-être la recommandation que le Richelieu fasse de même[155]. Dès 1946, il avait envisagé la possibilité d'établir des cercles à l'extérieur des zones de migration canadienne-française, dont à New York ou à Los Angeles, avec l'appui des nouvelles délégations du Québec, récemment établies dans ces villes[156]. Il a cependant exprimé plus d'enthousiasme pour une expansion vers Haïti, la principale concentration de francophones et de créolophones des Amériques. Le cercle de Manchester s'est lié d'amitié avec le chef de la mission permanente d'Haïti aux Nations unies à New York, Carlet Auguste, tandis que le siège social a pris contact avec un entrepreneur à Port-au-Prince en 1946 et l'ambassadeur d'Haïti au Canada, Philippe Cantave, en 1948. Quelques clubs ont aussi tenu des conférences sur le potentiel de tisser et de raffermir les liens[157]. « Notre culture française comme à Haïti et au Canada français », a partagé le professeur Hubert Magloire avec le cercle de Montréal en mai 1955, « nous tenons à la maintenir, pour mieux la cultiver[158] ».

---

153. Jean Bruchési, dans *Bulletin, op. cit.*, 2 juin 1952.

154. « Vie des clubs, vue de loin », *Le Richelieu*, février 1953, *op. cit.*, p. 3.

155. Paul Martin, *op. cit.*, p. 255, 302-305.

156. « Procès-verbal de la réunion du bureau d'administration », 30 juin 1947 ; « Réunion du bureau d'administration », 24 mars 1948, p. 110, dans APRI, vol. « Procès-verbaux 1944-1949 ».

157. Lettre de Carlet R. Auguste à Paul J. Gingras, 21 août 1959, dans APCRM, vol. « 1959 ».

158. *Bulletin*, 20 mai 1955, dans BAnQ-M, FCRM P206, bobine 6392, image 98 ; Edner Poux, dans René Bonin, « Nous tenons à maintenir notre culture française », *La Patrie*, 27 mai 1955.

Son exposé sur «les mêmes joies et les mêmes souffrances» des deux peuples négligeait des disparités économiques et politiques significatives, ce qu'a d'ailleurs soulevé un étudiant haïtien présent, et voulait donner le goût du tourisme à «la perle» des Antilles. Si Magloire avait raison de souligner certaines connivences, on n'a affilié aucun cercle Richelieu à Haïti à l'époque.

Devant les préoccupations parfois divergentes du Québec et des collectivités canadiennes-françaises en milieu minoritaire, le Richelieu privilégiait les succès et les défis qui rejoignaient l'ensemble des parlants français du continent. Étant donné qu'un peuple devait posséder des «raisons communes» pour se reconnaître et s'imaginer un destin collectif, aurait dit Fernand Dumont, le Richelieu a nourri une solidarité canadienne-française qui débordait les frontières du Québec; l'affiliation de cercles de l'Acadie aux Prairies et du Saguenay au Rhode Island et le maintien d'un mouvement dont les structures administratives et la conscience nationale accordaient un poids considérable à la voix des minorités en témoignaient. Par ailleurs, le mouvement ne voyait aucune contradiction entre l'autonomisation du Québec, la continuité d'un soutien à la diaspora et l'élaboration de rapports embryonnaires avec les autres peuples de langue française.

Pour une charité conforme à la doctrine sociale de l'Église

En plus d'être masculin et nationaliste, le Richelieu comportait aussi une dimension spirituelle considérable. Comme les clubs remettaient rarement en question le bien-fondé du nationalisme et du paternalisme, ils ne remettaient pas en cause le catholicisme non plus. Étant donné que 99 % des Canadiens français étaient catholiques, on avait imaginé la nation à partir du réseau institutionnel de l'Église. Au milieu du XXᵉ siècle, le personnalisme appelait les fidèles à faire preuve de leur foi en se mettant à l'avant-scène du travail social chrétien[159], d'où l'éclosion d'associations et d'institutions sociales nouvelles.

---

159. Martin Meunier, *Le pari personnaliste. Modernité et catholicisme au XXᵉ siècle*, Montréal, Éditions Fides, 2007, 369 p.

Tout en voulant faire preuve d'une spiritualité engagée, le Richelieu n'a pas opté pour la confessionnalisation formelle, à l'image des Knights of Columbus ou de l'Ordre de Jacques Cartier. Comme le Cercle des Fermières et la Confédération des travailleurs catholiques du Canada l'avaient fait quelques années plus tôt, le Richelieu s'est constitué en marge des structures ecclésiastiques. Dès ses débuts, il s'était désigné comme « club social d'expression française et d'esprit chrétien, orientant son activité selon la doctrine sociale de l'Église[160] ». Cela lui permettrait de tenir une saine distance avec le clergé, dont la présence était devenue, dans l'esprit des fondateurs, trop encombrante à l'OJC. Pendant la décennie 1940, les évêques autorisaient la déconfessionnalisation des organismes nationaux si cela pouvait faciliter leur combat contre les organismes « neutres », qui nuisaient aux Canadiens français[161]. Au lieu d'intégrer aux clubs des aumôniers, qui auraient droit de regard sur leurs activités, le Richelieu a proposé d'intégrer un « conseiller moral » au CE, une proposition qui aurait surpris – sans scandaliser cependant – l'archevêque d'Ottawa, Alexandre Vachon[162]. On a toutefois négligé d'honorer cette promesse tant et aussi longtemps que le Vatican tolérerait l'ambiguïté sur ce front. Lorsque le Saint-Siège a condamné les organismes neutres en 1951 et appelé les catholiques à ne participer qu'aux mouvements conformes à la doctrine de l'Église, le Richelieu s'est senti obligé d'entrer dans le rang. Pourtant, le cardinal Léger a dû lui-même faire pression pour que le mouvement passe de la parole aux actes. En mars 1954, presque 10 ans après l'obtention d'une charte fédérale, le Richelieu a accepté d'intégrer un « conseiller moral » recommandé par l'archidiocèse d'Ottawa[163]. Monseigneur Roger Larivière exercerait une « voix

---

160. J.-Émile Boucher, « Aperçu... », *op. cit.*, 2 p.

161. Denise Robillard, *op. cit.*, p. 395-398.

162. Entretien avec Jacques Faucher, Gatineau (Québec), 22 juin 2011.

163. « Procès-verbal de l'assemblée du bureau d'administration », 31 décembre 1947, p. 94, dans APRI, vol. « Procès-verbaux 1944-1949 » ; « Procès-verbal de la seizième réunion du Conseil d'administration », 11 juin 1953, p. 2 ; « Procès-verbal de la sixième assemblé[e] », [avril 1954] ; « Procès-verbal de la septième assemblée », 22 avril 1954 ; « Conseiller moral de la Société Richelieu », 1954 ; « Procès-verbal de la cinquième assemblée annuelle », 19-20 février 1955, p. 2, dans CRCCF, FRI C76, vol. 1, dossiers 3-5 ; « Procès-verbal... », 29 mai 1954, *op. cit.*, p. 3.

consultative[164]» dans le processus décisionnel, sans toutefois y détenir un droit de vote. Autre preuve que le Richelieu n'adhérait pas aux directives de l'Église de manière dogmatique, il repoussait toute avance du clergé pour être nommé aumônier d'un cercle local[165]. Larivière s'en mêlerait personnellement, rappelant qu'«un curé d[eva]it se mêler aux bons mouvements qu'à son seul titre de curé[166]».

Selon Horace Viau, le Richelieu demeurait «libre de toute attache ecclésiastique et composé de laïcs», même s'il «n'admet[tait] pas de neutralité religieuse[167]», car nombre de clubs ouvraient la tribune au clergé, rendaient visite à l'évêque le jour de l'An ou voyaient le prêtre comme spécialiste des «problèmes de l'âme[168]». Les évêques Percival Caza de Valleyfield, Maurice Roy de Québec et Georges-Léon Pelletier d'Ottawa, ainsi que le cardinal Paul-Émile Léger par exemple, y passaient régulièrement pour inciter les membres à répondre aux devoirs d'un croyant, dont l'âme représentait du coup «l'âme même de l'Église[169]». Puisque le personnalisme appelait le catholique, au-delà de la piété, à réaliser des œuvres sociales, on dépeignait tout comportement comme une preuve de l'action d'un croyant dans la sphère publique[170]. «La neutralité, dans la pratique, ne peut exister», a avancé le cardinal Léger au club de Montréal. «Plus vous serez convaincus de la doctrine du corps mystique du Christ, plus le Richelieu sera fort et accomplira de grands travaux[171].» L'influence de Léger était telle que certains

---

164. «Procès-verbal...», 5 décembre 1953, *op. cit.*, p. 6.

165. «Procès-verbal de la dixième assemblée régulière et deuxième plénière du Conseil d'administration», 1er juin 1957, p. 3, dans CRCCF, FRI C76, vol. 1, dossier 6; «Procès-verbal...», *op. cit.*, 4 février 1954.

166. Roger Larivière, dans «Procès-verbal de la septième assemblée annuelle», 23 février 1957, p. 3, dans CRCCF, FRI C76, vol. 1, dossier 3.

167. Horace Viau, dans «Le Richelieu en marche», *Le Richelieu*, vol. 2, n° 3, mars 1949, p. 9, dans APRI, vol. «Vie Richelieu 1946-1980».

168. «Chacun doit rester dans son rôle, et le savant et le prêtre», *La Patrie*, 4 septembre 1953.

169. Percival Caza, «La Société Richelieu et notre idéal chrétien et patriotique», *Le Richelieu*, vol. 2, n° 5, mai 1949, p. 4, dans APRI, vol. «Vie Richelieu 1946-1980»; «Déjeuner-Richelieu», 19 octobre 1949, dans CRCCF, FCRO C117-1, vol. 11, dossier 20; «Club Richelieu, expression authentique de la charité», *Le Droit*, 30 septembre 1952.

170. *Bulletin*, 11 janvier 1960, p. 2, dans BAnQ-M, FCRM P206, bobine 6392, image 612.

171. Paul-Émile Léger, dans «Son Éminence le cardinal Léger est l'hôte de la Société Richelieu», *La Tribune de Sherbrooke*, 5 octobre 1953, p. 2.

Cahier du congressiste du congrès d'octobre 1953, avec pour invité
le Cardinal Paul-Émile Léger, dans CI, APRI, Ottawa (Ontario).

membres du club « laiss[aient] leur pensée se modeler » sur la sienne. Étant à peu près tous des catholiques pratiquants, les membres n'avaient pas besoin d'être surveillés pour qu'ils émettent eux-mêmes des mises en garde, dont au club d'Ottawa-Hull, contre « des faux prophètes » minant « la liberté de conscience, de volonté, de choix, [et] de parole[172] ». Ainsi, pour reprendre l'expression de l'abbé

---

172. Ernest Dufour, « Causerie prononcée », 16 juin 1948, dans CRCCF, FCRO C117-1, vol. 8, dossier 7.

Gérard Lalonde devant le club de Montréal, les laïcs se considéraient souvent « dans et non devant l'Église[173] ».

Tout porte à croire que la croyance religieuse des Canadiens français au Québec ressemblait à plusieurs égards à celle en milieu minoritaire. Toutefois, les manigances des coreligionnaires d'origine irlandaise pendant les crises scolaires avaient inculqué une méfiance chez les nationalistes vis-à-vis de la hiérarchie diocésaine là où les Canadiens français étaient minoritaires. Il s'agit peut-être même d'une raison pour laquelle l'élite d'Ottawa a refusé de ranger le Richelieu sous la province ecclésiastique d'Ottawa. Dès 1950, avant même la fondation d'un premier cercle en Nouvelle-Angleterre, l'administrateur Jean-Louis Toupin partageait avec un interlocuteur du Rhode Island qu'il aurait intérêt de « tenir autant que possible [...] une certaine distance des évêques et des curés au cours des démarches initiales, surtout de ceux qui ne partag[ai]ent pas [leur] sang[174] ». Les défis associés au recrutement amèneraient le CA à tolérer l'admission de clercs, tout en continuant de les refuser comme aumôniers, dans les cercles franco-américains. Avec cette balise cependant, leur présence ne semble pas avoir gêné les clubs.

Le *service club* était un amalgame, quelque part entre un cercle intellectuel, une fraternelle patriotique, un lobby politique et un groupe religieux caritatif[175]. C'est le premier Rotary Club, fondé à Montréal en 1913, qui avait établi la nature de leur charité en défrayant les frais de fonctionnement d'une colonie de vacances et d'un foyer pour les enfants souffrant de handicaps physiques[176]. Au Richelieu, la charité était une expression publique de la foi et devait viser plus que la sanctification personnelle[177]. Pour en arriver au geste charitable, le cercle devait organiser périodiquement des

---

173. Gérard Lalonde, dans « Les obligations des laïcs dans l'Église catholique », *La Patrie*, 5 octobre 1956.

174. Lettre de Jean-Louis Toupin à Clovis Lefebvre, 20 février 1950, dans APRI, vol. « Anciens présidents », dossier « Jean-Louis Toupin ».

175. J.-Émile Boucher, « Aperçu… », *op. cit.*, 2 p. ; Armand Dufresne, *op. cit.*, p. 65.

176. Robert Gardner, « Golden Jubilee. The Rotary Club of Montreal, 1913-1963 », 1963, p. 16-19, 27, dans Queen's University, Edith and Lorne Pierce Collection of Rare Books ; Larry Charles, *op. cit.*, p. 76, 161.

177. Maurice Allaire, « Un siècle au service de la charité », *L'Action catholique*, 5 octobre 1946, p. 4.

collectes de fonds. Pendant les premières années, les cercles bénéficiaient d'une marge de manœuvre sur ce front, d'où la variété de formules développées. Le Richelieu exigeait que les cercles aient deux comptes bancaires – un premier pour les activités sociales et un second pour les œuvres caritatives – pour que les bénéfices des collectes servent seulement les œuvres et que les activités culturelles des clubs soient payées exclusivement par les membres. Et certains cercles se sont raffinés rapidement. Le club de Montréal, par exemple, avait une secrétaire à temps plein à sa charge dès 1949 et gérait un budget administratif de 23 700 $ en 1960 ; ainsi, ce budget administratif dépassait celui du siège social[178].

Plusieurs clubs ont fini par organiser des ventes d'arachides, de cigarettes, de confections à l'érable, de « petits pains » et de savons pour un prix dépassant largement le coût de production. Avant de se lancer dans une telle démarche, le CA insistait pour que les cercles aient obtenu les permis appropriés auprès des autorités locales. Rapidement, le cercle de Montréal s'est rangé dans une classe à part. Dès 1949, il divisait ses membres en une quinzaine d'équipes de 10 hommes, qui se concurrençaient amicalement et dont le palmarès était publié dans leur bulletin hebdomadaire. La méthode a amené la collecte annuelle à doubler sa récolte, les équipes recueillant chacune de 6 600 à 8 100 $ pour un total de 40 300 $[179]. Dans l'ensemble, les cercles amassaient des sommes allant de quelques milliers à quelques dizaines de milliers de dollars par année[180]. Le raffinement des méthodes et l'affiliation de nouveaux cercles ont permis aux bénéfices dans la chaîne de croître de 113 000 $ en 1949 à environ 700 000 $ en 1959[181]. Le poids de l'engagement bénévole dans ces efforts

---

178. « État des revenus et dépenses », 30 décembre 1950 ; « Fonds général – (Administration). État de revenus et dépenses », 1961, dans BAnQ-M, FCRM P206, bobine 6390, images 747 et 841.

179. « Position des équipes », juin 1949 ; « Fonds des œuvres », 1er septembre 1949 ; *Bulletin*, 14 décembre 1953, p. 4, dans BAnQ-M, FCRM P206, bobine 6391, images 449 et 1478.

180. « Procès-verbal de la sixième assemblée annuelle », 18 février 1956, dans CRCCF, FRI C76, vol. 1, dossier 5.

181. « Procès-verbal de la neuvième assemblée régulière du Conseil d'administration », 7 juillet 1960, p. 2, dans CRCCF, FRI C76, vol. 1, dossier 7 ; « Le Richelieu en marche », *Le Richelieu*, mars 1949, *op. cit.*, p. 7, 9.

permettait également aux collectes de maintenir leur moyenne en frais administratifs à 7 % (1959) ; le club de Lévis (Québec) réussirait même à réduire sa marge à 4 %[182]. Les collectes se ressemblaient de part et d'autre de la frontière québécoise, mais les sommes prélevées semblent avoir été plus modestes en périphérie, soulevant la possibilité que les cercles du Québec aient accès à un plus grand bassin de donateurs.

TABLEAU 1.2

Sélection de collectes de fonds (1946-1960)[183]

Club	Collecte, somme (année), selon les données disponibles
Alexandria (Ontario)	Tenue d'une souscription, 1 700 $ (1949)
Edmundston (Nouveau-Brunswick)	Tenue d'un bingo, 4 000 $ (1955)
Grand-Mère (Québec)	Tenue d'un « radiothon », 10 000 $ (1955)
Lévis (Québec)	Vente de petits pains, 12 200 $ (1958) ; souscription, 32 900 $ (1958)
Manchester (New Hampshire)	Tenue d'un concert communautaire, 2 400 $ (1958)
Montréal (Québec)	Tenue d'une souscription, 24 000 $ (1949) et 40 300 $ (1953) ; vente de savons, 40 000 $ (1955) et 37 000 $ (1960)
Ottawa-Hull (Ontario-Québec)	Tenue d'une fête de masques, 1 100 $ (1947) ; tenue d'un bingo, 10 000 $ (1949) et 14 900 $ (1950)

182. « Notules butinées dans les bulletins », *Le Richelieu*, vol. 8, n° 2, mars-avril 1958, p. 7 ; « Rapport des gouverneurs régionaux », 14 février 1959, p. 2 ; « Procès-verbal de la dix-septième assemblée régulière et troisième plénière du Conseil d'administration », 1er octobre 1959, p. 2, dans CRCCF, FRI C76, vol. 1, dossier 7.

183. « Administration Recap. », décembre 1958, dans APCRM, vol. « 1958 » ; « Activités des clubs », *Le Richelieu*, vol. 5, n° 1, janvier 1955, p. 5 ; « Notules butinées dans les bulletins », *Le Richelieu*, vol. 8, n° 6, novembre-décembre 1958, p. 5, dans APRI, vol. « Vie Richelieu 1946-1980 » ; « Dons aux Œuvres », janvier 1956, dans BAnQ-M, FCRM P206, bobine 6390, image 808 ; Document sans titre, 22 janvier 1947 ; « Fonds des œuvres. Sommaire des revenus et dépenses », 1950, dans CRCCF, FCRO C117-1, vol. 9 et 11, dossiers 7 et 18 ; « Le Richelieu... », *Le Richelieu*, mai 1949, *op. cit.*, p. 6 ; « Activités des clubs », *Le Richelieu*, mai 1955, p. 29-32 ; « Rapport... », 1er octobre 1959, *op. cit.*, p. 3 ; « Notules butinées dans les bulletins », *Le Richelieu*, novembre-décembre 1959, *op. cit.*, p. 7 ; *Le Richelieu*, mars-avril 1960, *op. cit.*, p. 9 ; Aurel Gervais, *op. cit.*, p. 19.

Club	Collecte, somme (année), selon les données disponibles
Québec (Québec)	Vente de petits pains, 26 000 $ (1958) et 46 500 $ (1960)
Timmins (Ontario)	Tenue d'un bingo ; vente de produits d'érable et de cigarettes
Trois-Rivières (Québec)	Vente d'arachides, 3 100 $ (1949)
Sudbury (Ontario)	Tirage d'une automobile, 14 000 $ (1959)
Valleyfield (Québec)	Vente d'arachides, 2 500 $ (1949)
Welland (Ontario)	Tenue d'un tournoi de cartes (1957) ; tenue d'un derby de pêche (1959)

L'ampleur d'une collecte ne correspondait pas toujours à celle de l'œuvre réalisée cependant. Au cercle de Welland par exemple, la tenue d'un tournoi de cartes – une collecte d'apparence somme toute modeste – a suffi pour financer le fonctionnement d'une colonie de vacances, d'une patinoire extérieure et d'une visite du père Noël en 1957. À l'inverse, une collecte trop dispendieuse pouvait aussi générer très peu de profits. Généralement, les cercles choisissaient de soutenir les enfants de leur localité selon un ou quelques besoins matériels ciblés sur le terrain, comme le commandaient les préceptes antiques de la charité chrétienne. En octobre 1952, en apprenant que 92 % des enfants de l'Institution Les Buissonnets n'avaient jamais reçu d'examen dentaire et que plus de la moitié était affligée d'une maladie quelconque, le club de Montréal a embauché un dentiste et un médecin pour leur prodiguer des soins[184]. Malgré la croissance des revenus pendant l'après-guerre, les programmes sociaux publics demeuraient limités. Ainsi, il ne fallait pas chercher loin pour identifier un besoin dans son entourage, comme le souligne cette sélection d'œuvres.

---

184. « Rapport présenté par l'équipe de santé », 3 novembre 1952, p. 2, dans BAnQ-M, FCRM P206, bobine 6391, image 1206.

TABLEAU 1.3

Sélection d'œuvres (1946-1960)[185]

Club	Œuvre, somme (année), selon les données disponibles
Eastview	Construction d'une piscine publique (1948)
Hawkesbury	Construction d'une patinoire extérieure (1949)
Manchester	Don de perruques et des soins médicaux (1958); sortie avec orphelins à Hampton Beach (New Hampshire) (1957-1960)
Mont-Joli	Confection de paniers de Noël avec la Société Saint-Vincent-de-Paul (1946-1960)
Montréal	Construction d'une colonie scoute, 12 000 $ (1947); distribution de paniers de Noël, 1 200 $ (1948); mise sur pied de la Chaire de recherche sur la délinquance juvénile à l'Université de Montréal, 50 000 $ (1954)
Ottawa-Hull	Don de lunettes, 1 200 $ (1946); don de vêtements à la Grèce (1947); don au Centre d'orientation de la Commission des écoles séparées (1953)
Québec	Don au Conseil central des œuvres (1948); distribution de paniers de Noël (1947-1960); financement de la colonie de vacances Quatre-Bourgeois, 35 000 $ (1958-1960)
Sudbury	Don au Victoria Order of Nurses, 2 000 $ (1949); construction d'un terrain de jeux, 5 100 $ (1955)
Timmins	Remboursement des frais d'examens dentaires pour des enfants défavorisés (1959)
Welland	Financement d'une colonie de vacances, de l'entretien d'une patinoire extérieure et d'une visite du père Noël (1957)

---

185. «Happy Occasion», *Manchester Union Leader*, 24 juin 1957; «Richelieu Club to Stage Annual Orphans' Outing», *Manchester Union Leader*, 9 février 1957; «Assemblée du bureau de direction», 19 novembre 1958, dans APCRM, vol. «1958» et «Coupures de presse»; «Réunion du Bureau d'administration», 17 août 1948, p. 145; «État de recettes et déboursés», 26 août 1948; «Le Richelieu en marche», *Le Richelieu*, vol. 2, n° 2, février 1949, p. 3, dans APRI, vol. «Clubs», dossiers «07008 Québec», «Procès-verbaux 1944-1949» et «Vie Richelieu 1946-1980»; «Extrait des minutes d'une assemblée du Conseil d'administration», janvier 1958, p. 2; André Beaudoin, «Club Richelieu Québec. Au fil de nos 65 ans d'histoire 1947-2012», 2012, p. 4, dans APCRQ, vol. «Comités», dossier «Colonie de vacances»; *Bulletin*, 25 juin 1947, p. 2; «Séances d'étude», 17 septembre 1949, p. 1, 3; *Bulletin*, 31 mai 1954, p. 2, dans BAnQ-M, FCRM P206, bobines 6390 et 6391, images 122 et 1554; 29 mars 1946; Narcisse Lacourcière, «Compte des œuvres. État des revenus et des dépenses», 2 décembre 1946; «Attention. Important», 17 avril [1946]; «Procès-verbal de la réunion», 12 mai 1947, p. 55; «Dîner hebdomadaire», 11 juin 1947, dans CRCCF, FCRO C117-1, vol. 8 et 11, dossiers 7 et 17; «Activités...», *Le Richelieu*, mai 1955, *op. cit.*, p. 32; *Le Richelieu*, mai-juin 1959, *op. cit.*, p. 11; Aurel Gervais, *op. cit.*, p. 11-12, 18.

Sortie des orphelins de Manchester à Hampton Beach (New Hampshire),
Manchester Union-Leader, 23 juillet 1970.

Le rapport des membres à la charité matérielle, qu'elle se soit manifestée à Manchester, à Ottawa ou à Québec, variait d'une juridiction à l'autre. Dans l'ensemble, cela dit, le Richelieu offrait un secours ciblé, souvent modeste, mais parfois important, à la jeunesse. Cet engagement répondait aux devoirs attendus d'un chrétien à l'époque. Les choix d'œuvres semblent toutefois s'être opérés sans la connaissance de statistiques sur les besoins du terrain et sans prendre en compte la manière dont ces nouvelles œuvres s'inséraient dans le contexte où l'État élargissait constamment son filet de sauvetage. À l'inverse, ces efforts répondaient plutôt aux exigences commandées par la nation, la paternité et la foi qui primaient sur toute réflexion plus approfondie qu'on aurait pu entretenir sur les sources économiques, politiques et sociales de la pauvreté.

Le Richelieu sur l'échiquier politique

Certes, cet altruisme s'inspirait de la tradition chrétienne, mais il s'inscrivait aussi dans le contexte du début de la guerre froide, pendant laquelle les pays démocratiques et capitalistes combattaient les régimes communistes. En Occident, la vigueur avec laquelle on voulait les déjouer explique en partie la capacité des *service clubs* à doubler leurs effectifs pendant la décennie 1950. Si l'État providence, qui ne cessait de créer de nouveaux programmes sociaux, usurpait une partie des fonctions de la charité privée, le Richelieu a surtout maintenu le cap pendant la décennie, en remédiant aux maillons faibles du filet de sauvetage de l'État. À l'inverse de la verve anticommuniste des « trois grands », le Richelieu préférait toutefois demeurer plus modérément libéral et catholique, repoussant socialisme et libertarisme à la fois.

Puisque l'Église s'opposait au communisme, les membres du Richelieu s'en méfiaient instinctivement, sans chercher à le comprendre. Malgré l'idéal partagé de l'harmonie humaine, il était impossible de réduire « la longue évolution des sociétés humaines » à « un éternel conflit entre riches et pauvres, capitalistes [et] prolétaires[186] » selon le conférencier Jacques Roy devant le cercle de Montmagny. Selon le maire de Montréal, Jean Drapeau, l'humanité ne pouvait, sans grand risque, s'en tenir à l'humanisme et à la rationalité, rappelant la contribution de l'Église à combattre les horreurs du darwinisme social[187]. Le christianisme avait aussi commis des atrocités dans ses excès, mais Drapeau traduisait les craintes de plusieurs cercles, dont ceux de Manchester et de Montréal, qui penchaient par défaut pour l'idéal chrétien[188].

Les membres ne percevaient pas encore l'État comme un instrument au service des Canadiens français. On se gardait une gêne, car outre la province de Québec, les États fédéral et provinciaux représentaient des majorités de langue anglaise et tenaient rarement compte de la minorité française dans leurs décisions. En ce sens, les méfiances à l'égard de l'État ou de l'Église au Richelieu pouvaient comporter plusieurs recoupements. Au lieu d'un État plus interventionniste, on privilégiait des campagnes d'« achat chez nous »,

---

186. Jacques Roy, dans « Club Richelieu », *Le Courrier de Montmagny*, 22 mai 1948.

187. Jean Drapeau, « Gardiens nos frères ? Conférence », 30 novembre 1955, p. 9-10, dans BAnQ-M, FCRM P206, bobine 6392, image 52.

188. Lettre de Francis L. Moran à Léo Dion, 19 mars 1959, dans APCRM, vol. « 1959 » ; Hervé J. L'Heureux, *op. cit.*, 11 février 1957, p. 2 ; J.-Émile Boucher, « Société Richelieu », *op. cit.*, p. 160.

des mouvements de colonisation, le syndicalisme catholique et, surtout, le coopératisme, « une forme démocratique de collaboration[189] » offrant une liberté d'association et la redistribution de la richesse tout en nourrissant une solidarité franco-catholique de manière organique[190]. De part et d'autre de la frontière du Québec, les membres y voyaient une planche de salut[191]. Plusieurs croyaient sincèrement à la capacité des caisses populaires à adoucir le libéralisme économique. Si on entendait des discours sévères à l'endroit des pauvres et de la taxation à Montmagny et à Fall River[192], le cercle de Trois-Rivières signalait avec humour que l'espérance de vie avait augmenté de 20 ans pour donner la chance aux gens de « réussir à payer leurs impôts avant de mourir[193] ».

Aux tribunes des clubs, plusieurs fonctionnaires et ministres promouvaient la complémentarité entre l'État et la charité, car l'avenir d'une société démocratique dépendait, selon eux, de la générosité des citoyens envers leurs prochains. S'adressant au congrès du mouvement à Montréal en septembre 1949, un sous-ministre au ministère des Services sociaux du Québec a qualifié la charité de « chien de garde » des dépenses publiques, préservant une « initiative des citoyens » sans laquelle la démocratie serait « condamné[e] à mourir[194] ». Un conférencier au club d'Ottawa-Hull rajouterait que « chaque fois que le gouvernement pren[ait] charge de problèmes sociaux, l'initiative des citoyens trouv[ait] d'autres choses à faire[195] ». Le gouverneur général Vincent Massey et le futur premier ministre unioniste Antonio Barrette ont aussi défendu cette complémentarité à la tribune du Richelieu ; Barrette percevait même le parlementarisme, la justice et la charité comme

---

189. « Congrès… », 19 septembre 1949, *op. cit.*, p. 2.

190. « Club Richelieu-Montmagny », *Le Courrier de Montmagny*, 31 mai 1947 ; « La Colonisation », *Le Courrier de Montmagny*, 2 août 1947.

191. Jean-Jacques Tremblay, « Il faut désapprouver l'intervention croissante des gouvernements dans les affaires privées », 22 mars 1937, dans CRCCF, FJJT P195, vol. 1, dossier 8 ; Denise Robillard, *op. cit.*, p. 343-346, 350.

192. Henri Horn, dans « Au Club Richelieu de Fall River-Mons. Henri Horn », *L'Indépendant*, 10 avril 1957, dans APCRM, vol. « Coupures de presse ».

193. « Les sourires de la semaine », *Le Richelieu*, novembre-décembre 1959, *op. cit.*, p. 10.

194. George F. Davidson, dans « Congrès des Richelieu », *op. cit.*, 19 septembre 1949.

195. « Dîner hebdomadaire », 12 juillet 1950, p. 2, dans CRCCF, FCRO C117-1, vol. 9, dossier 1.

les contrepoids nécessaires à l'immoralisme du capitalisme[196]. Devant le cercle de Montréal en juin 1950, le chef du Parti libéral du Québec, Georges-Émile Lapalme, a aussi parlé en bien de la charité du Richelieu « pour le développement de la société[197] ». Même le cardinal Léger, malgré son anticommunisme viscéral, constatait une complémentarité entre la charité et de l'État :

> La charité aura toujours sa place, même dans un monde où l'État, par l'intermédiaire d'une administration techniquement parfaite et d'une totale efficacité, se fait le dispensateur de la sécurité sociale sous toutes ses formes. Même s'il lui était donné de pouvoir répondre à tous les maux, il s'y trouvera toujours quelque chose de froid, d'inhumain, dépourvu d'entrailles[198].

D'autres ont approfondi cette réflexion sur la complémentarité des solidarités privées et publiques. Selon le membre Louis Cécile, le capitalisme était à la source de l'enrichissement inouï de l'Occident, mais aussi à celle d'une iniquité perverse[199]. Petit à petit, on venait à penser que l'État pourrait redistribuer des ressources matérielles et renforcer la solidarité civile avec plus d'efficacité. Devant le cercle de Montréal, le journaliste Roger Millot allait jusqu'à voir la démocratisation du revenu disponible comme un moyen d'atteindre un compromis entre les autoritarismes oligarchique et communiste[200]. Les membres semblaient pourtant passifs dans cette discussion, s'en tenant souvent à méditer les discours présentés.

Le syndicalisme s'attirait aussi des regards suspects, mais les membres étaient prêts à en entendre parler pendant les conférences.

---

196. Antonio Barrette, dans « Il n'y a de véritable justice sociale que si chacun obtient sa juste part », *La Patrie*, 26 mai 1950 ; Vincent Massey, « Gardez votre caractère particulier », *Le Nouvelliste de Trois-Rivières*, 28 septembre 1952 ; « Procès-verbal de la douzième assemblée du Conseil d'administration », 10 juin 1954, dans CRCCF, FRI C76, vol. 1, dossier 4.

197. Georges-Émile Lapalme, dans « M. G.-E. Lapalme développe le problème de la justice sociale », *La Patrie*, 2 juin 1950.

198. Cardinal Léger, dans *Bulletin*, 18 février 1950, p. 4, dans BAnQ-M, FCRM P206, bobine 6391, image 536.

199. « La Genèse du capitalisme », *Le Richelieu*, février 1949, *op. cit.*, p. 8-9.

200. Roger Millot, dans « Les classes moyennes se posent, sans s'opposer », *La Patrie*, 29 août 1952 ; Trefflé Boulanger, *op. cit.*, p. 2.

Devant le cercle de Québec, le travailleur social Raymond Gérin voulait qu'il fasse « contrepoids à la monopolisation[201] ». Devant le club de Montréal, le syndicaliste et futur ministre fédéral libéral Gérard Pelletier proposait de sensibiliser les patrons autant que les ouvriers à leurs « devoirs » de citoyens chrétiens[202]. Sans « l'équilibre entre le progrès économique et le progrès social[203] », a prévenu l'industrialiste Vittorio Vaccari devant le même cercle, une société se rendait vulnérable à la propagation des idéologies totalitaires. L'universitaire Roger Sohier y est aussi passé pour dépeindre les allocations familiales, les pensions de vieillesse, l'assurance de maladie et d'emploi comme des mesures favorisant le « développement[204] » d'une démocratie plus stable.

L'objectif de l'harmonie sociale exigeait que les cercles admettent certaines divergences intellectuelles, sans toutefois reconnaître des vertus au communisme ou au libertarisme[205]. Le Richelieu ne semblait pas pencher pour un parti politique plus qu'un autre, même si le membre moyen se serait probablement positionné légèrement à la droite du centre sur l'échiquier politique. Le mouvement comprenait des partisans des libéraux et de l'Union nationale au Québec, ainsi que des libéraux et des progressistes-conservateurs dans l'ensemble du Canada. Les sympathisants de la socialiste Cooperative Commonwealth Federation, qui avait peu de racines au Canada français, se faisaient sans doute plus rares. Aux États-Unis, les membres semblaient partagés entre les partis démocrate et républicain, même si les membres d'une ville ouvrière comme Manchester tendaient à pencher davantage vers le premier[206].

Ainsi, inspiré des préceptes antiques de l'altruisme chrétien, qui incitait ses membres à contribuer à la redistribution matérielle,

201. Raymond Gérin, « Le bonheur humain et l'économique », dans « Le Richelieu… », octobre 1951, *op. cit.*, p. 12.

202. Gérard Pelletier, dans « Le syndicalisme est en train de secouer l'indifférentisme », *La Patrie*, [1954], dans BAnQ-M, FCRM P206, bobine 6393, image 992.

203. Vittorio Vaccari, dans « Il est nécessaire d'humaniser le système économique, de lui donner une vie sociale active », *La Patrie*, 18 juin 1954.

204. Roger Sohier, dans *Bulletin*, 16 novembre 1953, p. 5, dans BAnQ-M, FCRM P206, vol. 9, dossier 94.

205. Normand Grimard, « Vivre pour survivre », dans « Programme du Congrès Richelieu », septembre 1957, p. 1, dans APCRM, vol. « 1957 ».

206. Lettre à Bernard G. Theroux, 1er décembre 1958, dans APCRM, vol. « 1958 ».

l'altruisme du Richelieu demeurait au centre du spectre politique. Les collectes de fonds et les œuvres réalisées étaient tout à fait modernes, même si la motivation à leur source découlait souvent d'une conviction bien plus ancienne et profonde. Comment cette charité pouvait-elle s'insérer dans le contexte d'un État grandissant ? Les membres ne semblaient pas perturbés par ce changement annoncé, qui aurait certainement des conséquences majeures sur leur champ d'intervention sociale dans un avenir rapproché.

* * *

C'est une volonté de consolider un sentiment d'appartenance au projet canadien-français – menacé par l'arrivée des *service clubs* d'origine américaine dans les localités canadiennes-françaises –, de fortifier des réseaux de l'élite nationaliste et de protéger l'intégrité de sa jeunesse qui a fait naître le Richelieu. Ce mouvement s'inspirait des mœurs de la culture première nord-américaine de l'après-guerre qui, dans le contexte de la prospérité inouïe et des attentes grandissantes vis-à-vis des hommes publics et des pères de famille, encourageait la manifestation publique d'une citoyenneté engagée. Le Richelieu a donc tâché d'arrimer cette habitude émergente à la culture seconde canadienne-française, celle des représentations et des idéaux du catholicisme et de la culture française, par le ton qu'il a donné à ses clubs, à ses discours et à ses interventions sur le terrain. Ces deux dimensions ont permis à cette manifestation du *service club* de continuer de nourrir une conscience nationale canadienne-française. C'est ainsi que l'élite masculine d'une nation aux frontières fluides, qui ne s'arrêtait que là où ses compatriotes cessaient d'y appartenir, pourrait trouver un autre endroit où l'on pouvait exprimer une solidarité culturelle et spirituelle, dont le résultat concret prenait la forme du geste charitable. Loin d'être archaïque, cette conception traditionnelle de la société canadienne-française correspondait aux besoins et aux préoccupations d'une époque, même si cette manière de voir le monde allait être profondément chambardée pendant les décennies 1960 et 1970.

CHAPITRE 2

Le projet canadien-français et ses rivaux (1960-1981)

S I L'ON ADMET COMMUNÉMENT la rapidité et la profondeur des ruptures sociales, culturelles et politiques des années 1960, certains, dont les historiens et sociologues Michael Gauvreau, E.-Martin Meunier et Jean-Philippe Warren, insistent aujourd'hui sur les signes avant-coureurs dans la société civile et l'Église ayant mis la table pour cette décennie turbulente[1]. La croissance démographique du baby-boom, la multiplication des programmes sociaux, la démocratisation de l'éducation, ainsi qu'un catholicisme axé sur l'action du croyant dans son milieu ont élevé la qualité de vie des Canadiens français, mais ces courants en Occident ont aussi contribué à miner la « nation organique » ou la « petite société » qui les avait encadrés pendant plus d'un siècle. On a beaucoup étudié la croissance du rôle de l'État comme mécanisme redéfinissant les identités, ainsi que la mondialisation des référents culturels, mais les chercheurs n'ont à peu près rien dit de l'impact du mouvement de la Francophonie, ainsi que son corollaire, l'identité « francophone », sur la fragmentation idéologique et institutionnelle du Canada français. Certes, le politicologue Simon Langlois identifie la prolifération des droits individuels, des déplacements et des communications à l'échelle planétaire comme étant à la source des références supranationales[2], mais ne

---

1. Michael Gauvreau, *Les origines catholiques de la Révolution tranquille*, traduit de l'anglais par Richard Dubois, Montréal, Éditions Fides, 2008, 457 p. ; E.-Martin Meunier et Jean-Philippe Warren, *Sortir de la grande noirceur : l'horizon personnaliste de la Révolution tranquille*, Sillery, Les éditions du Septentrion, 2002, 209 p.

2. Simon Langlois, « Un cas typique de mutation de la référence nationale : le Canada français », dans Simon Langlois, dir., *Identités et cultures nationales : l'Amérique française en mutation*, Québec, Les Presses de l'Université Laval, 1995, p. 3-14.

nomme pas la Francophonie explicitement. La courbe ascendante d'évolutions sociopolitiques entre 1960 et 1968, la crête de contestation entre 1968 et 1972 et l'apaisement progressif de ces mutations jusqu'à la décennie 1980 formeraient, selon le politicologue Tudi Kernalegenn, les trois composantes d'une « vague nationale[3] » s'étant déferlée pendant les décennies 1960 et 1970. Sean Mills décrit cette période pendant laquelle « d'innombrables individus en [sont venus] à se voir comme étant conséquents historiquement et politiquement[4] ». Ainsi, même des regroupements plus traditionalistes comme le Richelieu se sont mis à repenser la manière dont ils concevaient la communauté, et ce, dans toutes ses dimensions.

Le « consensus » canadien-français et ses failles

Pourtant, le Canada français ne s'est pas évaporé pendant la Révolution tranquille. De prime abord, c'est la marche vers la modernisation et l'autodétermination qui retenait l'attention. Les possibilités de renouveler le fédéralisme ou de faire du Québec un pays ont inspiré plusieurs Canadiens français. Dans cette réappropriation de l'État comme mécanisme de développement collectif, le réseau institutionnel catholique et canadien-français, qui avait été un instigateur incontournable de la Révolution tranquille, a certes fini par perdre beaucoup de pouvoir et d'influence. De leur côté, les minorités étaient aussi emballées par les nouveaux programmes que l'État fédéral et leurs provinces leur offraient, même si elles auraient préféré ménager les réseaux associatifs existants, conçus plus spécifiquement pour les besoins des Canadiens français. Les divisions sur l'actualisation du projet national canadien-français ont fini par faucher l'Ordre de Jacques Cartier (OJC) en 1965 et précipité le départ de certaines délégations minoritaires des États généraux du Canada français (ÉGCF) deux ans plus tard.

---

3. Tudi Kernalegenn, « Le réveil des revendications régionalistes et nationalitaires au tournant des années 1968 : analyse d'une "vague" nationale », *Fédéralisme Régionalisme*, vol. 13, 2013 [En ligne].

4. Sean Mills, *Contester l'empire. Pensée postcoloniale et militantisme politique à Montréal, 1963-1972*, Montréal, Éditions Hurtubise, 2011, p. 20.

Entre la fosse de l'OJC et le fossé aux ÉGCF, plusieurs délégués ont retenu un souvenir amer de ces tensions.

La nation canadienne-française est demeurée une référence importante toutefois. Ces remaniements institutionnels et idéologiques s'effectuant sur le temps, ce sont les références explicites à une cause ou à une mémoire commune qui ont commencé à se faire plus rares. Le Richelieu s'est ajusté progressivement, avec plus de doigté que l'OJC ou la Société Saint-Jean-Baptiste (SSJB), d'où son succès à traverser la décennie. Le mouvement a continué de célébrer les succès des minorités, dont l'élection du premier ministre acadien Louis Robichaud au Nouveau-Brunswick[5], en avertissant les membres qu'« un nationalisme étroit » pouvait miner « la survie du fait français, la relève[6] » au Québec ; les cercles continuaient aussi de nourrir la mémoire canadienne-française, dont par une soirée au cercle de Hull pour honorer le raftman mythique Jos Montferrand ou l'érection par le cercle de Chapleau (Ontario) d'une plaque honorant le romancier emblématique du Canada français, Louis Hémon, qui y avait péri en 1913[7].

Et qui disait maintien du nationalisme canadien-français disait aussi volonté de renouveler le fédéralisme canadien. En 1963-1964, le Richelieu a incité Radio-Canada à développer les services radiophoniques et télévisuels et l'État fédéral à adopter des symboles canadiens, dont la feuille d'érable[8]. Dans le cadre des consultations de la Commission royale d'enquête sur le bilinguisme et le biculturalisme (commission Laurendeau-Dunton, 1963-1971), le cercle de Montréal a recommandé l'établissement de districts bilingues

---

5. « Procès-verbal de la dix-huitième réunion et troisième plénière du Conseil d'administration », 26 septembre 1963, p. 4, dans Centre de recherche en civilisation canadienne-française (CRCCF), Ottawa (Ontario), Fonds Richelieu International (FRI) C76, volume 1, dossier 8.

6. Armand Dufresne, dans « Le Richelieu œuvre pour la survivance du fait français », *Le Richelieu*, vol. 14, nᵒˢ 1-2, janvier-avril 1964, p. 4, dans CRCCF, Fonds Club Richelieu Ottawa (FCRO) C117-2, vol. 10, dossier 17.

7. « Procès-verbal de l'assemblée des gouverneurs », 6 octobre 1966, p. 2-3 ; *Le Richelieu*, vol. 17, nᵒ 3, mai-juin 1967, p. 14 ; *Le Richelieu*, vol. 17, nᵒ 5, octobre 1967, p. 10, 17, dans Archives privées du Richelieu International (APRI), Ottawa (Ontario), vol. « Vie Richelieu 1946-1980 ».

8. « Procès-verbal de la douzième réunion du Conseil d'administration », 18 juillet 1963 ; « Procès-verbal de la huitième réunion du Conseil d'administration », 11 juin 1964, CRCCF, FRI C76, vol. 1 et 2, dossiers 8 et 1.

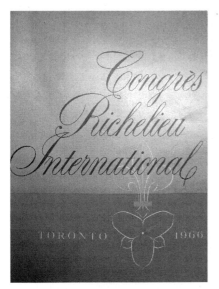

Cahier du congrès du Richelieu en
Ontario français, octobre 1966,
dans CI, APRI, Ottawa (Ontario).

« pour que se concrétise dans les faits [c'est-à-dire l'espace public et commercial] la réalité biculturelle[9] ». Toutefois, la question nationale suscitait déjà des tensions à ce moment-là. Ce faisant, le Richelieu n'a déposé aucun mémoire à la commission Laurendeau-Dunton, alors qu'il n'avait pas hésité à en présenter au nom du mouvement à la commission Massey. Suivant de près la dégringolade de l'OJC, le Richelieu redoublait de prudence pour ne pas se mettre dans l'embarras.

Il a préféré maintenir l'essence de la solidarité canadienne-française en tenant un congrès annuel sur deux à l'extérieur du Québec. À Manchester en 1960, 1 600 délégués ont reconnu le « mérite de leurs compatriotes[10] » et tenu des propos élogieux à l'endroit de leurs « frères », qui s'exprimaient « avec aisance et élégance[11] » sur le combat pour leur survie selon eux. Ces grand-messes attiraient toujours nombre de dignitaires, dont en 1960 le gouverneur du New Hampshire, le maire Josephat Benoît et l'ancien premier ministre du Canada Louis Saint-Laurent[12]. « [C'est] une occasion de démontrer que la pratique de la fraternité dépasse les frontières », a déclaré

9. Club Richelieu-Montréal et Rotary Club of Montreal, « Mémoire conjoint à la Commission royale d'enquête sur le bilinguisme et le biculturalisme », décembre 1964, p. 11-12, Bibliothèque et Archives Canada (BAC), Ottawa (Ontario), Collection d'ouvrages, CA1 21 63 B31 B209.

10. « Procès-verbal de la vingt-quatrième assemblée régulière du Conseil d'administration », 17 janvier 1963, p. 2 ; « Rapport de la réunion du comité des congrès », 27 février 1964, dans CRCCF, FRI C76, vol. 1 et 2, dossiers 8 et 1.

11. Josephat T. Benoît, « Lettre aux officiers, directeurs, membres et amis de la Société Richelieu », 16 mars 1960 ; *Bulletin*, 17 octobre 1962, p. 2, dans APCRM, vol. « 1960-1961 » et « 1962 ».

12. *Bulletin*, 27 septembre 1960, dans Bibliothèque et Archives nationales du Québec à Montréal, Montréal (Québec) (BAnQ-M), Fonds Club Richelieu Montréal (FCRM) P206, bobine 6392, image 645 ; *Le Richelieu*, 10, numéro spécial, 1960, p. 2, dans CRCCF, FCRO C117-2, vol. 10, dossier 17.

Cahier du congressiste, Manchester, septembre 1960, dans CI, APRI, Ottawa (Ontario).

La une du *Manchester Union-Leader*, 17 septembre 1960, dans Archives privées du club Richelieu de Manchester (New Hampshire).

l'organisateur Paul Gingras, «et que le même idéal religieux et culturel unit les [membres du] Richelieu de nos deux pays sans affecter leur loyauté à des allégeances politiques différentes[13]». Arthur Desjardins lui a fait écho en rappelant que, dans l'esprit des fondateurs du Richelieu, «il ne pouvait être question de s'arrêter aux frontières du Québec». On a aussi tenu des congrès à Niagara Falls (Ontario) en 1963, à Holyoke (Massachusetts) en 1965 et à Toronto en 1966.

Les minorités tentaient toutefois d'actualiser le discours de la survivance pendant que le Québec commençait à y tourner le dos[14]. Un doute s'installait déjà, dont au club de Québec en 1960, sur l'avenir d'une «poignée de Français […] perdus dans la masse[15]» anglo-saxonne. Quelques années plus tôt, la commission Tremblay avait insinué que les souscriptions du Québec en faveur des minorités françaises s'apparentaient à un remède insuffisant pour un problème qui ne le regardait plus[16]. Fondé en 1961 pour prendre le relais des souscriptions privées envers les minorités, le Service du Canada français d'outre-frontières (SCFOF) finirait par privilégier les rapports avec la France[17]. Dans ce contexte, le Richelieu hésitait à façonner une vision unique pour l'avenir du Canada français. Sur le plan local pourtant, les cercles ne s'empêchaient pas de discuter de nationalisme ou de fédéralisme[18]. Le 16 juin 1966, le cercle de Montréal a offert la tribune à Daniel Johnson, son membre qui venait d'être élu premier ministre provincial et qui leur a partagé ses espoirs de rapatrier des compétences législatives à Québec pour en faire «un État national où le français serait la langue nationale et où l'intégrité du territoire sera[it]

---

13. Lettre de Paul J. Gingras aux membres du Richelieu, 4 avril 1960, dans APCRM, vol. [1960].

14. Lettre de Normand-W. Lachance à Adolphe Robert, 14 mai 1960; «Three-Day Convention Attracts 1600 Visitors», *Manchester Union Leader*, 17 septembre 1960, APCRM, vol. «[Sans titre]» et «1960-1961».

15. *Bulletin*, 18 avril 1960, p. 1, APCRQ, vol. «Bulletins», dossier «1960».

16. Robin Gendron, *Towards a Francophone Community: Canada's Relations with France and French Africa, 1945-1968*, Montréal, McGill-Queen's University Press, 2006, 191 p.

17. Marcel Martel, *Le deuil d'un pays imaginé : rêves, luttes et déroute du Canada français : les rapports entre le Québec et la francophonie canadienne (1867-1975)*, Ottawa, Les Presses de l'Université d'Ottawa, 1997, p. 106.

18. Robert Choquette, dans «Centenaire de la Confédération», *Le Richelieu*, vol. 14, n° 6, novembre-décembre 1963, p. 9; *Bulletin*, 5 décembre 1966, p. 4-5; dans CRCCF, FCRO C117-2, vol. 7 et 10, dossiers 8 et 17.

respectée[19] ». Entretemps, le cercle de Cap-de-la-Madeleine a plutôt invité un rival, le député fédéral libéral et Secrétaire d'État à la finance, Jean Chrétien, qui n'y est pas allé du dos de la cuillère en critiquant la productivité du Québec et l'appelant à faire preuve de « maturité politique » quant à sa dépendance sur les capitaux extérieurs[20].

Malgré le désir du siège social de tenir à distance les débats politiques, les cercles croisaient quand même le fer sur les questions constitutionnelles. Ainsi, le Richelieu n'a pu se soustraire entièrement aux déchirements sur l'avenir du Canada français. En 1946 et 1956, certains membres hullois avaient suggéré la formation d'un cercle autonome sur la rive québécoise, le conseil d'administration avait rapidement écarté l'idée en rappelant que le cercle d'Ottawa-Hull symbolisait l'espoir pour la pérennité d'une solidarité outre-frontières[21]. Il a toutefois dû prendre acte, à l'automne 1962, de la formation d'un cercle clandestin à Hull, que ses instigateurs présentaient comme un meilleur moyen de recruter des Canadiens français « embrigadés[22] » dans les clubs neutres. Les sections locales de l'OJC et de la SSJB sont intervenues pour que l'élite d'Ottawa donne suite aux aspirations des requérants hullois malgré elle[23]. Cette « division dans la maison canadienne-française[24] », rappelle aujourd'hui le membre ottavien Laurent Isabelle, ne s'est pas faite sans brusquer les membres franco-ontariens. Ceux-ci ont maintenu l'épithète « Ottawa-Hull » pour leur club pendant trois ans et conservé le capital amassé sur les deux rives dans son fonds des

---

19. Daniel Johnson, dans *Bulletin*, 16 juin 1966, p. 2, dans BAnQ-M, FCRM P206, bobine 6392, image 1293.

20. Jean Chrétien, « Notes pour un discours devant le Club Richelieu du Cap de la Madeleine », 1er novembre 1966, p. 10, dans BAC, Fonds Maurice-Sauvé MG32-B4, vol. 168, dossier 13.

21. « Procès-verbal de la dix-neuvième assemblée régulière du Conseil d'administration », 13 septembre 1956, CRCCF, FRI C76, vol. 1, dossier 5.

22. Lettre de Suzanne Gosselin au gouverneur, 14 février 1963, APRI, vol. « Clubs », dossier « 07126 Hull ».

23. « Rapport de la réu[n]ion du C.P.R. », 29 octobre 1962 ; « Lettre du secrétaire régional au secrétaire », 18 décembre 1962, CRCCF, Fonds Ordre de Jacques Cartier (OJC) C3, vol. 29, dossier 6 ; « Procès-verbal de la dixième assemblée régulière du Conseil d'administration », 26 juillet 1962, CRCCF, FRI C76, vol. 1, dossier 5.

24. Entrevue avec Laurent Isabelle, Ottawa (Ontario), 21 juin 2011.

œuvres[25]. Au Témiscamingue, on a avait aussi fondé un cercle paraprovincial, qui rassemblait les Canadiens français des rives ontarienne et québécoise du lac[26], mais qui a été confronté à la volonté des membres de Notre-Dame-du-Nord et de Ville-Marie de former un cercle autonome en 1965, et, à nouveau, au chagrin des membres franco-ontariens[27].

La division des cercles chevauchant la frontière du Québec s'est peut-être inspirée de la scission parallèle des diocèses de Haileybury et d'Ottawa, pendant les années 1960, tout autant que les tensions sur la question nationale. Dans ce contexte, il se peut que le Richelieu ait tenté de calmer les ardeurs en s'abstenant de participer aux États généraux, tenus entre 1966 et 1969 à Montréal, qui ne parviendraient pas à élaborer un programme d'action global pouvant satisfaire, à la fois, aux aspirations du Québec et des minorités canadiennes-françaises. L'abstention du Richelieu a d'ailleurs déçu l'organisateur des ÉG, Rosaire Morin[28]. Certes, plusieurs membres y participaient déjà par l'entremise d'autres organismes, mais le Richelieu avouerait plus tard qu'il avait été sage à s'en tenir loin, vu le départ fracassant des porte-paroles franco-ontariens et acadiens pendant les assises de novembre 1967[29]. Il s'est donc contenté de recevoir quelques subventions, dont une contribution de 4 000 $ par le SCFOF pour le congrès de 1966 à Toronto[30].

Certes, le Richelieu œuvrait plus du côté social et intellectuel que politique. Il ne menait pas directement des interventions

25. *Bulletin*, 25 juin 1963, p. 2; E. J. Whiteside, «Re: Club Richelieu Ottawa-Hull change of name to Club Richelieu Ottawa», 8 juin 1965, CRCCF, FCRO C117-2, vol. 5 et 7, dossiers 8 et 20.

26. «Procès-verbal de la vingt-deuxième assemblée régulière du Conseil d'administration», 22 septembre 1961, dans CRCCF, FRI C76, vol. 1, dossier 8.

27. La provincialisation des diocèses pendant ces années, dont ceux de Haileybury et d'Ottawa, pourrait aussi avoir joué un rôle dans cette histoire. «Procès-verbal de la huitième réunion et cinquième plénière du Conseil d'administration», 2 septembre 1965, p. 2, dans CRCCF, FRI C76, vol. 2, dossier 1.

28. «Procès-verbal de la première réunion du Conseil d'administration», 12 mars 1964, p. 2, CRCCF, FRI C76, vol. 2, dossier 1.

29. «Procès-verbal d'une réunion du Comité de Régie», 1er juin 1967; Jean-Jacques Tremblay, «Les États généraux», [1968], CRCCF, FRI C76, vol. 2, dossier 4, et Fonds Jean-Jacques Tremblay (FJJT), P195, vol. 1, dossier 10.

30. «Québec, merci!», *Le Richelieu*, vol. 16, n° 3, mai-juin 1966, p. 16, APRI, vol. «Vie Richelieu 1946-1980».

auprès de l'État, comme l'OJC, et privilégiait le réseautage et les œuvres caritatives. S'ils ne se sont pas positionnés pour ou contre l'autonomie du Québec, comme le faisaient l'OJC et la SSJB, les cercles québécois du Richelieu ont voulu s'autonomiser par rapport au siège social et à l'élite d'Ottawa. C'est pourquoi le mouvement a inauguré, dès 1964, des conseils régionaux pour mieux coordonner les projets caritatifs et culturels des cercles. Devant encore céder à la pression pour une décentralisation, en février 1968, le mouvement a aussi fondé 12 districts, dont les membres éliraient un représentant au conseil d'administration. Tout de même, l'élite d'Ottawa s'est assurée que les districts régionaux suivent le tracé des régions historiques de colonisation, dont le Nord, l'Outaouais et la Baie des Chaleurs.

Ce faisant, le Richelieu a évité sa québécisation et sa disparition, mais ce n'est pas la seule raison. Devant les sables mouvants des mutations sociales et politiques, le Richelieu a pris la balle au bond pour maintenir une assise canadienne-française tout en reconnaissant la volonté d'autonomisation des cercles québécois. Puisque ces derniers semblaient s'éloigner des îlots minoritaires, qui semblaient peut-être dériver à perte de vue, le Richelieu a diminué la fréquence et l'intensité de sa rhétorique sur les réalités partagées entre le Québec et les minorités, juste assez pour qu'il n'apparaisse pas comme étant en porte-à-faux avec les nouvelles aspirations de cette majorité, mais pas trop pour que le Richelieu néglige les aspirations des minorités, ainsi que le « respect » qu'elles maintenaient toujours pour le projet canadien-français.

On n'abandonnait pas le « rêve d'un pays imaginé », mais on cessait d'en proclamer les mérites, de manière explicite, pour le souligner implicitement par des gestes au lieu. Par exemple, lorsque venait le temps d'élire la présidence par exemple, les membres choisissaient, consciemment ou non en alternance presque parfaite, entre un membre du Québec et un membre de sa périphérie. Entretemps, au printemps 1968, le mouvement tâchait d'étouffer la volonté d'au moins deux cercles, ceux de La Pocatière et de Longueuil, de travailler ouvertement pour l'indépendance du Québec. Ceux-ci s'étaient laissés « exploité[s] [...] par les partis politiques ou groupes indépendantistes[31]», selon les administrateurs à Ottawa, et devaient faire preuve d'un «esprit ouvert [...] sur la collectivité nationale[32]». On refuserait de répondre aux demandes des membres «bornés au provincialisme[33]». On encourageait alors les membres du Québec à se tenir au fait des «problèmes angoissants de [leur]s frères séparés», à épauler «le succès de leurs efforts[34]» et à assister aux congrès qui se tenaient à l'extérieur de la Belle Province. Ces volontés pouvaient coexister pour un moment. Si les cercles de Montréal et de Québec discutaient de l'indépendance du Québec, ils réfléchissaient tout autant au biculturalisme, au bilinguisme et à la place réservée aux Canadiens français dans la fonction publique fédérale et les affaires[35].

Cet effort de ménager la chèvre et le chou semble toutefois avoir découragé certaines recrues potentielles de joindre un mouvement refusant de se positionner sur l'indépendance et encouragé le départ des franges les plus nationalistes. Les sources ne sont pas explicites à cet égard, mais on comprend difficilement, sinon, comment l'un des cercles les plus nationalistes et actifs pendant une vingtaine d'années, celui de Montréal, est passé de 175 à 30 membres en quelques années[36]. Le CA a d'ailleurs pointé les fortes allégeances des recrues pour expliquer l'échec de deux projets d'affiliation sur l'île à la fin de la décennie[37]. Au Québec, le mouvement stagnait : entre l'été 1966 et l'hiver 1969, il n'a pas fondé un

---

31. «Procès-verbal de la deuxième réunion du comité de la coordination», 14 juin 1968, p. 3, CRCCF, FRI C76, vol. 2, dossier 6.

32. «Procès-verbal du comité de régie», 5 avril 1968, p. 2, CRCCF, FRI C76, vol. 2, dossier 5.

33. Pierre Mercier, «Regardons vers l'avenir», *Le Richelieu*, vol. 17, n° 1, janvier-février 1967, p. 2, dans APRI, vol. «Vie Richelieu 1946-1980».

34. «Procès-verbal de l'assemblée des gouverneurs», 6 octobre 1966, p. 2, dans CRCCF, FRI C76, vol. 2, dossier 2.

35. *Bulletin*, 26 janvier 1967, p. 2 ; *Bulletin*, 20 juin 1968, p. 2, dans APCRQ, vol. «Bulletins», dossiers «1967» et «1968» ; *Bulletin*, 11 février 1963 ; *Bulletin*, 23 mars 1964 ; *Bulletin*, 14-21 novembre 1966 ; *Bulletin*, 23-30 octobre 1967, dans BAnQ-M, FCRM P206, bobine 6392, images 890, 991, 1338 et 1477.

36. «Rapport d'activités de l'agent de liaison», 6 octobre 1969, p. 2 ; «Procès-verbal de la réunion des comités d'expansion et de fondations [*sic*]», 12 juin 1970, CRCCF, FRI C76, vol. 2, dossiers 6 et 7.

37. «Procès-verbal de la neuvième réunion du Conseil d'administration», 22-23 janvier 1971, p. 2, CRCCF, FRI C76, vol. 2, dossier 7.

seul club et deux clubs ont fermé leurs portes partiellement à cause de son penchant pour la modération politique[38]. Dans l'ensemble de la chaîne, il n'a connu qu'un gain de 500 membres pendant la décennie 1960[39].

Ailleurs, plusieurs cercles bien établis semblent avoir peu été touchés par ladite « rupture » du Canada français. Selon la trentaine de membres interviewés, soit qu'on ignorait les déboires des ÉG, soit qu'on n'y voyait pas une raison d'évacuer sa tradition nationale[40]. D'ailleurs, les échos de la Révolution tranquille en Acadie, en Ontario français et au Manitoba français, au tournant de la décennie 1970 y suscitaient un dynamisme remarquable[41]. Même s'il a continué de discuter du biculturalisme, le cercle d'Ottawa s'est mis par exemple à discuter davantage des possibilités nouvelles avec Queen's Park pour élargir le réseau scolaire public franco-ontarien au palier secondaire. Le cercle a d'ailleurs fourni l'un des siens, Omer Deslauriers, au ministre de l'Éducation, Bill Davis, pour fonder le Bureau d'Affaires franco-ontariennes[42]. Pourtant, en Nouvelle-Angleterre francophone, ce renouveau ne se vivait pas de la même manière, car la politique fédérale misait sur l'intégration des minorités marginalisées ; il n'était pas question d'étatiser le réseau institutionnel privé d'une minorité. Ainsi, les membres les plus nationalistes, dont Adolphe Robert, espéraient seulement que les revendications nouvelles du Québec « fortifie[nt] la volonté de

---

38. Diane Vallée, *Cinquantenaire du Club Richelieu Mont-Joli : rappels et reconnaissance, 1946-1996 : célébration, 8 décembre 1996*, Mont-Joli, Club Richelieu de Mont-Joli, 1996, [annexe 1].

39. *Le Richelieu*, janvier-avril 1964, *op. cit.*, p. 1 ; Denise Robillard, *op. cit.*, p. 421.

40. Entretien avec Normand Clavet, Edmundston (Nouveau-Brunswick), 2 juin 2011 ; Entretien avec Jacques Faucher, Gatineau (Québec), 16 juin 2011.

41. Joel Belliveau et Frédéric Boily, « Deux révolutions tranquilles ? Transformations politiques et sociales au Québec et au Nouveau-Brunswick (1960-1967) », *Recherches sociographiques*, vol. 46, n° 1, janvier-avril 2005, p. 11-34 ; Michel Bock, « L'ACFÉO de 1969 à 1982, les grandes transformations », dans Michel Bock et Yves Frenette, dir., *Histoire de l'ACFO*, à paraître, 72 p. ; Raymond-M. Hébert, *La Révolution tranquille au Manitoba français*, Winnipeg, Éditions du Blé, 2012, 384 p.

42. « Dialogue. Special Status for Quebec ? », 1966 ; *Bulletin*, 8 février 1967 ; « Procès-verbal de la dixième réunion du Conseil d'administration », 24 février 1968, p. 3 ; « Procès-verbal d'une réunion du Comité de Régie », 1er février 1968, p. 3, dans CRCCF, FRI C76, vol. 2, dossier 5 et FCRO C117-2, vol. 10, dossier 18.

survivre chez les Franco-Américains[43] ». Ils auraient d'ailleurs besoin de ce soutien. Bien sûr, des divergences avaient toujours existé entre les minorités et le Québec sur la question nationale, mais elles commençaient à paraître insurmontables.

L'autonomisation des communautés minoritaires

Le Richelieu a pu contenir ces tensions pendant la Révolution tranquille, mais les frictions plus profondes entre 1968 et 1972 ont marqué plus profondément les mouvements associatifs. Devant la disparition de certains regroupements catholiques, dont l'Action catholique, et nationaux, dont plusieurs sections de la SSJB, le Richelieu a tenté d'actualiser sa pertinence sociale et culturelle et de recruter parmi leurs membres relâchés, surtout en milieu minoritaire. Dans ce contexte, le mouvement a même réussi à intensifier le rythme des fondations en Acadie et en Ontario français. Au tournant des années 1970, les nouvelles banlieues d'Ottawa (Orléans) et de Toronto (Oshawa) ont vu apparaître de nouveaux cercles, dans l'esprit de mieux distinguer les Franco-Ontariens des autres groupes ethniques de la province et de revigorer le principe d'un pacte entre deux peuples[44]. Pour sa part, le cercle d'Ottawa n'hésitait pas à appuyer ouvertement la désobéissance civile des élèves pour que des commissions scolaires publiques récalcitrantes ouvrent des écoles secondaires[45]. Là, la contestation étudiante pour le développement d'un réseau scolaire secondaire ne se ferait pas autant contre l'élite qu'à ses côtés. À North Bay, la même chose s'est produite en vue d'appuyer, avec « des nombres lorsqu'une situation apparaissait[46] », l'ouverture d'une école secondaire là-haut en 1969, ainsi qu'à Sturgeon Falls

---

43. *Bulletin*, 21 février 1962, p. 2, dans APCRM, vol. « 1962 ».

44. « Procès-verbal de la réunion des comités d'expansion et de fondations [*sic*] », 12 juin 1970, CRCCF, FRI C76, vol. 2, dossiers 6 et 7 ; *La Revue Richelieu*, mai-juin 1969, p. 59.

45. « Procès-verbal de la réunion du Conseil d'administration », 20 septembre 1971, p. 2 ; « Research Memorandum. Summary Tables of Analyses Associated with Hypothetical High School Boundaries », janvier 1972, p. 20 ; *Bulletin*, 6 juillet 1972, p. 2, dans CRCCF, FCRO C117-1, vol. 7, dossier 10 et FCRO C117-2, vol. 13, dossiers 29 et 31.

46. Entretien avec Simon Brisbois, North Bay (Ontario), 4 janvier 2013.

en 1972. Ce militantisme ne semble pas avoir troublé le CA, même s'il reprochait aux clubs québécois la moindre déclaration à connotation politique.

En Nouvelle-Angleterre francophone, la Révolution tranquille a inspiré des chefs de file franco-américains et attiré de nouveaux membres au Richelieu. Le Richelieu a déployé des efforts pour y affilier des nouveaux cercles, dont en rassemblant des jeunes, comme Roger Lacerte de Lowell (Massachusetts)[47], qui voulaient toujours «faire communauté». Devant la fermeture des écoles paroissiales bilingues et de certaines institutions nationales, ceux-ci ont tenté de tailler une place pour le français dans les espaces de la majorité[48]. Certains membres ont porté la cause aux échelons politiques, dont Robert Beaudoin, qui s'est vu nommé au Advisory Commission on Languages du U.S. Department of Education[49] et le sénateur Louis-Israël Martel, qui qualifiait le français de «second domestic language in America[50]» au Sénat du New Hampshire. Tandis que les journaux de langue française avaient longtemps nourri une conscience collective locale, l'élite des «années 68» optait plutôt pour la diffusion d'émissions télévisées en français du Québec au New Hampshire[51]. En un sens, les acteurs devenaient des spectateurs. Malgré tout, les cercles sont tous demeurés actifs en Nouvelle-Angleterre, à l'exception de celui de Worcester (Massachusetts), qui a mis fin à ses activités en 1970, faute de relève.

---

47. «Procès-verbal de la neuvième réunion du Conseil d'administration», 9 juillet 1964, p. 2; «Procès-verbal de la neuvième réunion du Conseil d'administration», 6 octobre 1966, p. 4; «Procès-verbal de la réunion du Comité de Régie», 12 janvier 1968, p. 4, dans CRCCF, FRI C76, vol. 1 et 2, dossiers 3 et 5; Entretien téléphonique avec Roger Lacerte, Manchester (New Hampshire), 16 décembre 2011.

48. *La Revue Richelieu*, vol. 19, n° 2, mars-avril 1969, p. 21, CRCCF, FCRO C117-2, vol. 10, dossier 19; «Procès-verbal d'une réunion du comité de régie», 12 février 1970, p. 4, CRCCF, FRI C76, vol. 3, dossier 1; «French Language TV From Canada Coming When Obstacles Hurdled», *The Manchester Union-Leader*, 16 septembre 1973, APCRM, vol. «1973».

49. «Nommé à Washington», *La Revue Richelieu*, mars-avril 1969, *op. cit.*, p. 21.

50. «French Language TV From Canada Coming When Obstacles Hurdled», *The Manchester Union-Leader*, 16 septembre 1973, dans APCRM, vol. «1973».

51. Lettre d'Alton S. Hotaling au Club Richelieu, 24 mars 1969; Robert-A. Beaudoin, «Rapport du secrétaire», 1970; «Vive la St-Jean!», *Bulletin*, 12 juin 1970, p. 2; «French Television Cable Commission», *Manchester Union Leader*, 17 juillet 1973, dans APCRM, vol. «1970», «Correspondance» et «Coupures de presse».

Si le mouvement a maintenu la ferveur publique hors Québec, c'est bien parce qu'il était toujours vu comme un moyen « moderne » de manifester son appartenance à une société francophone en Amérique. Résolues à ne pas se noyer dans la mer anglo-américaine, ce que certains Québécois commençaient déjà à imputer aux minorités comme étant leur sort inévitable – et de moins en moins implicitement –, les minorités ont redoublé d'efforts pour intensifier les liens entre eux. Le Richelieu a donc commencé à se pointer dans les lieux nouveaux et anciens de présence française pour y recruter des francophones jusque-là pas rejoints par le mouvement. Inspirés par la Révolution tranquille et la lutte contre la discrimination, des Cadiens de la Louisiane ont appelé pour un « réveil » de la langue française tant dans les espaces privés que publics[52]. C'est dans la perspective d'intensifier les liens du Québec avec les peuples francophones que Guy Frégault, un historien pourtant sceptique de la « survivance » hors Québec, a paradoxalement suggéré au Richelieu d'y établir des cercles alors qu'il travaillait au ministère des Affaires culturelles. En décembre 1968, le président Gontran Rouleau et certains administrateurs se sont rendus au Festival international acadien de Lafayette pour y rencontrer James Domengeaux et Allen Babineaux, les fondateurs du Conseil pour le développement du français en Louisiane (CODOFIL)[53]. Frégault a même octroyé une subvention de 20 000 $ en septembre 1969 pour que le Richelieu poursuive ses efforts[54]. Rouleau a donc établi des contacts dans quelques villes, mais ce n'est qu'à Lafayette qu'il a pu convaincre assez d'individus, dont un groupe d'enseignants, pour y former un club. Ceux-ci croyaient que le club les aiderait à rallier des adultes aux efforts du CODOFIL et à améliorer la « communication entre les différentes paroisses[55] » (comtés) de

---

52. « Procès-verbal… », 20 juillet 1968, *op. cit.*, p. 7.

53. « Procès-verbal de la cinquième réunion du Conseil d'administration », 12 septembre 1969, p. 4, dans CRCCF, FRI C76, vol. 2, dossier 7 ; « Visite Richelieu en Louisiane », *La Revue Richelieu*, mars-avril 1969, *op. cit.*, p. 19.

54. « Procès-verbal de la réunion du comité de régie », 25 janvier 1969, p. 3 ; « Procès-verbal de la quatrième réunion du Conseil d'administration », 13 juin 1970, p. 5, dans CRCCF, FRI C76, vol. 2 et 3, dossiers 1 et 6.

55. James Demongeaux, dans « Rapport de l'agent de liaison. Objet : Louisiane », [janvier 1971], p. 2, dans CRCCF, C76, vol. 2, dossiers 1 et 7.

l'État. Le français n'étant plus la langue principale de grand monde, on chercherait surtout à la raviver et à reconnaître les meilleurs étudiants de français dans les *high schools* locaux[56].

La neutralité politique du Richelieu et sa volonté de s'adapter aux « années 68 » lui a permis une expansion en Amérique française, mais ce faisant, on semblait négliger toute référence aux valeurs, aux espoirs ou à la fragilité communs au profit d'un accent mis presque exclusivement sur les défis locaux. Cette formule faisait perdre des membres plus revendicateurs au Québec, mais on en gagnait tout autant en Ontario et en Louisiane. Le Richelieu avait peut-être « évité de tomber dans la fosse de l'OJC[57] », se rappelle aujourd'hui l'ancien délégué Grégoire Pagé, mais le mouvement se rendait aussi vulnérable en négligeant la masse québécoise et en se précipitant vers des tendances de l'heure, comme les subventions gouvernementales.

À cet égard, rappelons que l'État fédéral faisait peau neuve à l'époque. La Confédération avait été conçue par la Couronne comme un Dominion britannique, qui permettait l'existence temporaire de « régimes différenciés de citoyenneté[58] », pour reprendre l'expression du politicologue Christophe Traisnel, pour les Canadiens français et les peuples indigènes. Devant la décolonisation et les transformations idéologiques des années 1960, les Canadiens anglais ont voulu réimaginer le Canada de manière à ce qu'il ne reconnaisse pas la dualité culturelle, mais une nouvelle nationalité canadienne fondée sur le multiculturalisme et le bilinguisme. Le projet n'a pas eu meilleur porte-parole que Pierre Elliott Trudeau. Issu d'un mariage franco-écossais, il voulait mettre un terme à l'amertume franco-anglaise en jetant les bases d'une nouvelle appartenance commune. Le projet a attiré les foudres des nationalistes québécois,

---

56. « Club Richelieu Lafayette », 22 juin 1971 ; Jo Cart, « Club Richelieu Seeks to Extend French Heritage », *Rayne-Acadian Times*, 24 juin 1971 ; « Club Richelieu Lafayette », 29 juillet 1971, p. 2, dans APRI, vol. « Clubs » et « Coupures de presse », dossiers « 07157 Lafayette » ; « Septembre 72 », [septembre 1972], p. 91 ; « 8-29 janvier 73 », [janvier 1973], p. 96, dans CRCCF, FRI C76, vol. 3, dossier 3.

57. Entrevue avec Grégoire Pagé, Ottawa (Ontario), 10 mai 2011.

58. Christophe Traisnel, « Protéger et pacifier. La politique officielle de bilinguisme canadien face au risques de transferts linguistiques et de contestation communautaire », *Revue internationale d'études canadiennes*, nos 45-46, 2012, p. 69-89.

qui y ont vu une attaque frontale à leurs aspirations politiques, mais a séduit une large part de l'électorat anglophone et la plupart des minorités canadiennes-françaises, qui appréciaient sa valorisation du bilinguisme, même si elles regrettaient le refus du projet canadien de leur accorder plus d'autonomie politique.

La redéfinition du Canada par le gouvernement fédéral allait porter un dur coup à la notion de dualité et aux espoirs pour une fédération réellement binationale. Récemment devenu premier ministre, Trudeau a lui-même rendu visite au club de Campbellton en mai 1968 pour avancer que la préservation de «la langue et [d]es traditions françaises» n'empêchait pas un peuple de relâcher ses traits anachroniques. «[L]es traditions doivent changer[59]», l'a-t-il exhorté. Pour atteindre son but, le gouvernement fédéral ne s'en est pas tenu aux déclarations. En 1968, le Secrétariat d'État (SÉ) a reçu le mandat de promouvoir la participation des citoyens à la vie publique et de nourrir l'affection pour le fédéralisme en offrant aux organismes en milieu minoritaire des subventions[60]. À l'automne 1968, le SÉ est passé aux tribunes des cercles et au congrès annuel du Richelieu en évoquant la possibilité d'accorder jusqu'à 40 000 $ par année pour soutenir son expansion à l'échelle du pays[61]. La première subvention, qui s'est pourtant limitée à 10 000 $, incitait le Richelieu à fonder des cercles dans l'Ouest canadien et pouvait être renouvelée s'il réussissait son pari. De cette manière, il deviendrait pancanadien et non plus centré sur le Québec et sa périphérie. Jules Léger, qui dirigeait le SÉ à l'époque, appuyait l'expansion du Richelieu pour que «minority Francophone groups […] be exposed to the widest possible range of intellectual trends[62]»,

---

59. Pierre Elliott Trudeau, dans *La Revue Richelieu*, mai-juin 1969, p. 62, BAC, Collection d'ouvrages, J257.2.

60. Leslie Alexander Pal, *Interests of State: The Politics of Language, Multiculturalism, and Feminism in Canada*, Montréal, McGill-Queen's University Press, 1993, p. 101-122; Michel Bock, «De la "tradition" à la "participation": les années 1960 et les mouvements de jeunesse franco-ontariens», *Cahiers Charlevoix: études franco-ontariennes*, vol. 8, Ottawa, Les Presses de l'Université d'Ottawa, 2010, p. 164.

61. «Procès-verbal de la sixième réunion du Conseil d'administration», 29 novembre 1968; «Procès-verbal de la réunion du Conseil d'administration», 13 février 1970, p. 2, dans CRCCF, FRI C76, vol. 2, dossiers 5 et 7.

62. Lettre de R. Paul Lumsden à René Préfontaine, 5 mai 1970, dans BAC, FSÉ RG6-F4, vol. 29, dossier CB9-213.

mais son agent René Préfontaine, lui-même un ancien du Richelieu, ne pensait pas qu'il existait le « human capital capable of effectively serving a cultural group [...] very limited in minority areas[63] ». Préfontaine saisissait alors les réticences du Richelieu à s'établir à l'extérieur de la ceinture bilingue depuis ses débuts. Et malgré la proclamation de la *Loi sur les langues officielles*, ces missions financées révéleraient au délégué du Richelieu, Paul-Émile Bélanger, à quel point le français était absent dans les milieux urbains. Il a découvert non seulement une « mentalité [...] très différente[64] » chez les Canadiens français de Calgary, mais aussi une « attitude [négative] d'un fort pourcentage de l'élément anglophone envers les franco-phones[65] » à Halifax ; les professionnels acadiens étaient ainsi décou-ragés d'y employer leur langue. Décidément, le nouveau nationa-lisme canadien n'avait pas enrayé la marginalisation des franco-phones, et ce, particulièrement à l'extérieur de la ceinture bilingue.

Le SÉ a également proposé au Richelieu un « projet d'échange de jeunes d'expression française[66] », qui, en plus d'écarter tout vocable identitaire, visait à renforcer la connaissance des franco-phones hors Québec, mais devait aussi miner l'indépendantisme québécois et « servir à l'unité nationale [canadienne][67] » selon le gouvernement. Ce programme occultait les rapports de force à l'origine de la fragilité de plusieurs milieux pour réduire la vitalité d'un milieu à la simple volonté des individus. Toutefois, certains membres s'y engageaient seulement pour permettre à des jeunes de leurs localités de visiter le Canada[68]. Ainsi, le Richelieu répondait à ses besoins pécuniaires sans trop s'en faire des dimensions

---

63. Lettre de J. René Préfontaine à Paul Lumsden, « Société Richelieu Internationale », 16 avril 1970, p. 1-2, dans BAC, FSÉ RG6-F4, vol. 29, dossier CB9-213.

64. « Rapport de l'agent de liaison », 4 décembre 1970, p. 8, CRCCF, FRI C76, vol. 2, dossier 7.

65. « Rapport de l'agent de liaison », 8 février 1971, p. 5, CRCCF, FRI C76, vol. 3, dossier 6.

66. « Procès-verbal de la sixième réunion du Conseil d'administration », 29 novembre 1968, CRCCF, FRI C76, vol. 2, dossier 5.

67. « Rapport des délibérations entendues lors d'une réunion du Comité d'échanges culturels », 27 mars 1969, CRCCF, FRI C76, vol. 2, dossier 6.

68. « Procès-verbal de la troisième réunion du Conseil d'administration », 28 avril 1972, p. 6 ; « Procès-verbal de la quatrième réunion du Conseil d'administration », 9 juin 1972, CRCCF, FRI C76, vol. 3, dossier 3.

idéologiques du projet. Son succès a réjoui les anciens présidents à un point tel qu'ils ont suggéré au CA d'«adapter la formule [du] Richelieu à l'idée de perspective jeunesse du gouvernement fédéral[69]». Ce faisant, le membre franco-ontarien Jean Séguin en a fait une promotion musclée :

> Si la Société Richelieu veut demeurer le reflet du fait français partout où elle œuvre, elle se doit pour cela de prendre certaines dispositions qui soient d'ordre vital. [...] On fait appel à nous. Nous ne pouvons demeurer indifférents. Notre réponse la voilà. Une fois par année, lors des vacances estivales de préférence, nous faisons venir en terre québécoise ou partout ailleurs où ça conviendra, autant de jeunes, filles ou garçons, qu'il nous sera possible d'accueillir dans nos foyers. Pendant deux semaines ils s'intégreront à la famille qui aura bien voulu leur accorder l'hospitalité. Là, ils parleront français, mangeront en français, s'amuseront en français. Après leur séjour chez nous, ils inviteront chez eux les petits amis qu'ils se seront faits et la même discipline s'appliquera[70].

On s'est donc plongé dans une aventure pour déplacer des jeunes du Canada français à la grandeur du pays, leur donnant peut-être l'impression que le français se parlait un peu partout, sans trop accorder d'importance aux rapports de force sur le terrain. À l'été 1972 par exemple, 130 jeunes ont participé au programme[71]. Certains échanges se sont faits entre adolescents du Québec et ceux des autres provinces, mais une part importante s'est faite entre jeunes de la diaspora, ce qui nourrissait aussi l'esprit d'une francophonie canadienne automne du Québec[72]. Le Richelieu a tenté

---

69. «Rapport de la réunion du comité des présidents généraux», 22-23 octobre 1971, p. 2, CRCCF, FRI C76, vol. 3, dossier 3.

70. Jean-R. Séguin, «Rapport d'un comité spécial. Échanges des jeunes», *Le Richelieu*, mars-avril 1969, *op. cit.*, p. 6.

71. «Procès-verbal de la quatrième réunion du Conseil d'administration», 9 juin 1972, dans CRCCF, FRI C76, vol. 3, dossier 1.

72. «Procès-verbal du comité de régie», 13 février 1969; Robert Simond, «Voyages-Échanges. Subvention-Visite culturelle Richelieu Lachine», 9 juillet 1971; «Service social Richelieu», 13 août 1971, dans BAC, Fonds Secrétariat d'État (FSÉ) RG6-F4, vol. 29, dossier CB9-213.

de faire participer les gouvernements à Fredericton, à Québec et à Toronto, tout comme le SCFOF, mais n'y a pas trouvé preneur pour ce projet de *nation-building* canadien[73].

L'émergence d'une nouvelle communauté francophone

Parmi les mutations nationales qui voyaient la solidarité canadienne-française se fragmenter et l'État fédéral promouvoir son projet francophone à lui, une conscience francophone mondiale faisait aussi son apparition dans le paysage. Certes, plusieurs missionnaires et religieuses de France avaient instruit ou soigné les Canadiens français et la France demeurait un lieu d'inspiration culturelle, ainsi qu'un partenaire économique et un allié militaire du Canada, mais les liens entre leurs sociétés civiles demeuraient rares[74]. Pour sa part, la France se relevait lentement de la Deuxième Guerre mondiale, la reconstruction, les négociations constitutionnelles, ainsi que la décolonisation des possessions territoriales en Asie et en Afrique. Pour redorer son blason dans un monde obsédé par le différend qui opposait Moscou à

La Revue Richelieu, vol. 19, nº 3, mai-juin 1969, dans BAC.

73. «Procès-verbal de la sixième réunion du Conseil d'administration», 15 octobre 1971, p. 6; «Compte-rendu de la réunion du comité des échanges culturels», 3 décembre 1971; «Procès-verbal de la troisième réunion du Conseil d'administration», 28 avril 1972, p. 6; «Compte-rendu d'une réunion de certains membres du comité d'expansion», 20 octobre 1972, p. 2, dans CRCCF, FRI C76, vol. 2 et 3, dossiers 1, 3 et 6.

74. Robert Bothwell, *Alliance and Illusion: Canada and the World, 1945-1984*, Vancouver, University of British Columbia Press, 2007, p. 300; David Meren, *With Friends Like These: Entangled Nationalisms and the Canada-Quebec-France Triangle, 1944-1970*, Vancouver, University of British Columbia Press, 2012, 355 p.

Washington, le président Charles de Gaulle a voulu augmenter le rayonnement de l'Hexagone sur le continent en créant la Communauté économique européenne. Pendant que le réseau institutionnel canadien-français s'effritait, des nationalistes au Québec jetaient les bases d'une nouvelle solidarité outre-mer, dont en fondant l'Union des journalistes de langue française en 1954 et l'Association des universités partiellement ou entièrement de langue française (AUPELF) en 1961[75]. La démocratisation des transports et des communications, ainsi que l'ouverture de délégations du Québec dans les nouveaux pays de langue française pendant les années 1960 ont également contribué à l'émergence d'une conscience des espaces francophones du monde[76].

Ce faisant, la multiplication des rapports entre le Canada français et la France a fini par marquer la manière dont le Richelieu imaginait le territoire naturel de son expansion, voire de sa solidarité[77]. Alors que le Québec s'éloignait des îlots de l'archipel de l'Amérique française, pour citer Dean Louder et Éric Waddell[78], les continents où se trouvaient les peuples francophones semblaient se rapprocher les uns des autres. Dès sa fondation, le Richelieu avait évoqué l'idée d'établir des cercles à Haïti et en France, surtout en vue de rassembler des expatriés canadiens-français[79], mais s'est mis à y songer plus sérieusement en 1965 lors d'une rencontre avec l'ambassadeur de France au Canada, François Leduc. En septembre 1968, le mouvement a tenu un premier congrès outre-mer à Cannes (France), même si l'affiliation d'un premier cercle français prendrait encore trois ans[80]. Sur le plan des cercles aussi, les membres s'intéressaient de plus en plus à l'Europe et à la décolonisation des pays

---

75. David Meren, *Strange Allies..*, *op. cit.*, p. 323-495.

76. Serge Berstein, *Histoire du gaullisme*, Paris, Les Éditions Perrin, 2001, p. 293-310, 514.

77. *Bulletin*, 17 février 1967, p. 2, dans APCRQ, vol. «Bulletins», dossier «1967».

78. Dean Louder et Éric Waddell, dir., *Du continent perdu à l'archipel retrouvé: le Québec et l'Amérique française*, Québec, Les Presses de l'Université Laval, 1983, 292 p.

79. «Procès-verbal de la vingt-quatrième assemblée», 12 janvier 1956, p. 2; «Procès-verbal de la quinzième assemblée», 16 septembre 1960, p. 2, dans CRCCF, FRI C76, vol. 1, dossier 7.

80. «Procès-verbal de la vingt-et-unième réunion du Conseil d'administration», 21 janvier 1965, p. 2; «Procès-verbal de la quinzième assemblée générale annuelle», 19-20 février 1965, p. 2, dans CRCCF, FRI C76, vol. 2, dossier 1.

Gontran
Rouleau, ca.
1968, dans CI,
APRI, Ottawa
(Ontario).

du Sud, souvent en invitant à leur tribune un ambassadeur ou un missionnaire ayant passé dans le pays en question[81].

Devant trois mutations culturelles – l'autonomisation du Québec, l'édification d'un nouveau nationalisme canadien et la mondialisation francophone –, le Richelieu a découvert une échappatoire à la crise du Canada français, avant tout, dans la troisième proposition. Son président en 1968-1969, Gontran Rouleau, avait beau être un nationaliste canadien-français au sens traditionnel, il était arrivé à croire que la mondialisation francophone pourrait sauver le projet canadien-français et, par ricochet, le Richelieu. Autrement dit, on parviendrait peut-être à concilier les liens de solidarité avec la diaspora et les ambitions internationales du Québec

---

81. «Conférence», *Bulletin*, 28 février 1965, dans APCRM, vol. «1965»; *Bulletin*, 12 septembre 1960, dans APCRQ, vol. «Bulletins», dossier «1960»; Lettre de Dominique Agoumba au Club Richelieu à Montréal, 15 septembre 1960, dans BAnQ-M, FCRM P206, bobine 6392, image 667; *Le Richelieu*, vol. 15, n° 6, novembre-décembre 1965, p. 2, dans CRCCF, FCRO C117-2, vol. 10, dossier 17.

en érigeant un nouvel échelon d'appartenance communautaire, au-delà des projets régionaux, fédéral et national[82]. Né à Matane (Québec) en 1927, Rouleau a étudié le droit à l'Université de Montréal[83]. Pratiquant à Baie-Comeau, il s'est joint au club local dans la vingtaine et, à l'âge de 32 ans, est devenu le plus jeune président de l'histoire du mouvement. Nationaliste, mais aussi fédéraliste et trahissant parfois son allégeance au Parti libéral, il souhaitait éviter que le Richelieu succombe à la crise nationale[84]. Ainsi, la mondialisation se présentait comme « planche de salut » ou un « traitement [de] choc nécessaire pour assurer la conservation et la consolidation à l'intérieur des cadres traditionnels [...] des relations interprovinciales[85] ». Ainsi, « Français, [...] Franco-Ontariens, Acadiens, Franco-Américains et Canadiens français du Québec » pourraient « dialoguer et fraterniser[86] » tout en permettant au Québec de conserver des liens avec sa diaspora. Selon Rouleau, quelle que soit la nature que prendraient les rapports avec Paris, le Québec demeurerait « indissolublement lié au continent nord-américain[87] », l'obligeant à continuer de se préoccuper du sort des avant-postes francophones en sa périphérie[88].

Jusque-là, les promoteurs de la Francophonie mondiale avaient surtout été des littéraires à l'extérieur de l'Hexagone, dont le Québécois Jean-Marc Léger, le Sénégalais Léopold Senghor et le Tunisien Habib Bourguiba. Pendant la décennie 1960, leurs efforts ont répandu une conscience francophone mondiale des nouveaux États, issus de la décolonisation française, et des espaces où la langue française occupait une place importante[89]. Comme la France ne

---

82. Gontran Rouleau, « Le mythe-équation : langue et foi », *Vie Richelieu*, vol. 18, n° 5, septembre 1968, p. 13, CRCCF, FCRO C117-2, vol. 10, dossier 19.

83. Jean Cournoyer, « Rouleau (Gontran) », *La Mémoire du Québec*, [En ligne].

84. Gontran Rouleau, « À l'issue d'un tour de France : conférence de presse à Paris en marge de l'expansion Richelieu », *La Revue Richelieu*, mai-juin 1969, *op. cit.*, p. 46.

85. Gontran Rouleau, *La Revue Richelieu*, vol. 24, n° 4, juillet-août 1974, p. 12, CRCCF, FCRO C117-2, vol. 10, dossier 19.

86. Gontran Rouleau, « Déjeuner Richelieu à Cannes », *La Revue Richelieu*, vol. 18, n° 6, novembre 1968, p. 3, CRCCF, FCRO C117-2, vol. 10, dossier 19.

87. Gontran Rouleau, « À l'issue... », *op. cit.*, p. 46.

88. « Procès-verbal de la neuvième réunion du Conseil d'administration », 22-23 janvier 1971, p. 5, CRCCF, FRI C76, vol. 2, dossier 7.

89. Trang Phan et Michel Guillou, *Francophonie et mondialisation : histoire et institutions des origines à nos jours*, Paris, Éditions Belin, 2011, 472 p.

possédait pas l'autorité morale pour mener ce projet, sans se faire accuser de néocolonialisme, ses interventions se sont limitées à encourager l'émancipation des peuples de langue française, dont le Québec, que Charles de Gaulle aurait bien aimé voir se «décoloniser» du Canada. Sa célèbre déclaration devant l'hôtel de ville de Montréal le 24 juillet 1967, honorant le Québec et le Canada français «libres», a bien résonné chez Gontran Rouleau. Après le congrès de Cannes, il s'est rendu à Paris pour rencontrer l'ambassadeur du Canada et le délégué du Québec, mais aussi de Gaulle lui-même, à l'Élysée, le 1er octobre 1968[90]. Le président français s'est d'ailleurs réjoui de l'ambition du Richelieu de s'installer en France et l'a incité à s'intéresser à tous les peuples de langue française. La Francophonie émergente avait l'avantage de rallier des nationalistes de plusieurs tendances, ce qui a permis au fédéraliste Rouleau de se lier d'amitié avec l'indépendantiste Léger, qui venait d'être chargé d'ouvrir le Secrétariat permanent de l'Agence de coopération culturelle et technique (ACCT) à Paris[91]. Léger a applaudi cette «modernisation» du Richelieu, lui promettant une subvention annuelle à hauteur de 50 000 $, même si elle se limitait plutôt à 5 000 $, les moyens de l'ACCT s'avérant plus limités qu'initialement prévus[92].

Cet intérêt du Richelieu pour la France et la Francophonie a captivé nombre de dignitaires canadiens, dont l'ambassadeur du Canada en France, Jules Léger, et le ministre de l'Éducation du Québec, Jean-Guy Cardinal[93]. En 1969, le ministère des Affaires intergouvernementales du Québec a offert 10 000 $ à l'expansion du mouvement en France, la délégation lui a fourni des contacts et le consulat du Canada à Marseille a logé en réserve des matériaux

90. Gontran Rouleau, «Accueil chaleureux à l'Élysée», *La Revue Richelieu* (mai-juin 1969), p. 43.

91. «Procès-verbal de la sixième réunion du Conseil d'administration», 7 novembre 1969, p. 4, CRCCF, FCRO C117-1, vol. 2, dossier 7.

92. «Procès-verbal de la troisième réunion», 26-27 mars 1971, p. 6; «1er-23 mars», [mars 1972], p. 16; «Procès-verbal d'une réunion du comité d'expansion», 4 janvier 1974, p. 75, CRCCF, FRI C76, vol. 3, dossiers 1 et 3.

93. «Éclatant succès du congrès Richelieu», 10 octobre 1968, p. 2, APRI, dossier «Communiqués de presse 1968-1976»; «Réunion du comité de régie», 18 décembre 1969, p. 4; «Procès-verbal de la sixième réunion du Conseil d'administration», 6-7 octobre 1972, p. 2, CRCCF, FRI C76, vol. 2, dossier 5.

L'Acadien et vice-président du Richelieu, Léandre Chiasson, le président
de la République française, Charles de Gaulle, le Canadien français et président
du Richelieu, Gontran Rouleau, ainsi qu'un administrateur non identifié,
Paris, L'Élysée, 1er octobre 1968, dans CI, APRI, Ottawa (Ontario).

pour les futurs cercles là-bas. Pierre Trudeau voyait aussi en l'expansion du Richelieu « une œuvre éminemment louable […] favorisant
de sorte la bonne entente et la coopération internationales[94] »,
mais le ministère des Affaires extérieures du Canada, ainsi que
l'Agence canadienne de développement international (ACDI),
fondée en 1970, se sont abstenus de soutenir le Richelieu pendant
ces années[95]. Enfin, l'intérêt pour la Francophonie a aussi emballé

---

94. Pierre Elliott Trudeau, « Message du premier ministre aux Richelieu », *La Revue Richelieu*, vol. 20, n° 7, décembre 1970, p. 3, CRCCF, FCRO C117-2, vol. 10, dossier 19.

95. « État des revenus et dépenses », 31 décembre 1972, CRCCF, FRI C76, vol. 3, dossier 3.

Remise de charte au club de Paris, en présence du président franco-américain
Louis-Israël Martel et du fondateur du cercle Richelieu Mobutu à Kinshasa (Congo),
Pierre-Honoré Masunga, Paris (France), printemps 1971,
dans CI, APRI, Ottawa (Ontario).

les membres des milieux minoritaires, qui ont représenté la moitié
des 900 délégués nord-américains au congrès de Cannes et effectué
cinq des plus importantes contributions au fonds pour l'expansion
à l'étranger[96].

Pourtant, cet engouement n'a pas fait émerger, telle que l'imaginait Gontran Rouleau, une hiérarchie équilibrée entre les appartenances locales, régionales, nationales et mondiales. L'effort
d'agrandir « la famille » canadienne-française, avouait-il, constituait

96. « Rapport des sommes versées au fonds d'expansion », 20 octobre 1972, CRCCF,
FRI C76, vol. 3, dossier 3.

avant tout une «adaptation [nécessaire] au monde moderne[97]» pour mieux résister à l'hégémonie culturelle anglo-américaine. Son successeur à la présidence, le Franco-Ontarien Gaston Beaulieu, renchérirait presque à regret que «chacun se sent[ait] obligé de se couvrir d'une déclaration à caractère universel[98]». Quelques cercles se sont opposés à cette expansion mondiale, y voyant même une «trahison» de «l'esprit» canadien-français qui avait animé les fondateurs au profit de pâturages plus verdoyants. Pourtant, les dirigeants ne voyaient aucun moyen de faire marche arrière; la mondialisation était «un mouvement irréversible» qui engageait le Richelieu à «maintenir le rythme de [se]s travaux sinon les accentuer[99]». Le projet avait atteint une normativité à un point tel que, déjà en 1971, certains membres osaient qualifier le «souci de la sauvegarde du caractère ethnique des Canadiens français[100]» de rétrograde. Selon le directeur général G.-Mathias Pagé, il fallait s'adapter aux aspirations des jeunes «ouverts[101]», pour qui la langue se réduisait, à un «moyen de communication international» qui pouvait faire «rayonner[102]» l'individu à l'étranger. Selon l'administrateur Louis-J. Roy, au courant «nationaliste, conservateur, [et] sur la défensive» d'antan, il fallait substituer une ouverture sur le monde qui permettrait au Richelieu d'accepter «les gens de toutes les religions, donc de toutes les idéologies[103]». De cette manière, les membres pourraient devenir de véritables «citoyens du monde». Si certains évoquaient «la fierté nationale d'exporter une formule, un produit canadien-français» à l'étranger, les dirigeants faisaient

97. Gontran Rouleau, dans «1968 sera l'année internationale», *Le Richelieu*, vol. 18, n° 2, mars 1968, p. 2, CRCCF, FCRO C117-2, vol. 10, dossier 18.

98. Gaston Beaulieu, «Pérégrinations d'un président», *Le Richelieu*, mai-juin 1969, *op. cit.*, p. 16-17.

99. «Procès-verbal de la sixième réunion du Conseil d'administration», 6-7 octobre 1972, p. 3, CRCCF, FRI C76, vol. 2, dossier 5.

100. Paul Dumont, dans «Vie et survie du Richelieu International: rapport de l'atelier», [octobre 1970], p. 2, CRCCF, FRI C76, vol. 2, dossier 7.

101. «Congrès Richelieu aux Maritimes», *La Revue Richelieu*, vol. 20, n° 4, juillet-août 1970, p. 8, CRCCF, FCRO C117-2, vol. 10, dossier 19; «Procès-verbal de la réunion du Conseil d'administration», 13 février 1970, p. 2, dans CRCCF, FRI C76, vol. 2, dossier 7.

102. G.-Mathias Pagé, «Expansion et Jeunesse: vie et survie du Richelieu», *La Revue Richelieu*, vol. 21, n° 1 janvier-février 1971, p. 2, CRCCF, FCRO C117-2, vol. 10, dossier 19.

103. Louis-J. Roy, «Éditorial», *La Revue Richelieu*, mars-avril 1971, APRI, vol «Vie Richelieu 1946-1980».

des pieds et des mains pour empêcher les membres de «se satisfaire du repli sur soi[104]».

Dures et peut-être même exagérées, ces remarques visaient à étouffer les critiques qu'on dirigeait au Richelieu pour les résultats mitigés de l'expansion dans la Francophonie. Depuis quelques années, le siège social avait envoyé des délégués pour sillonner l'Europe francophone et jeter les fondations d'un archipel de cercles de Brest à Bruxelles et de Perpignan à Aoste, mais ne possédait pas les moyens de ses ambitions. De plus, les Lions et Rotary avaient déjà recruté plusieurs membres potentiels depuis leur installation en France 20 ans plus tôt. Dans ce contexte, le Richelieu s'est intéressé aux anciens de la Table Ronde, une fraternité d'origine médiévale qui excluait ses membres à leur 40e anniversaire[105]. La stratégie s'est parfois avérée payante, dont à Lille (France), où 15 des 25 membres fondateurs du cercle Richelieu avaient appartenu à la Table Ronde[106]. Ailleurs, certains membres du Rotary ont quitté leur club pour se rapprocher de leurs «cousins [canadiens-français][107]» au Richelieu, mais l'importance de ce transfert était modeste. Entre 1968 et 1972, neuf clubs ont été fondés en France, faisant passer les clubs outre-mer à 5 % de l'ensemble du réseau, mais le rythme plus élevé des affiliations en milieu minoritaire nord-américain a fait passer le poids de ces clubs de 32 à 34 % et diminué la proportion de cercles québécois de 65 à 61 %[108]. Malgré les ambitions des dirigeants, le coût élevé des missions à l'étranger – 178 000 $ en quatre ans, dont 58 % provenaient des agences publiques[109] – et les faibles retombées à court terme – 44 000 $ en nouvelles cotisations en deux ans – ont suffi pour que l'assemblée

---

104. «Comité des œuvres», 24 novembre [1971], p. 2, CRCCF, FRI C76, vol. 3, dossier 1.

105. «Rapport de l'agent de liaison», 15 juin 1970, p. 5, CRCCF, FRI C76, vol. 2, dossier 7.

106. «Rapport de l'agent de liaison», 27 avril 19[71], p. 2, CRCCF, FRI C76, vol. 3, dossier 1.

107. Marcel Koessler, «Procès-verbal de la quatrième réunion du Conseil d'administration», 14 février 1969, CRCCF, FRI C76, vol. 2, dossier 6.

108. «Liste des clubs Richelieu», mai 2011, p. 6-8, APRI, vol. «Base de données électroniques».

109. «Analyse de la rentabilité du programme d'expansion», [1974], APCRE, dossier «Réseau».

annuelle de 1973 réaffecte la moitié de la somme consacrée à l'expansion internationale aux « cadres traditionnels », une expression pour désigner, sans le dire, le Canada français[110].

Pourtant, le mouvement commençait à acquérir une notoriété à l'étranger. On avait évoqué la possibilité d'affilier des groupes d'hommes noirs francisés « dans les principales capitales[111] » de l'Afrique francophone, sans toutefois veiller à sa réalisation. À l'automne 1969, le Richelieu a appris, avec stupéfaction, qu'un groupe en République démocratique du Congo souhaitait être reconnu comme cercle Richelieu. Le siège social a donc demandé à ce que le promoteur Pierre-Honoré Masunga, un directeur d'école à Kinshasa, confirme ses bonnes intentions, puis lui a accordé le titre d'agent de liaison adjoint pour l'Afrique[112]. Sur le continent, les *service clubs* avaient traditionnellement été réservés aux expatriés européens et à une poignée symbolique d'Africains. Les idéaux d'ouverture et d'antiracisme semblant faire leur chemin au Canada français, le CA a préconisé la fondation de « clubs en Afrique avec des Africains[113] », des cercles intellectuels et caritatifs fondés par des Africains auxquels pourraient se joindre des expatriés belges, canadiens et français. Devant ambassadeurs et dignitaires à Kinshasa, la remise de charte du 3 juillet 1970 a voulu confirmer la « place pour tous les éléments francophones de l'univers[114] » dans ce mouvement renouvelé. Les fondateurs du club ont pourtant précisé leur volonté de soutenir l'« enfance malheureuse […] sans » les secours d'« autrui[115] ».

---

110. « Vingt-troisième […] assemblée générale », 16 février 1973, p. 6, CRCCF, FRI C76, vol. 3, dossier 1.

111. Lettre de Gontran Rouleau à G.-Mathias Pagé, 8 juillet 1969, p. 5, CRCCF, FRI C76, vol. 2, dossier 6.

112. Lettre de G.-Mathias Pagé à l'Ambassade du Congo, 4 novembre 1969 ; Lettre de Jean-Baptiste Mbila à G.-Mathias Pagé, 19 novembre 1969 ; « Liste des membres », 5 mai 1970, APRI, vol. « Clubs », dossier « 07164 Mobutu ».

113. « Atelier des mandataires : district n°s 9, 10 et 11 », 13 février 1970, p. 2, CRCCF, FRI C76, vol. 3, dossier 1.

114. Robert Fournier, dans « Richelieu Mobutu de Kinshasa », *La Revue Richelieu*, vol. 20, n° 5 (septembre-octobre 1970), p. 7, CRCCF, FCRO C117-2, vol. 10, dossier 19.

115. « Au Club R/Mobutu », 3 juillet 1970, p. 1-2, 4, APRI, vol. « Clubs », dossier « 07164 Mobutu ».

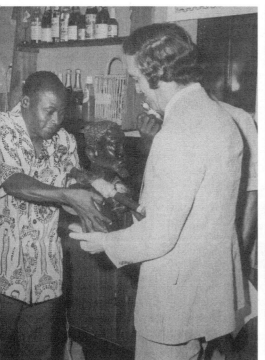

Échange de cadeaux à la remise de charte du club Mobutu à
Kinshasa (Congo), 3 juillet 1970, dans Archives privées du club Richelieu
d'Edmundston (Nouveau-Brunswick)

Ces premières fréquentations étaient agréables, mais les écarts de richesse entre l'Afrique et l'Occident deviendraient des obstacles presque insurmontables à l'établissement de rapports équitables entre les cercles occidentaux et africains. D'ailleurs, les promoteurs de l'expansion ont été sonnés par la participation de Pierre-Honoré Masunga à l'assemblée générale de février 1971. En payant les frais de 873 $ pour son déplacement aérien vers Ottawa, le CA avait présumé que le visiteur aurait acquitté les autres frais reliés à son séjour, mais Masunga a atterri sans une pièce en poche[116]. Le siège social s'est donc démené pour cogner aux portes des cercles, de l'agente Louise Fréchette au MAE, mais aussi des

---

116. « Procès-verbal... », *op. cit.*, 22-23 janvier 1971, p. 7-8 ; « Procès-verbal... », *op. cit.*, 26-27 mars 1971, p. 2.

Les fondateurs du club Mobutu à Kinshasa (Congo), 3 juillet 1970, dans Archives privées du club Richelieu d'Edmundston (Nouveau-Brunswick).

ambassades des États-Unis et de France pour lui procurer les fonds et les visas nécessaires. Pendant l'assemblée, le charisme de Masunga a charmé plusieurs membres, qui l'ont invité à faire une tournée de plus d'un mois de l'Ontario au Nouveau-Brunswick, en passant par le Québec et le New Hampshire – et même la France –, toujours aux frais du siège social[117]. Après deux mois en Amérique du Nord, Masunga a retenu « une idée nette de la réalité » : le Richelieu occidental œuvrait « dans des lieux réellement riches ; c'est à dire dans des conditions irréprochables[118] ». Plus tard, le

117. « Procès-verbal de la dixième réunion du Conseil d'administration », 24-25 février 1971, p. 2 ; « Procès-verbal de la première réunion du Conseil d'administration », 27 février 1971, p. 2-3 ; « Rapport », 15 mars 1971 ; « Procès-verbal de la réunion du comité des finances », 14 mai 1971, p. 3, dans CRCCF, FRI C76, vol. 3, dossier 1.

118. Pierre-Honoré Masunga, dans « Implantation des activités "Richelieu" en R. D. du Congo », *Le Courrier d'Afrique*, 28 juin 1971, dans APRI, vol. « Coupures de presse ».

Pierre Honoré
Masunga,
président
fondateur du
club Mobutu
à Kinshasa
(Congo),
3 juillet 1970,
dans Archives
privées du club
Richelieu
d'Edmundston
(Nouveau-
Brunswick).

Pierre Honoré Masunga avec les membres du club de Manchester
(New Hampshire), février 1971, dans Archives privées du club Richelieu
d'Edmundston (Nouveau-Brunswick).

CA exprimerait sa déception vis-à-vis du cercle de Kinshasa, qui lui paraîtrait en deçà d'honnête[119].

Si sa première expérience en Afrique était décevante, le Richelieu connaîtrait plus de succès dans un Sud plus près de chez lui. À Haïti et dans les Départements d'outre-mer (DOM) antillais de France, le Rotary et le Lion s'y étaient «bien implantés» pendant la décennie 1950, grâce aux efforts de quelques-uns de leurs membres canadiens-français. Là aussi, Paul-Émile Bélanger a identifié une niche, car le Rotary, étant tout aussi «fermé» qu'ailleurs, «n'a[vait] recruté que le plus riche dans chaque commerce ou profession[120]». En ce sens, il apparaissait probant pour le Richelieu de former des cercles auprès de la minuscule classe moyenne d'Haïtiens à Port-au-Prince. Malgré cela, le régime tortionnaire du président Jean-Claude Duvalier l'en a empêché. «Aucune des personnes rencontrées ne combat officiellement le régime politique», a remarqué Bélanger sur place. «Cependant, dans l'intimité tous manifestent leur désapprobation[121].» L'ambassadeur du Canada, Mackenzie Wood, s'est dit «vivement» intéressé au Richelieu et a suggéré que l'ACDI appuie financièrement les œuvres d'un cercle éventuel. Bélanger s'est ensuite rendu en Guadeloupe pour assister à un congrès de l'Organisation culturelle des Amériques francophones[122]. Appuyé par l'ambassadeur de France au Canada, Pierre Siraud, il a réussi à organiser la formation, avec des gens locaux, d'un cercle provisoire à Fort-de-France[123]. Dès 1973, ce cercle rassemblait le président de l'Office départemental du tourisme, un directeur d'école, un conseiller économique, le maire adjoint, le chef de la préfecture, un chirurgien-dentiste, un directeur d'hôtel et un gérant d'une succursale de la Banque Royale du Canada.

En somme, au tournant des années 1970, la Révolution tranquille au Québec, l'autonomisation des minorités de langue française, ainsi

---

119. «Procès-verbal de la cinquième réunion», 20-21 août 1971, p. 5; «Procès-verbal de la troisième réunion du Conseil d'administration», 28 avril 1972, p. 5, dans CRCCF, FRI C76, vol. 3, dossier 1.

120. «8-29 janvier 73», *op. cit.*, p. 94.

121. *Ibid.*, p. 95.

122. «Procès-verbal de la huitième réunion du Conseil d'administration», 11-12 décembre 1970; «Procès-verbal de la huitième réunion du Conseil d'administration», 7 janvier 1972, dans CRCCF, FRI C76, vol. 2 et 3, dossiers 1 et 7.

123. «8-29 janvier 73», *op. cit.*, p. 91-93.

que l'émergence d'une conscience par rapport aux espaces francophones de la planète ont laissé fort peu de place aux échanges sur les
réalités communes à ceux qu'on appelait jusqu'à tout récemment des
Canadiens français. Les particularismes et divergences régionales ont
occupé presque la totalité de l'espace qui restait pour dialoguer sur
le potentiel d'un avenir collectif. Par ailleurs, entre une scission
nationale et une forme de mondialisation, le fédéralisme renouvelé
a proposé, grâce aux subventions du Secrétariat d'État, l'adhésion des
individus de langue française à un Canada, uni d'un océan à l'autre
avec peu d'intérêt pour le recul de la culture et de la langue dans
certains milieux, ainsi que les aspirations particulières d'un peuple
francophone, enraciné au Québec et dans sa périphérie. Du côté des
subventions de l'Agence de coopération culturelle et technique et des
ambitions internationales des peuples de langue française, elles ont
permis de souligner leurs (parfois rares) traits communs. Certains
membres québécois se sont probablement mis à penser qu'ils avaient
plus en commun avec les Français qu'avec les Acadiens, d'où l'échec
à peu près certain de l'espoir de Gontran Rouleau de voir émerger
une complémentarité équitable entre les projets locaux, nationaux et
mondiaux. En éclipsant les « raisons communes » du Canada français,
on créait un vacuum qui serait comblé par les manifestations régionales et les projets francophones plus axés sur la diversité et les
déplacements que sur l'autodétermination et l'enracinement.

Des projets canadiens-français parallèles

Malgré les efforts du Richelieu, l'érosion du projet national était
bien enclenchée. Les allusions à la solidarité canadienne-française
ou aux réalités partagées se sont faites rares pendant la décennie
1970, même si le mouvement demeurait encore essentiellement
canadien-français. La progression du vocable « francophone » était
pourtant fulgurante, au point de détrôner celui de « canadien-
français », du moins à l'ouest du Québec[124]. Jean-Jacques Tremblay

---

124. Michel Bock, *Comment un peuple oublie son nom : la crise identitaire franco-ontarienne
et la presse française de Sudbury, 1960-1975*, Sudbury, Institut franco-ontarien/Éditions Prise
de parole, 2001, 119 p.

avait beau affirmer que le terme « canadien-français » était toujours utile pour « décrire certaines réalités qui le justifi[aient][125] », dont la référence aux gens de souche française et aux espaces investis en Amérique du Nord, le vocable semblait mal vieillir. Certains administrateurs du Richelieu continuaient de sensibiliser les membres québécois à la réalité en milieu minoritaire, mais désormais en abordant les tendances dont les Québécois devaient se méfier[126]. Preuve du changement de ton, le club de Québec, qui avait financièrement contribué au développement institutionnel des minorités 15 ans plus tôt, acceptait le constat d'un membre franco-manitobain que le français disparaîtrait « à la prochaine génération dans l'Ouest[127] ».

L'appui du gouvernement du Québec n'a guère été substantiel pendant la décennie. Si le Richelieu réussissait à décrocher des subventions ponctuelles de Québec pour ses projets internationaux, jusqu'à la fermeture du SCFOF en 1975, il n'a pas reçu un rond pour ses projets au Canada français[128]. En fait, la localisation du siège social du mouvement à Ottawa aurait posé problème pour Québec. À la « Superfrancofête », qui a rassemblé à Québec en août 1974 des centaines de jeunes francophones de la planète, le Richelieu avait prévu un massif projet d'accueil parmi les cercles de la région, mais les organisateurs l'en ont empêché[129]. De plus, l'hostilité de certains jeunes québécois envers les participants acadiens et franco-ontariens sur place collerait à la mémoire de l'événement. L'année suivante, le gouvernement libéral du Québec a lancé un comité consultatif consacré aux associations francophones de l'Amérique, dont le Richelieu, mais l'a suspendu quelques mois plus tard, jugeant

---

125. Lettre de Jean-Jacques Tremblay au *Droit*, 21 octobre 1976, p. 2, CRCCF, FJJT P195, vol. 1, dossier 7.

126. « Richelieu! À l'aide », *Vie Richelieu*, vol. 31, n° 2, mars-avril 1981, APRI, vol. « Vie Richelieu 1981-... ».

127. René Dussault, *Bulletin*, 3 juin 1974, p. 2, APCRQ, vol. « Bulletins », dossier « 1974 ».

128. « Procès-verbal de la quatrième réunion du Conseil d'administration », 28 juillet 1977, p. 64, APRI, vol. « Procès-verbaux », dossier « 1977-1978 ».

129. « Compte-rendu d'une rencontre avec la Société d'accueil du festival international de la jeunesse francophone », 14 août 1973 ; « Procès-verbal de la quatrième réunion du Conseil d'administration », 6 septembre 1974, p. 43 ; J.J. Girard, « Rapport du Club Richelieu Québec sur la Superfrancofête », *Vie Richelieu*, vol. 25, n° 1, janvier-février 1975, p. 4-5, dans CRCCF, FRI C76, vol. 3, dossiers 3 et 4 et FRI C117-1, vol. 3, dossier 15.

que l'intérêt des interlocuteurs québécois manquait à l'appel[130]. Plus encore, après son élection en 1976, le Parti québécois ne tiendrait pas sa promesse de soutenir l'expansion du Richelieu à l'extérieur des frontières de la Belle Province. On peut alors parler d'une sensibilité de l'État québécois aux défis des minorités, mais aussi du caractère résiduel de son appui pendant ces années[131].

Ce faible intérêt à Québec faisait contraste à l'engagement du gouvernement fédéral, qui versait toujours 10 000 $ par année au Richelieu dans le but « d'intensifier [se]s travaux en milieux francophones minoritaires[132] », mais seulement à l'extérieur de la ceinture bilingue[133]. On pouvait aussi compter une initiative d'une soixantaine de conférences en Acadie, en Ontario et dans l'Ouest, mais qui ont chacune dû éviter, conformément aux directives du SÉ, « toute » allusion à la « politique[134] ». À cause de l'engagement du gouvernement fédéral, avec certaines balises idéologiques, et du désintérêt du gouvernement du Québec, le Richelieu affichait progressivement moins une neutralité qu'un penchant fédéraliste. Malgré les limites profondes du projet fédéral, le siège social à Ottawa rappelait-il à certains cercles, celui-ci proposait un projet national qui comprenait les minorités de langue française[135]. Grâce à l'appui du SÉ, une vingtaine de cercles a aussi pu distribuer 8 400 livres de langue française à des bibliothèques en milieu minoritaire, d'Elliot Lake (Ontario) à Fredericton, en passant par Lewiston (Maine)[136]. Avec ces moyens, la direction à Ottawa a

---

130. « Procès-verbal de la deuxième réunion du Comité exécutif », 3 octobre 1975, p. 18, dans APRI, vol. « Procès-verbaux 1975-1976 » ; « Procès-verbal de la sixième réunion du Conseil d'administration », 20 mars 1975, p. 78, dans CRCCF, FRI C76, vol. 3, dossier 4.

131. Anne-Andrée Denault, « Abandon ou solidarité : Les positions des partis politiques du Québec à l'égard des communautés francophones de 1970 à 2007 », dans Joseph Yvon Thériault, Anne Gilbert et Linda Cardinal, dir., *L'espace francophone en milieu minoritaire au Canada. Nouveaux enjeux, nouvelles perspectives*, Montréal, Éditions Fides, 2008, p. 173-201.

132. Gilles Gatien, « Richelieu International et Francophonie », *Vie Richelieu*, mars-avril 1973, *op. cit.*, p. 11.

133. Jean-Paul Rieux, « Carrefours-Richelieu-Jeunesse », 17 mai 1973, dans CRCCF, FRI C76, vol. 3, dossier 3.

134. « Procès-verbal… », 28 juillet 1977, *op. cit.*, p. 62-63.

135. Gontran Rouleau, « Philosophie de l'expansion et le sens des différentes subventions », *Vie Richelieu*, juillet-août 1974, p. 12.

136. « Vol. reçus et distribués par le Secrétariat général », août 1976 ; G.-Mathias Pagé, « Rapport du directeur général au Conseil d'administration », 4 mai 1978, p. 29-30, dans

continué de nourrir une certaine solidarité canadienne-française. Fortement marquée par son milieu minoritaire, elle ne tolérait aucune allusion à l'exclusion des cercles en périphérie, rappelant souvent leur dynamisme (plus important qu'au Québec), leur poids dans la chaîne et l'inutilité de repousser des gens qui croyaient toujours à la plausibilité de la survie culturelle de leurs collectivités. Les dirigeants ont mis la main à la pâte en rédigeant des lettres et des chroniques de bulletin, qui appelaient toujours les membres à voir, par exemple, en un Franco-Ontarien comme un immigrant haïtien, un allié de la cause québécoise[137]. Puisque certains membres indépendantistes avaient quitté le Richelieu, cependant, les cercles du Québec s'étaient passablement éloignés des débats sur la question nationale, au point de l'occulter à peu de choses près. D'autres cercles faisaient le pari d'intégrer quelques immigrants. Par exemple, le club de La Tuque a accueilli un membre de natalité ouest-africaine et celui de Joliette a élu un vice-président d'origine haïtienne ; ces deux hommes en sont pourtant restés membres fort peu de temps.

Pour leur part, les cercles en milieu minoritaire ont plutôt maintenu la symbiose originelle en discutant de tout enjeu politique qui les concernait. D'ailleurs, le fédéralisme renouvelé amenait indirectement de nouveaux gains institutionnels pour l'Ontario français. Le cercle d'Ottawa continuait d'attirer l'élite professionnelle et politique franco-ontarienne, qui débattait vivement du partage des compétences provinciales et de la reconnaissance des droits des minorités canadiennes-françaises[138]. Lorsqu'une cause scolaire ou juridique survenait, on appelait les membres à « signaler leur intérêt individuel[139] », rappelant la pratique de noyautage qu'employait l'Ordre de Jacques Cartier pour donner un élan aux

---

APRI, vol. « Procès-verbaux 1975-1976 » ; « Procès-verbal d'une réunion du comité des activités humanitaires », 19 janvier 1974, p. 3, dans CRCCF, FRI C76, vol. 3, dossier 3.

137. Liste de l'exécutif du club de Joliette, 1976, dans APRI, vol. « Clubs », dossiers « 07005 Joliette » ; Cadite Dorsainvil, « Richelieu La Tuque Vingt-cinquième anniversaire de fondation », *Vie Richelieu*, vol. 27, nᵒ 3, juin-août 1977, p. 15, dans APRI, vol. « Vie Richelieu 1946-1980 ».

138. *Bulletin*, 14 octobre 1971, p. 2 ; *Bulletin*, 2 décembre 1976 ; *Bulletin*, 5 mai 1977, p. 2 ; *Bulletin*, 16 décembre 1981, CRCCF, FCRO C117-1, vol. 3, dossier 8 et C117-2, vol. 1 et 4, dossiers 4 et 14.

139. Jean-Pierre Beaulne, dans *Bulletin*, 6 février 1974, p. 2, CRCCF, FCRO C117-1, vol. 2, dossier 8.

revendications politiques canadiennes-françaises[140]. Son penchant fédéraliste ne l'empêchait pas de critiquer vivement les propositions de réforme constitutionnelle qui écartaient le biculturalisme ou un statut particulier pour le Québec et les minorités francophones[141]. Pourtant, la Belle Province réduisait parfois leur sort à l'émigration au Québec ou à l'acculturation au Canada, ce qui ne leur plaisait pas bien plus. Parmi les cercles du Sud ontarien, en milieu de minorisation extrême, les espoirs se limitaient à obtenir une autonomie scolaire, garante d'une certaine dualité culturelle au pays[142].

Quant à l'Acadie, qui constituait déjà une entité distincte, elle se préoccupait moins de l'éloignement du Québec vis-à-vis des minorités, d'autant plus qu'elle affichait aussi un renouveau nationaliste. Tenu à Moncton en 1973, le congrès du Richelieu a accueilli 700 délégués pour discuter du passé et de l'avenir de l'Acadie, en présence du père Clément Cormier, du député fédéral libéral Roméo LeBlanc, du consul de France et du premier ministre progressiste-conservateur Richard Hatfield. Malgré le souper au homard et la prestation de Viola Légère, interprète de La Sagouine, c'est Hatfield qui a retenu l'attention quand il a reproché à la majorité anglophone sa réticence à apprendre le français[143]. En revanche, malgré la forte propension des cercles franco-ontariens à commenter les dossiers politiques, voire à s'y engager, le CA a réprimandé les cercles acadiens, en menaçant de retirer leurs chartes, après leur participation aux audiences de la Commission royale d'enquête sur l'unité canadienne (commission Pépin-Robarts)[144]. Ainsi, les cercles franco-ontariens semblaient bénéficier de privilèges qu'on refusait aux autres.

---

140. *Bulletin*, 6 février 1974, p. 2, CRCCF, FCRO C117-1, vol. 2, dossier 8.

141. *Bulletin*, 17 janvier 1980 ; *Bulletin*, 22 mai 1980, CRCCF, FCRO C117-1, vol. 3, dossier 5.

142. Mémoire du Club Richelieu Toronto à la Commission sur l'unité canadienne, 29-30 novembre 1977, p. 1-4, APRI, vol. « Clubs », dossier « 07089 Toronto ».

143. « Procès-verbal de la sixième réunion du Conseil d'administration », 20 septembre 1973, p. 2 ; Alexandre-J. Savoie, « Viens voir l'Acadie », *Vie Richelieu*, vol. 23, n° 5, septembre-octobre 1973, CRCCF, FRI C76, vol. 3, dossier 3 et FCRO C117-1, vol. 3, dossier 14.

144. « Procès-verbal d'une réunion », 20-21 janvier 1978, p. 23 ; « Procès-verbal d'une réunion du Conseil d'administration », 4-5 mai 1978, p. 39, APRI, vol. « Procès-verbaux », dossier « 1977-1978 ».

Quant à l'Ouest canadien, le siège social a continué d'y constituer des nouveaux cercles, conformément aux exigences des subventions du SÉ. Les Prairies avaient généralement été plus hostiles à la reconnaissance de la dualité culturelle et proposé le multiculturalisme comme contreproposition au biculturalisme[145]. La culture anglo-dominante de l'Ouest tout comme la dispersion et le nombre marginal des Canadiens français ont sans doute pesé lourdement dans la balance vu le mal qu'on avait à y implanter des cercles. «Une attitude [...] méfiante[146]» aurait d'ailleurs persisté chez les gens d'affaires de Winnipeg et de Calgary. «Les gens de l'Ouest sont découragés», a écrit l'agent de liaison Grégoire Pagé à l'automne 1978, «et plusieurs [sont] même démobilisés[147].» Décidément, qu'on les ait exagérés ou non, les divergences régionales retenaient l'attention des observateurs. Pendant ces années, des cercles ont vu le jour à Saskatoon, à Prince-Albert et à Vancouver[148], mais la tentative de rassembler les francophones de l'Ouest, les Québécois et les Français dans ces milieux auraient toutefois rendu périlleux le fait d'afficher le club «explicitement comme étant "canadien-français"[149]». En 1975, le Richelieu a tenu un congrès à Edmonton, mais l'occasion de manger «un bon steak» au pied des montagnes Rocheuses semble avoir marqué autant, si pas plus que la solidarité canadienne-française, le déplacement de 300 délégués vers l'Ouest[150].

En Nouvelle-Angleterre, les dernières écoles paroissiales bilingues avaient fermé, rendant difficile la tâche de «trouver des

145. *Bulletin*, 26 septembre 1960, dans APCRQ, vol. «Bulletins», dossier «1960»

146. «Ouest canadien», 15-25 novembre 1973, p. 65-68, dans CRCCF, FRI C76, vol. 3, dossier 3.

147. Grégoire Pagé, «Rapport du délégué général», [automne 1978], p. 4, dans APRI, vol. «Procès-verbaux», dossier «1977-1978».

148. «Procès-verbal de la deuxième réunion», 14-15 janvier 1977, p. 25, dans APRI, vol. «Procès-verbaux», dossier «1976-1977»; «Liste des clubs...», *op. cit.*, p. 6-8.

149. «Ouest...», *op. cit.*, p. 68.

150. «L'Ouest canadien, le Richelieu a besoin de vous», *Vie Richelieu*, vol. 28, n° 5, octobre-décembre 1978, p. 8, dans APRI, vol. «Vie Richelieu 1946-1980»; «Tours organisés facultatifs. Tournées des montagnes Rocheuses», *Vie Richelieu*, vol. 25, n° 2, mars-avril 1975, p. 8; «Congrès Richelieu International à Edmonton», *Vie Richelieu*, vol. 25, n° 4, septembre-octobre 1975, p. 3, dans CRCCF, FCRO C117-1, vol. 3, dossier 14.

jeunes qui parl[ai]ent français[151] », mais un engouement s'y maintenait pour les cours de français dans les *high schools* publics, les célébrations de la Saint-Jean-Baptiste et les échanges avec des adolescents québécois, de même que le rêve d'une solidarité continentale[152]. Tenu à Hartford (Connecticut), le congrès de 1976 a rassemblé 1 500 membres dont 1 200 « Canadiens francophones »[153]. Sans doute inspiré par les progrès législatifs du français au Canada, le sénateur Louis-Israël Martel, membre et ancien président du Richelieu, a déployé des efforts considérables pour amener l'administration démocrate de Jimmy Carter à reconnaître les Franco-Américains comme une « entité » et à adopter l'espagnol et le français comme langues officielles[154]. Ces tentatives pour sauver les jeunes franco-américains de l'assimilation ont toutefois fait peu de chemin. En novembre 1981, le décès soudain de Martel a été « une grosse perte [...] pour tous les Franco-Américains[155] », presque symbolique de l'effacement d'une collectivité.

En Louisiane, Grégoire Pagé espérait voir naître des cercles dans quelques centres, mais a été exaspéré par la mentalité américaine et l'état du français des Cadiens qu'il a rencontrés[156]. « Ils ne sentent pas de mission spéciale au niveau de la culture et, au dire même de Monsieur [James] Domengeaux préfèrent boire de la bière et pêcher l'écrevisse dans les bayous », a-t-il écrit. « Les jeunes ne parlent pas français et les résultats du CODOFIL sont loin d'être éclatants[157]. » Outre le cercle de Lafayette, les autres projets

---

151. « Rapport d'une réunion », 19 mai 1977, p. 18, APRI, vol. « Procès-verbaux », dossier « 1976-1977 ».

152. « Président de la Commission d'échanges culturels américains et canadiens-français », *Vie Richelieu*, vol. 25, n° 1, janvier-février 1974, p. 10, CRCCF, FCRO C117-1, vol. 3, dossier 14.

153. André Beauvais, « Un congrès exclusivement en français aux États-Unis », *Montréal-Matin*, 22 octobre 1976.

154. *Bulletin*, 12 mai 1978 ; *Bulletin*, 25 septembre 1979, APCRM, vol. « 1975-1981 » ; Louis-Israël Martel, « Voyage en Louisiane », 16 décembre 1978, p. 11, APRI, vol. « Procès-verbaux », dossier « 1977-1978 ».

155. *Bulletin*, 24 novembre 1981, dans APCRM, vol. « 1975-1981 ».

156. G.-Mathias Pagé, « Rapport du directeur général au Conseil exécutif », 2 février 1979, p. 17, dans APRI, vol. « Procès-verbaux », dossier « 1978-1979 ».

157. « Rapport du voyage en Louisiane et Californie », 14 février-8 mars 1981, p. 13-14, dans APRI, « Procès-verbaux », dossier « 1976 à 1983 ».

d'affiliation n'ont pas abouti, mais Pagé a refusé de baisser les bras. « On ne peut abandonner la Louisiane », a-t-il noté d'un ton résilient, « même si notre enthousiasme en prend un coup. » Il n'était pas évident de faire renaître une langue presque disparue du quotidien. C'est donc Ottawa qui a poussé le Richelieu découragé à y relancer ses efforts d'expansion. Grâce à une subvention de 16 000 $ du MAE et à un versement additionnel du CODOFIL en 1979, il a pu embaucher deux animateurs, Jean-Pierre McLaughlin de l'Ontario et Gaston Vachon du Québec, pour y organiser des activités culturelles auprès des jeunes cadiens dans les *high schools*[158]. « Get students talking[159] », tel était le but de la mission. Au bout de quelques mois, Demongeaux semblait heureux de leur contribution, même s'il reprochait aux Cadiens un manque de détermination à réapprendre le français[160]. Ainsi, il voyait l'assimilation plus comme une faiblesse personnelle qu'une conséquence d'un milieu peu accueillant à une culture minoritaire. Le consulat du Canada à la Nouvelle-Orléans a recommandé au MAE qu'il renouvelle son appui au projet, mais rien ne confirme qu'elle se serait déroulée pour une troisième année d'affilée.

En Floride, l'installation de commerçants et de professionnels canadiens-français dans l'après-guerre a permis l'affiliation en 1979 d'un club à Hollywood, l'une des rares régions aux États-Unis où un nouvel espace canadien-français semblait naître[161]. Son instigateur était Réjean Lapierre, propriétaire de motel et gérant du premier restaurant Saint-Hubert en Floride[162]. Les

158. « Procès-verbal de la deuxième réunion du Conseil d'administration », 5-6 décembre 1980, p. 19, dans APRI, « Procès-verbaux », dossier « 1976 à 1983 » ; Lettre de Harold Gauthe, 29 octobre 1980 ; A. Béchard, « Codofil programme/Richelieu Int'l fm Nrlns to Extott », 21 mai 1981 ; Lettre de Marius Bujold à Guy Paquet, 14 mai 1981, dans BAC, Fonds du ministère des Affaires extérieures (FMAE) RG25, vol. 12572, dossier 26-6.

159. Jean-Pierre McLaughlin et Gaston Vachon, « French Clubs and Classes in Lafayette Parish », octobre 1980, p. 1-2, dans BAC, FMAE RG25, vol. 12572, dossier 26-6.

160. Lettre de James Demongeaux à Jean-Marie Beaulieu, 16 janvier 1981 ; Lettre de James Demongeaux à Jean-Marie Beaulieu, 8 octobre 1981, dans BAC, FMAE RG25, vol. 12572, dossier 26-6.

161. Louis-Israël Martel, « Voyage Richelieu en Floride et en Louisiane », 14-28 mars 1979 ; « Rapport du directeur au Conseil d'administration », 11 avril 1980, APRI, vol. « Procès-verbaux », dossiers « 1978-1979 » et « 1976-1983 ».

162. Godefroy Desrosiers-Lauzon, *Florida's Snowbirds: Spectacle, Mobility and Community since 1945*, Montréal, McGill-Queen's University Press, 2011, p. 195.

Collecte de sang organisée par le club Richelieu Hollywood,
automne 1985, dans CI, APRI, Ottawa (Ontario).

membres avaient des sympathies nationalistes, mais aussi des penchants libertaires, étant emballés par la culture des loisirs de la station balnéaire et son faible taux d'imposition. Si les membres fondateurs étaient des résidents permanents, le cercle accueillait beaucoup de membres du Nord, qui se joignaient au club pendant un séjour hivernal[163]. Devant cette effervescence, le MAE a pressé le Richelieu d'y former d'autres clubs, mais Pagé a hésité, la vitalité du milieu y reposant, selon lui, trop peu sur les résidents permanents engagés[164].

Ce faisant, la solidarité canadienne-française suscitait encore un certain intérêt en milieu minoritaire, mais un peu moins au Québec. Désormais, l'«intention vitale» du Canada français tendait à être exprimée par le véhicule de l'identité provinciale, la

---

163. «Voyage Richelieu en Floride et en Louisiane», 14-28 mars 1979, p. 20-22, «Rapport du directeur au Conseil d'administration», 11 avril 1980, dans APRI, vol. «Procès-verbaux», dossiers «1978-1979» et «1976 à 1983».

164. Lettre de Grégoire Pagé à Denis Potvin, 28 janvier 1981, p. 2, dans BAC, FMAE RG25, vol. 12572, dossier 26-6.

composante française du projet fédéral ou la mondialisation francophone. Le souvenir d'une aventure partagée, pour paraphraser encore Thériault, marquait les gestes des administrateurs et des cercles, même s'il les rejoignait à des degrés variables. Avec des moyens limités, le Richelieu parvenait à actualiser les « raisons communes » de l'Amérique francophone, mais cet effort n'aurait probablement pas réussi s'il avait limité son discours canadien-français aux cercles en milieu minoritaire et n'avait pas intensifié ses rapports avec les autres peuples francophones.

La consolidation d'une Francophonie

Désormais, on privilégiait la mondialisation francophone pour rassembler les membres de l'Amérique du Nord autour d'un projet commun. L'idée rapportait également, car situé à Ottawa, le siège social pouvait entretenir de bons rapports avec les ministères fédéraux et décrocher, dès 1973, des subventions du ministère des Affaires extérieures. En se dépeignant comme un interlocuteur privilégié en diplomatie francophone, le Richelieu a aussi reçu des fonds de l'Agence de coopération culturelle et technique à Paris et du ministère des Affaires intergouvernementales à Québec[165]. Malgré le souhait de ces agences de financer généreusement l'expansion outre-mer, l'inflation et les compressions des années 1970 ont réduit l'ampleur qu'ont pu prendre les subventions et, par conséquent, l'ampleur des efforts à l'étranger. Souvent, le Richelieu n'obtenait qu'une part des fonds demandés et plusieurs demandes ne recevaient aucune réponse ; tout de même, les trois agences, ainsi que le Secrétariat d'État du Canada et le gouvernement du Nouveau-Brunswick, lui ont quand même accordé 154 000 $ de 1973 à 1981.

---

165. « Réunion du Comité d'expansion », 27 août 1976, p. 65 ; « Comité d'expansion », 17 février 1977, p. 16 ; « Rapport du Comité d'expansion », [1982], p. 8-9, APRI, vol. « Procès-verbaux », dossiers « 1975-1976 » et « 1976-1983 ».

TABLEAU 2.1

Les subventions externes (1973-1981)[166]

Année(s)	Ministère	Demandé	Obtenu
1973	ACCT	–	8 000 $
1974	ACCT	47 000 $	3 300 $
1975	ACCT	–	1 200 $
1976	ACCT	–	2 500 $
1977	ACCT	–	800 $
1979 – 1980	ACCT	–	[1 000] $ (2)
1981	ACCT	45 000 $	–
1974	MAE	7 600 $	7 600 $
1975	MAE	–	6 300 $
1977 – 1980	MAE	–	15 000 $ (4)
1981	MAE	30 000 $	16 000 $
1982	MAE	21 500 $	7 500 $
1973	MAI	–	10 000 $
1974	MAI	32 000 $	–
1977	MAI	–	5 000 $
1981	MAI	–	1 500 $
1975	Nouveau-Brunswick	8 000 $	–
1973, 1975	Secrétariat d'État	–	11 400 $ (2)
Total			154 500 $

166. « Procès-verbal de la première réunion », 17 février 1973, p. 3 ; « Procès-verbal de la septième réunion », 9 novembre 1973, p. 5-6 ; « Procès-verbal de la première réunion », 3 mai 1975, p. 3, 19 ; « Procès-verbal. Conseil d'administration », 22 novembre 1978, p. 2, Archives privées du Club Richelieu Liège (APCRL), Liège (Belgique), vol. « Procès-verbaux 1978-1979 » ; « Programme d'expansion : état des revenus et dépenses », 31 décembre 1975, p. 53 ; « Rapport de la réunion du comité d'expansion », 16 janvier 1976, p. 45 ; « Première réunion du Comité d'expansion », 5 novembre 1977, p. 2 ; G.-Mathias Pagé, « Rapport du directeur général », 3 octobre 1979, p. 70 ; « Rapport du délégué général », [janvier 1979], p. 17 ; « Rapport d'activités », 13 mars-31 juillet [1981], p. 11 ; « Procès-verbal de la deuxième réunion du Conseil d'administration », 4-5 décembre 1981, p. 14, 17, APRI, vol. « Procès-verbaux », dossiers « 1975-1976 », « 1978-1979 » et « 1976-1983 » ; Lettre de Guy Trépanier à Marius Bujold « Fonds 672 : Contributions au Richelieu international et au Conseil de la vie française en Amérique », 7 janvier 1982, p. 2 ; Lettre de Grégoire Pagé à Marius Bujold, 19 janvier 1982, BAC, Fonds SÉ, RG25, vol. 12572, dossier 26-6 ; « Programme d'expansion : état des revenus et dépenses », 31 décembre 1973 ; « Procès-verbal de la neuvième réunion du Conseil d'administration », 22-23 février 1974, p. 8 ; « Rapport de la première réunion du Comité d'expansion », 10 mai 1974, p. 11 ; « Procès-verbal de la troisième réunion du Conseil d'administration », 12 juillet 1974, p. 14 ; « Procès-verbal de la quatrième réunion du Conseil d'administration », 6 septembre 1974, p. 40, CRCCF, FRI C76, vol. 3, dossiers 3 et 4.

Le Richelieu a aussi bénéficié de l'intérêt des ambassades du Canada et des membres des cercles européens, qui lui fournissaient «vivement» leur appui moral et leurs réseaux, dont en Côte d'Ivoire et au Sénégal, où il souhaitait s'établir[167]. Pourtant, l'Élysée, qui s'engageait parfois à reculons dans la Francophonie, n'a jamais subventionné l'expansion du Richelieu, peut-être parce que son siège social n'était pas en France. Cela dit, dès 1973, le Richelieu était l'un de deux organismes, l'autre étant l'Association des universités partiellement ou entièrement de langue française, appelés à siéger au comité consultatif de l'Agence de coopération culturelle et technique et à «assurer une coopération efficace entre l'Agence, les organisations internationales, [et] les associations internationales non gouvernementales[168]». La participation de Grégoire Pagé aux rencontres de ce conseil, en Europe et en Afrique, lui a permis de croiser journalistes et politiciens de plusieurs horizons, et du coup, de susciter un intérêt pour le Richelieu dans des lieux éloignés[169]. «Sans l'aide de l'Agence», a-t-il écrit, «nous ne pouvions nous établir en Afrique, laissant toute cette zone à l'influence des clubs d'origine américaine[170].»

Finalement, ces efforts ont commencé à porter leurs fruits. En quatre ans, le Richelieu a réussi à lancer 120 projets d'affiliation et à «implanter [sa] formule sociale canadienne à l'ensemble des autres pays francophones[171]». La présence de cercles à l'étranger a aussi permis à certains membres, mutés dans un nouveau pays, de maintenir leur engagement au Richelieu tout en renforçant les réseaux de professionnels francophones dans le monde. En 1973,

---

167. «Rapport d'activités du directeur général», 14 juin-13 septembre [1975], p. 26, dans APRI, vol. «Procès-verbaux», dossier «1975-1976»; «Rapport du séjour en Afrique», 20 octobre-4 novembre 1973, p. 60; «Procès-verbal d'une réunion du comité de régie», 7 février 1975, p. 22, dans CRCCF, FRI C76, vol. 3, dossiers 3 et 4 et FCRO C117-1, vol. 3, dossier 5; «Procès-verbal…», 20 mars 1975, *op. cit.*, p. 83.

168. «Tournée en Europe, Tunisie», 16 septembre-3 décembre 1973, p. 85, CRCCF, FRI C76, vol. 3, dossier 3.

169. «Rapport du délégué général», 6 septembre-12 décembre 1974, p. 55, dans CRCCF, FRI C76, vol. 3, dossier 4.

170. *Ibid.*

171. Gilles Gatien, «Richelieu et Francophonie», *Vie Richelieu*, mars-avril 1973, *op. cit.*, p. 7, 11.

72 % des 49 300 $ consacrés à l'expansion ont été acheminés vers les projets d'affiliation outre-mer. Certains membres auraient toutefois espéré de meilleurs résultats[172], car, à la fin des années 1970, la proportion de membres européens ne s'élevait qu'à 5 %[173]. C'est ainsi qu'ils ont appelé les cercles à « promouvoir en priorité la mission culturelle du mouvement dans la francophonie mondiale[174] » et même à dépasser « l'esprit de clocher », qui prédominait encore chez certains[175]. L'ampleur des subventions et la crainte de la québécisation incitaient le mouvement à poursuivre ses efforts et à attendre d'un pied ferme ceux qui remettaient en cause l'expansion mondiale.

Toutefois, le président Gérard Pelletier avouait que cette forme de « voisinage [...] tant sur le plan local que sur le plan international[176] » diluait la place du national. Certes, la communauté anglo-britannique avait le Commonwealth et la Francophonie était un « actif qui s'ajout[ait] à d'autres[177] » identités régionales, mais les cercles qui remettaient en cause la mondialisation étaient accusés de « manque[r] d'ouverture » à l'« autre » francophone[178]. Les membres récalcitrants jugeaient qu'on était en train de liquider la conscience collective du Canada français lorsqu'on réduisait la solidarité animant le Richelieu à ce que Grégoire Pagé appelait une « poignée de main entre francophones[179] » dans le monde.

---

172. « Programme... », *op. cit.*, 31 décembre 1973.

173. Urgel Pelletier, « Les clubs Richelieu et la culture française », *Vie Richelieu*, vol. 26, n° 3, mai-juin 1976, p. 4-5 ; Grégoire Pagé, « Allocution à la Quinquennale de la Francophonie canadienne, Winnipeg », [octobre] 1980, dans APRI, vol. « Procès-verbaux », dossiers « 1976 à 1983 » et « 1977-1978 » ; Gégoire Pagé, « Rapport... », 4 mai 1978, *op. cit.*, p. 31 ; « Procès-verbal... », 4-5 mai 1978, *op. cit.*, p. 39.

174. « Procès-verbal de l'assemblée conjointe des ex-présidents, des gouverneurs et des administrateurs », 13 octobre 1977, p. 17, dans APRI, vol. « Procès-verbaux », dossier « 1977-1978 ».

175. « Opinion libre », *Vie Richelieu*, vol. 29, n° 4, juillet-septembre 1979, p. 9, dans APRI, vol. « Vie Richelieu 1946-1980 ».

176. Gérard L. Pelletier, « Éditorial : message inaugural du nouveau président international », *Vie Richelieu*, vol. 25, n° 2, mars-avril 1975, p. 3, CRCCF, FCRO C117-1, vol. 3, dossier 14.

177. « Réunion annuelle de l'assemblée générale », 28-30 mars 1974, p. 6 et 12, CRCCF, FRI C76, vol. 3, dossier 4.

178. Rapport de G.-Mathias Pagé, 3 octobre 1979, p. 69, APRI, vol. « Procès-verbaux 1978-1979 ».

179. Entrevue avec Grégoire Pagé, Ottawa (Ontario), 22 juin 2011.

L'administrateur Gaston Paradis saisissait cette difficulté de conjuguer la Francophonie et la nation canadienne-française :

> S'ouvrir ainsi sur la francophonie mondiale, développer un esprit international et rechercher des moyens d'action adaptés, [nous] oblige à enrichir nos connaissances sur la francophonie, à réviser nos idées [mais] pose évidemment aussi des problèmes nouveaux. Comment dans ces démarches rester fidèles à l'idéal des fondateurs ? Comment répondre aux aspirations de la nouvelle génération au sein de laquelle nous voulons recruter ? Comment sauvegarder notre identité de [C]anadiens[ ]français, des 7 millions que nous sommes, parmi les 200 millions de parlants français qui deviennent notre nouvelle cible[180] ?

Dans le contexte de l'élargissement de la Communauté économique européenne pendant les années 1970, la question de la Francophonie se posait désormais dans le contexte du recul de l'influence de l'Hexagone sur le continent[181]. La Francophonie se présentait alors, pour les nationalistes, comme occasion de redorer le blason de la France dans ses anciennes possessions. La joie de redécouvrir l'Amérique française où, se surprenait-on, « il y avait encore une communauté vivante de francophones », aurait permis aux membres français, selon l'un d'entre eux, de surmonter leur « complexe vis-à-vis des Américains[182] ». On acquérait souvent des impressions superficielles de la réalité canadienne-française, mais la volonté des adhérents et les amitiés tissées étaient sincères[183]. Dans un geste qui rappelait la mémoire de l'Atlantique français, le Richelieu a affilié des cercles dans les villes portuaires de Brouage et de

---

180. Gaston Paradis, « Extrait du discours », *Vie Richelieu*, vol. 29, n° 5, octobre-décembre 1979, p. 16, CRCCF, FCRO C117-1, vol. 3, dossier 14.

181. Georges Duby, dir., *Histoire de la France des origines à nos jours*, Paris, Éditions Larousse, 2006, p. 1095 et 1333.

182. Jean-Vincent de Saint-Phalle, « Propos d'un Richelieu de France », *Vie Richelieu*, vol. 23, n° 3 (mai-juin 1973), p. 10, APRI, vol. « Vie Richelieu 1946-1980 ».

183. « Réunion du comité d'expansion », 25 juin 1976, p. 63, APRI, vol. « Procès-verbaux », dossier « 1975-1976 » ; « Réunion annuelle de l'assemblée générale », 28-30 mars 1974, p. 12, CRCCF, FRI C76, vol. 3, dossier 4 ; « Réunion... », « Procès-verbal de la quatrième réunion du Conseil d'administration », 28 juillet 1977, p. 62-63, APRI, vol. « Procès-verbaux », dossier « 1977-1978 ».

Saint-Malo, lieux de naissance respectifs des explorateurs Samuel de Champlain et Jacques Cartier. Entre 1976 et 1981, certains clubs ont aussi organisé une demi-douzaine d'échanges entre jeunes cadiens, canadiens-français, français, franco-américains, martiniquais et wallons[184]. Le cercle de Paris se percevait, pour sa part, comme un point de ralliement des francophones de la planète, vu l'adhésion de plusieurs diplomates. Il a, par exemple, pressé l'Académie française d'admettre l'ex-président sénégalais Léopold Senghor, un premier membre africain qui deviendrait un invité assidu du cercle[185]. Cependant, les frictions interculturelles pouvaient émerger rapidement. Plusieurs cercles français par exemple ont refusé d'intégrer les rites canadiens-français, dont la prière, le chant de ralliement et la charité symbolique, qu'ils jugeaient vieillots[186].

Grâce aux efforts du Secrétariat d'État, du ministère des Affaires extérieures, de la délégation du Québec à Bruxelles et de Belges expatriés, le Richelieu a aussi acquis pignon sur rue en Belgique[187]. Le royaume vivait alors une crise constitutionnelle fédérale qui opposait la communauté wallonne longtemps dominante, mais subissant les contrecoups d'une désindustrialisation, à la communauté flamande, dynamique et grandissante. De fil en aiguille, la formation de partis politiques linguistiques a encouragé, dès 1970, la décentralisation progressive de l'État belge au profit de conseils régionaux et de communautés culturelles ayant chacune leurs

---

184. *Bulletin*, 26 février 1980, APCRM, vol. « 1975-1981 » ; « Procès-verbal », 16 avril 1975 ; Lettre de G. Brout, 24 octobre 1977 ; Lettre de Léon Degeer, 5 février 1979, APCRL, vol. « Procès-verbaux », dossiers « 1977-1978 » et « 1978-1980 » ; « Le Richelieu à l'œuvre au Forum pour jeunes canadiens », *Vie Richelieu*, vol. 27, n° 3 (juin-août 1977), p. 16 ; « Des jeunes d'ailleurs en vacance[s] chez des Richelieu canadiens », *Vie Richelieu*, vol. 30, n° 4, octobre-décembre 1980, p. 14 ; Rapport d'activités de Grégoire Pagé, 29 janvier-13 mars 1981, p. 12, APRI, vol. « Procès-verbaux » et « Vie Richelieu 1946-1980 », dossier « 1980-1981 » ; G.-Mathias Pagé, « Projets d'accueil Richelieu », 28 mars 1973 ; Jean-Paul Rieux, « Carrefours-Richelieu-Jeunesse », 17 mai 1973, CRCCF, FRI C76, vol. 3, dossier 3 ; « Une expérience enrichissante : on s'en souviendra longtemps », *La Voix de l'Est*, 3 avril 1973.

185. Simon-Pierre Nothomb, « Genèse du Cercle Richelieu Senghor », courriel envoyé à l'auteur, 5 novembre 2011.

186. « Procès-verbal d'une réunion du comité de régie », 8 juin 1973, CRCCF, FRI C76, vol. 3, dossier 3 ; « Tournée… », 16 septembre-3 décembre 1973, *op. cit.*, p. 82.

187. « Procès-verbal de la quatrième réunion du Conseil d'administration », 8 juin 1973, p. 3 ; « Rapport de la tournée en Europe », 15-30 mai 1973, p. 30-31, CRCCF, FRI C76, vol. 3, dossier 3 ; Entrevue avec Grégoire Pagé, Ottawa (Ontario), 10 mai 2011.

La confection de paniers de Noël, décembre 1982,
Edmundston (Nouveau-Brunswick), dans Archives privées
du club Richelieu d'Edmundston.

compétences propres. C'est dans ce contexte qu'un membre de
Montréal, Pierre Quoibion, qui avait maintenu des contacts dans
sa ville natale, a contribué à la fondation d'un premier club Richelieu
à Liège, ville des Lumières et hôte en 1973 de la deuxième conférence de l'ACCT. Cette ville abritait déjà des cellules des « trois
grands » *service clubs*, mais c'est la Table ronde locale qui, comme
à Lille, a fourni plusieurs membres dans la quarantaine au premier
cercle Richelieu de Belgique. Son fondateur, Jacques Levaux, voyait
le cercle liégeois agir « au service de l'idéal francophone[188] », un peu
comme les cercles en France, en nouant des liens à l'étranger et en
contribuant au rayonnement de la Wallonie.

Dans ce contexte, dès sa fondation à l'automne 1974 et surtout
après l'élection du Parti québécois en novembre 1976, le cercle de
Liège a pris l'allure d'une arène de boxe entre les tenants de la

---

188. Jacques Levaux, « Compte-rendu de la rencontre avec les délégués du Richelieu
International », 28 juin 1974, p. 3, dans APCRL, vol. « Procès-verbaux », dossier « 1974-1976 ».

souveraineté du Québec et ceux du fédéralisme canadien renouvelé. Les ministres Camille Laurin, Claude Morin et René Lévesque, voire la chanteuse Pauline Julien, y sont passés pour faire la promotion du projet de la souveraineté-association, qui allait être soumis à un référendum populaire le 22 mai 1980[189]. Un an plus tôt, Jean-Marc Léger y avançait que l'autodétermination était « l'aboutissement normal[190] » du destin d'un peuple. Pour le ministre des Affaires intergouvernementales du Québec, François Cloutier, le club liégeois constituait « un relais utile, sinon nécessaire à la promotion de "La Belle Province" en Wallonie[191] ». De son côté, l'ancien membre du Richelieu et député fédéral libéral de Cornwall (Ontario), Lucien Lamoureux, est passé annuellement au cercle de Liège, alors qu'il était l'ambassadeur du Canada en Belgique, pour rappeler non seulement l'appui du Canada à la Francophonie, mais aussi l'importance d'inclure les minorités francophones dans toute entente constitutionnelle[192]. « Particulièrement avertis sur de tels sujets[193] », selon l'ambassade canadienne, les membres du cercle de Liège n'hésitaient pas à afficher leur penchant autonomiste tout en refusant de prendre position pour ou contre l'indépendance de leur région, voire celle du Québec[194]. Ce faisant, il ressemblait au cercle d'Ottawa, lui aussi autonomiste sans allégeance particulière[195]. Le cercle de Liège s'intéressait aussi à la langue française devant le libre-échange, au soutien

189. « Un "Club Richelieu" est né à Liège », *La dernière heure*, 4 octobre 1974 ; « Visite de Pauline Julien », 19 novembre 1974 ; « Visite de l'Ambassadeur du Canada », 7 janvier 1975, p. 2 ; Camille Laurin, « Le docteur Camille Laurin a présenté son "livre blanc" », *Libre Belgique*, [printemps 1978], APCRL, vol. « Procès-verbaux », dossiers « 1974-1976 » et « 1977-1978 ».

190. Jean-Marc Léger, « Causerie prononcée à l'intention du club Richelieu, Liège », 9 mai 1979, p. 3, APCRL, vol. « Procès-verbaux », dossier « 1978-1980 ».

191. « Assemblée générale », 4 novembre 1976, APCRL, vol. « Procès-verbaux », dossier « 1974-1976 ».

192. « L'Ambassadeur du Canada à Liège », *Gazette de Liège*, 17 octobre 1977, APCRL, vol. « Procès-verbaux », dossiers « 1974-1976 » et « 1977-1978 » ; « Assemblée générale », 4 novembre 1976, p. 2, APCRL, vol. « Procès-verbaux », dossier « 1974-1976 ».

193. « Documentation pour discours sur cda et Francophonie : De bru à extott », 27 janvier 1981, p. 2, BAC, Fonds MAE RG25, vol. 12572, dossier 26-6.

194. Discours sur les relations économiques. Monsieur le Président, [printemps 1975] ; « Procès-verbal : conseil d'administration », 19 janvier 1976 ; « M. Outers : la Wallonie est aliénée dans un État unitaire », *Libre Belgique*, 15 janvier 1976, APCRL, vol. « Procès-verbaux », dossier « 1974-1976 ».

195. Discours sur les relations économiques, [printemps 1975] 4 p. ; « Procès-verbal. Conseil d'administration », 19 janvier 1976 ; « M. Outers : La Wallonie est aliénée dans un

médical francophone dans les régions du tiers-monde[196] et au Zaïre, l'ancienne colonie belge où l'on espérait faire « rayonner sans impérialisme[197] » le commerce, la culture et la liberté.

Cet engouement pour la Francophonie a fini par se muter, lors d'un congrès des cercles européens en 1978, en critique de la timidité du Richelieu nord-américain. Selon les délégués, le pendant canadien-français agissait parfois comme « une médiocre imitation du Rotary ou du Lion » et, ce faisant, négligeait sa « mission linguistique et culturelle[198] ». La charité locale étant insuffisante, les cercles européens appelaient pour la formation une fondation caritative qui appuierait des œuvres d'envergure dans la Francophonie. Grégoire Pagé a tenté de voir en ces emportements des efforts par les cercles de Liège et de Paris pour s'approprier le Richelieu. Le CA leur a donc accordé une latitude, car ces deux en particulier comprenaient chacun 80 membres et se chargeaient du recrutement dans plusieurs villes de France et de Belgique[199]. À l'occasion du millénaire de Liège, célébré au début mai 1980, le cercle local y a tenu un congrès pour la chaîne entière, preuve que les désaccords n'empêchaient pas la fraternité, ni même entre Lucien Lamoureux et René Lévesque, qui y ont assisté quelques semaines avant le référendum sur la souveraineté-association[200]. De toute évidence, le Richelieu était devenu un haut lieu de rencontres diplomatiques en Europe.

État unitaire », *Libre Belgique*, 15 janvier 1976, dans APCRL, vol. « Procès-verbaux », dossier « 1974-1976 ».

196. « Une francophonie consciente, organisée et agissante », *Gazette de Liège*, 4 avril 1976 ; « La formation, une assise essentielle du développement », *La Wallonie*, 4-5 février 1978, dans APCRL, vol. « Procès-verbaux », dossiers « 1974-1976 » et « 1977-1978 » ; « Procès-verbal… », 22 novembre 1978, *op. cit.*, p. 2.

197. « Économie et Francophonie. Rayonner sans impérialisme », *Libre Belgique – Gazette de Liège*, 1er juillet 1976, dans APCRL, vol. « Procès-verbaux », dossier « 1974-1976 ».

198. « Rapport de doctrine présenté au Congrès de district n° 12 », 5 mai 1978, p. 4-5, dans APRI, vol. « Procès-verbaux », dossier « 1977-1978 » ; Jo Viliher, « Lettre à mes amis Richelieu et dames Richelieu du Nouveau Monde et de la Nouvelle-France ! », *Vie Richelieu*, juillet-septembre 1979, *op. cit.*, p. 11.

199. « Assemblée générale. Rapport du secrétaire », 1er septembre 1977, p. 3 ; « Fondation Richelieu », [printemps 1978] ; Grégoire Pagé, « Rapport du délégué général », [printemps 1978], p. 15, dans APRI, vol. « Procès-verbaux », dossiers « 1976-1977 » et « 1977-1978 ».

200. « Congrès-vacances de Liège. Vivre la Francophonie », 1er-15 mai 1980, p. 55, dans APRI, vol. « Procès-verbaux », dossier « 1979-1980 ».

Pendant cette période, les énergies consacrées à l'expansion ont aussi rapporté dans les Départements d'outre-mer (DOM), où les révoltes des esclaves n'avaient pas mené à l'indépendance politique ni au renvoi des colons blancs. Les années 1970 y étaient remplies d'espoir, devant l'ouverture de sa première université et la reconnaissance officielle du créole, qui promettaient de réduire les écarts les descendants d'Afrique et ceux de la métropole[201]. Lors d'une mission en octobre 1974, Pagé y a trouvé des Antillais avides de tisser des liens avec le Québec; les DOM antillais pourraient devenir une région touristique privilégiée par les Canadiens français pensait-il[202]. C'est le gérant d'une succursale de la Banque Royale du Canada qui a mené un projet d'affiliation visant à « mêler les races, les classes et les professions[203] », s'inspirant visiblement de l'antiracisme de l'époque. Entre 1976 et 1981, d'autres clubs seraient fondés en Martinique, en Guadeloupe et en Guyane.

On aurait bien voulu fonder un cercle à Haïti, vu le potentiel de ces cinq millions de francophones à la porte de l'Amérique du Nord, mais la première mission avait calmé les ardeurs. Plus encore, le Comité haïtien de développement patriotique de Montréal avait accusé le Richelieu de faire « un appui direct à la dictature[204] » s'il optait pour s'y établir[205]. Légèrement moins optimiste, le siège social a attendu de recevoir l'appui du MAE. Lors d'une mission subventionnée à Port-au-Prince en avril 1977, Grégoire Pagé a obtenu une demande d'affiliation de 12 « jeunes dynamiques [...] engagés dans l'avenir de leur pays[206] » et établi des contacts au Cap-Haïtien et à Pétionville, deux villes parmi les plus prospères du pays. L'ambassadeur du Canada, Raymond Leys, avait pourtant peu d'espoir que ces projets se concrétisent. Pagé a donc suggéré qu'une éventuelle fondation

---

201. Jacques Dumont, *L'amère patrie: histoire des Antilles françaises au XXᵉ siècle*, Paris, Éditions Fayard, 2010, p. 12-13, 192-199 et 234.

202. « Le Richelieu International en Haïti », 17 mars 1973, CRCCF, FRI C76, vol. 3, dossiers 3 et 4.

203. « Synthèse du compte rendu de la tournée [...] en Martinique et en Guadeloupe », 13-29 octobre 1974, p. 39 et 45, CRCCF, FRI C76, vol. 3, dossiers 3 et 4.

204. « Le Richelieu International en Haïti », 17 mars 1973, dans CRCCF, FRI C76, vol. 3, dossier 3.

205. « Synthèse... », 13-29 octobre 1974, *op. cit*, p. 39, 45.

206. « Mission des Antilles », avril 1977, p. 26, dans APRI, vol. « Procès-verbaux », dossier « 1976-1977 ».

internationale du Richelieu soutienne les œuvres des clubs, ce qui aurait été une situation tout à fait unique. Retournant à la Perle en janvier 1980, Pagé a pourtant été fort déçu de ne pouvoir retrouver le groupe formé trois ans plus tôt, de ne trouver que les promesses d'ivrogne d'un ministre – en plus de dire des faussetés, il était ivre pendant l'entretien – et de ne pas avoir rencontré assez de nouveaux gens pour affilier un cercle[207]. Cette mission à Haïti serait la dernière.

On était aussi déçu de n'avoir réussi à former qu'un cercle africain. Heureusement pour le Richelieu, le gouvernement canadien s'intéressait de plus en plus à la Francophonie et à l'Afrique, qui désormais recevait la moitié de son budget en aide au développement[208]. Ce faisant, l'État fédéral a tendu la main au Richelieu pour qu'il redouble d'efforts sur le continent. Lors d'une mission au Zaïre en 1973, le président du Richelieu et l'ambassadeur du Canada ont visité ensemble l'orphelinat subventionné par le club Mobutu. Toutefois, ce dernier dérogeait des attentes lorsqu'il a demandé au club de Liège de «prendre la charge d'un étudiant non boursier» ou encore formulé plusieurs prétextes pour justifier son incapacité à payer son adhésion annuelle[209]. Le Richelieu n'avait pas choisi le Zaïre comme lieu d'enracinement et on en est venu à croire que le succès serait plus probable dans le phare de l'Afrique de l'Ouest et fief de Senghor, le Sénégal. Une mission à Dakar la même année a initié la formation d'un cercle avec des diplomates français et des gens d'affaires associés à la Chambre de commerce locale. Paul-Émile Bélanger ne s'est pas arrêté là. À Abidjan, il a rencontré le chef de protocole de l'Assemblée nationale et le conseiller culturel de l'ambassade de France, qui lui a promis de constituer un cercle composé à «70 % d'Africains [...] au moins[210]».

---

207. Lettre de Grégoire Pagé à Denis Potvin, 28 janvier 1981, dans BAC, FMAE RG25, vol. 12572, dossier 26-6.

208. David R. Morrison, *Aid and Ebb Tide : A History of CIDA and Canadian Development Assistance*, Waterloo, Wilfrid Laurier University Press, 1998, p. 455.

209. Lettre de Masunga Bembo Dilu à Mathias Pagé, 9 juin 1978 ; Kimeso Nkuwu Nsungu et Mampuya Kela, Lettre au Président du Club Richelieu de Liège Belgique, 25 mai 1979 ; Lettre de Masunga Bembo Dilu à Mathias Pagé, 24 mai 1979, dans APRI, vol. «Clubs», dossier «07164 Mobutu».

210. «Mission effectuée en Afrique», 11-25 mars [1973], p. 7-8, dans CRCCF, FRI C76, vol. 3, dossier 3.

Selon un dîner tenu le 30 octobre 1973, auquel ont pris part des Français et un Canadien, ce souhait semble s'être réalisé[211]. À Niamey, le club Lion local était composé d'Occidentaux à 92 %, ce qui a amené Bélanger à imaginer quelques cercles Richelieu au Niger[212]. La secrétaire du président Diori Hamani, une Québécoise, a organisé une audience avec l'«homme très cultivé» et charmant. Bélanger en a toutefois retenu l'impression que les restrictions à la liberté de presse empêcheraient le Richelieu de s'y établir. Ainsi, seul le club de Dakar a mené à terme une affiliation pendant la décennie.

Le Richelieu a aussi entrevu la formation de cercles au Moyen-Orient et en Asie du Sud-Est. L'ambassadeur du Canada en Tunisie a également accordé son soutien à la formation d'un club à Tunis et Pagé y a cru pendant un moment. «L'état particulier des musulmans de la Tunisie», a-t-il remarqué lors d'une mission à l'automne 1973, «[...] se rapproche beaucoup plus de l'Européen que de l'Africain[213].» Le «Rotary et le Lion» y auraient aussi été «réservés à une élite[214]» exclusive, mais les efforts n'ont pas abouti. Au Caire, c'est un prêtre catholique qui a porté un projet d'affiliation, mais le CA craignait que «la censure égyptienne» lui pose des obstacles. En juin 1974, Grégoire Pagé a visité le Liban, qui avait été un DOM jusqu'en 1944 et dont la classe moyenne était largement chrétienne et francisée[215]. En 1981, Pagé a aussi établi des contacts dans le DOM de la Nouvelle-Calédonie, où les 50 000 francophones représentaient 30 % de la population. Il a donc proposé la formation d'un cercle s'il pouvait obtenir l'appui du ministère des Affaires extérieures[216]. La présence de documents dans les fonds du MAE révèle qu'Ottawa suivait le dossier, même si cette curiosité ne s'est pas transformée en appui formel.

---

211. «Rapport du séjour en Afrique», 20 octobre-4 novembre 1973, *op. cit.*, p. 58-59.

212. «Rapport... », 20 octobre-4 novembre 1973, *op. cit.*, p. 61.

213. Grégoire Pagé, dans «Procès-verbal... », 9 novembre 1973, *op. cit.*, p. 5.

214. «Procès-verbal de la troisième réunion du Comité exécutif», 6 février 1976, p. 41, dans APRI, vol. «Procès-verbaux», dossier «1975-1976».

215. «Procès-verbal d'une réunion du comité d'expansion», 28 avril 1973, p. 2; «Rapport de la mission [...] à l'expansion à Paris, Liège, Genève et Beyrouth», 3-30 juin 1974, p. 29, dans CRCCF, FRI C76 vol. 3, dossier 3.

216. Denis Turcotte, «La Francophonie Océanienne: situation actuelle et évolution future», [1981], p. 7; Lettre d'Armand Moudave de Mézières à Mathias Pagé, 1er octobre 1981, dans BAC, FMAE RG25, vol. 12572, dossier 26-6.

Plus globalement, le Richelieu a continué de nourrir une certaine solidarité canadienne-française, même si ce n'était plus que de manière implicite. Par exemple, il a réduit l'esprit fondateur à une tradition administrative en parlant des « cadres traditionnels » envers lesquels les membres ressentaient toujours un certain devoir. Le CA et le siège social à Ottawa n'ont pas fait plus, vu l'intérêt décroissant des Québécois pour les minorités, mais aussi la concurrence active des projets canadien et francophone, tous deux, fortement subventionnés par les gouvernements du Canada et du Québec, et dans une moindre mesure l'ACCT. En un sens, l'expansion à l'étranger ressemblait parfois à un pis aller pour le Richelieu. Cependant, le développement des rapports entre peuples francophones, certes parfois superficiels, a suscité un engouement sincère chez les nouveaux et anciens membres. Belges, Franco-Ontariens, Québécois et Sénégalais confondus s'y sont intéressés, même s'ils s'y investissaient chacun pour leurs raisons. Ce vague idéal comportait certaines convergences, qu'on soulignait en rappelant les efforts rassembleurs déployés pour le Canada français d'autrefois. Entre 1973 et 1981, on a fondé une dizaine de clubs par année, dont la moitié au Québec, signe de l'intérêt que la nouvelle mission y suscitait. Douze cercles en France, neuf en Ontario, sept en Acadie, six en Martinique, six en Guadeloupe, cinq en Belgique, quatre en Nouvelle-Angleterre, trois dans l'Ouest canadien, un en Floride et un au Sénégal se sont également joints au mouvement[217]. Ce faisant, le Richelieu avait mis le pied sur trois continents.

* * *

L'organisme avait établi un réseau reliant les îlots de l'Amérique française à une époque où cette solidarité par-delà les frontières était une dimension incontournable du nationalisme canadien-français. Devant le démantèlement du Canada français, le Richelieu s'est engagé sur la voie particulière de la Francophonie, mais ces efforts ont été confrontés au libéralisme social, qui laissait peu de

---

217. « Liste des clubs Richelieu », 4 février 2013, p. 8-12, APRI, vol. « Base de données électronique ».

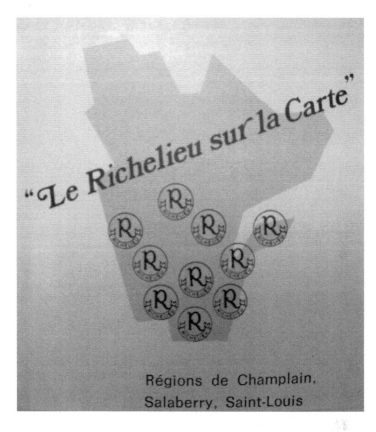

"Le Richelieu sur la Carte"

Régions de Champlain, Salaberry, Saint-Louis

Publicité promotionnelle pour l'expansion du Richelieu au Québec, ca. 1975, dans CI, APRI, Ottawa (Ontario).

place à la nation organique d'autrefois. Le Richelieu a donc réformé ses structures administratives, écarté certains cercles qui voulaient le québéciser et lancé des lignes au monde francophone, contribuant ainsi à solidifier l'archipel de la Francophonie. En ménageant les sensibilités régionales, les projets nationaux fragmentés, le respect du Canada français et l'engouement pour la Francophonie, le Richelieu a su gérer une crise, affronter une tempête et en ressortir indemne, même sa direction déviait du parcours établi par les fondateurs.

Pendant la décennie 1970, le Richelieu a continué de nourrir un certain esprit canadien-français, même en mobilisant le développement d'une Francophonie mondiale, car le mouvement est demeuré largement canadien-français tant par le poids de la distribution géographique de ses clubs que par le maintien de plusieurs coutumes et idéaux. L'organisme a associé son esprit fondateur à une tradition administrative, celle des «cadres traditionnels», un héritage envers lequel plusieurs membres de longue date se sentaient toujours redevables. Toutefois, il semblait largement impuissant à contrer les tendances lourdes de l'époque, telles la marginalisation de l'intérêt des Québécois pour les minorités canadiennes-françaises et acadienne, ainsi que la progression constante des projets canadien et francophone, subventionnés par les gouvernements. La promotion de la langue et des cultures françaises dans le monde a insufflé un dynamisme nouveau, comparable en intensité mais plus ambigu au niveau des objectifs, que le nationalisme canadien-français.

Le Canada français s'est-il perdu entre la provincialisation des discours nationalistes et l'émergence d'un discours francophone mondial? Il a plutôt été coincé entre la fragmentation des identités et la mondialisation des cultures, deux conséquences des mutations des décennies 1960 et 1970. Pourtant, le pari qu'a fait le Richelieu, en contribuant à ériger un nouvel échelon de solidarité francophone, a aussi contribué à affaiblir le nationalisme canadien-français dans un des rares lieux où les Québécois et les minorités francophones participaient d'un même idéal. En somme, la mondialisation des référents identitaires a eu un rôle à jouer, simultanément aux autres tensions qui touchaient les débats constitutionnels et les rapports Ottawa-Québec et minorités-majorité, dans l'énigmatique démantèlement du Canada français.

À l'ère de la participation, ces hommes ont pourtant été confrontés parallèlement à une autre question inéluctable: la place des jeunes et des femmes au sein d'un tel mouvement.

CHAPITRE 3

La démocratisation des rapports sociaux (1960-1981)

A PRÈS LA DEUXIÈME GUERRE MONDIALE, le dynamisme des mouvements d'action catholique, la croissance des revenus, la
montée de la mondialisation et le culte de la consommation
avaient déjà commencé à ronger l'autorité de la famille et de l'Église
comme institutions publiques. Ce faisant, il devenait plus facile
pour un jeune de se libérer des attaches nationales ou religieuses
que l'Histoire lui avait imposées[1]. Le catholicisme est demeuré un
important lieu d'encadrement pendant la décennie 1960, alors que
l'État cherchait surtout à coopter l'institution familiale pour la
transformer en intermédiaire entre l'État et les individus[2]. Pendant
la décennie 1970, cette libéralisation s'est transformée en démocratisation des rapports sociaux, au point de transformer la notion
même d'une relation saine. Le consensus émergent sur l'égalité des
individus a d'abord mené le Richelieu à démocratiser ses structures
administratives, mais l'organisme s'est seulement plus tard assoupli
quant à la place des femmes et des jeunes dans l'espace public, car
les relents de paternalisme freinaient l'élargissement de la participation. Et notons, en dépit des nombreuses similitudes avec les
clubs du Québec et ceux en sa périphérie, les rapports sociaux qui
ont évolués plus lentement dans les clubs des milieux minoritaires.

---

1. Simon Langlois, « Un cas typique de mutation de la référence nationale : le Canada
français », dans Simon Langlois, dir., *Identité et cultures nationales. L'Amérique française en
mutation*, Québec, Les Presses de l'Université Laval, 1995, p. 3-14 ; Sean Mills, *Contester
l'empire : pensée postcoloniale et militantisme politique à Montréal, 1963-1972*, Montréal, Les
Éditions Hurtubise, 2011, 349 p.

2. Michael Gauvreau, *Les origines catholiques de la Révolution tranquille*, Montréal,
Éditions Fides, 2008, p. 140-141.

Les rapports entre hommes comme premier lieu de démocratisation

Dans une société où chacun avait eu un rôle défini – on était père de famille avant d'être un individu masculin –, les membres fondateurs avaient accepté une vision commune pour le Richelieu sans trop se préoccuper de leur imputabilité devant les membres. À ses débuts, le mouvement avait un conseil permanent (CP) composé d'administrateurs (nommés par les clubs), chargés de nommer un conseil exécutif (CE) dont la majorité devait venir d'Ottawa-Hull. La capitale était nettement surreprésentée dans ce second organe, mais la formule permettait au CE d'atteindre le quorum plus facilement, à une époque où les conseils tenaient des rencontres hebdomadaires et les déplacements sur de grandes distances se réalisaient plus difficilement. Preuve de l'influence qu'occupait toujours l'Église au milieu du siècle, ses structures régionales avaient été conçues pour respecter « autant que possible les limites territoriales des diocèses[3] ». L'autorité du CE était vue comme un mécanisme d'efficacité pour rendre le mouvement plus souple, mais le courant personnaliste et la progression de l'idéal de l'égalité ont fini par miner sa légitimité. Les membres ont commencé à lui exiger plus de transparence et à réclamer une meilleure participation des membres aux processus décisionnels grâce à de nouvelles structures de représentativité. Ainsi, sur quatre ans à partir de 1962, le Richelieu a répondu en augmentant le nombre de régions administratives de 12 à 23[4]. Dès février 1964, il a aussi introduit des conseils consultatifs pouvant coordonner les initiatives des clubs dans chacune de ces régions[5].

---

3. « Procès-verbal de la treizième réunion du Conseil d'administration », 1er août 1963, p. 2, dans Centre de recherche en civilisation canadienne-française (CRCCF), Fonds Richelieu International (FRI) C76, vol. 1, dossier 3.

4. « Projet de distribution des Conseils régionaux tenant compte du domicile des administrateurs actuels de la Société et des moyens de communication », [1965], « Procès-verbal de la sixième réunion et troisième plénière du Conseil d'administration », 8 juillet 1965, p. 4, dans CRCCF, FRI C76, vol. 1, dossier 8.

5. Claude Gaudreau, « But des clubs Richelieu. 6e congrès général des Maritimes », 3-4 juin 1966; Roger Lacerte, « Rapport du premier congrès inter-régional », 3 décembre 1966, dans Archives privées du club Richelieu de Manchester (APCRM), Manchester

Ces mesures ont plu à certains, mais elles n'ont pas suffi pour calmer la grogne des membres les plus revendicateurs. En 1965, le CE a mené une consultation auprès des membres où l'on pouvait entendre certains suggérer le déménagement du siège social au Québec ou la division du mouvement en fédérations distinctes pour le Québec, l'Acadie, l'Ontario et la Nouvelle-Angleterre[6]. L'élite d'Ottawa croyait toutefois que la formation de fédérations provinciales avait contribué à l'effondrement de la Fédération nationale des Sociétés Saint-Jean-Baptiste (FNSSJB) et de l'Ordre de Jacques Cartier (OJC)[7]. Au grand jour, les dirigeants avançaient qu'un organisme, ayant bientôt des ambitions internationales, avait intérêt à demeurer dans la capitale de son pays d'origine. En coulisse cependant, on avouait vouloir s'éclipser de « l'esprit de clocher » et des « récentes erreurs[8] » de l'OJC et de la FNSSJB, ce qui a mené le Richelieu, en se tenant loin de telles propositions dans ses réformes, à reconnaître la volonté d'appropriation chez les membres. En juin 1966, il a rompu avec la tradition de nommer une majorité d'administrateurs ottaviens[9] et lancé deux comités permanents, auprès des anciens présidents pour étudier des questions sur le long terme et auprès des gouverneurs pour cerner les préoccupations locales. Au besoin, on lancerait aussi des comités ponctuels pour des questions liées à la gouvernance[10]. La multiplication des corps consultatifs a mené le CE à ne se rencontrer qu'une fois par mois (et non plus à chaque semaine), à offrir des primes de déplacement

(New Hampshire), vol. « 1966 » ; « Procès-verbal de la quatorzième assemblée annuelle », 28-29 février 1964, 5 p., dans CRCCF, FRI C76, vol. 1, dossier 4.

6. « Procès-verbal de la quinzième réunion du Conseil d'administration », 18 février 1965 ; « Procès-verbal de la réunion du conseil consultatif », 8 octobre 1965, p. 2 ; « Procès-verbal de la quatorzième réunion du Conseil d'administration », 5 janvier 1966, p. 2, dans CRCCF, FRI C76, vol. 2, dossier 1.

7. « Procès-verbal de la réunion du conseil consultatif », 8 octobre 1965, p. 2 ; « Procès-verbal de la douzième réunion du Conseil d'administration », 2 décembre 1965, p. 2 ; « Procès-verbal de la quinzième réunion du Conseil d'administration », 18 février 1966, dans CRCCF, FRI C76, vol. 2, dossier 1.

8. Gérard Bernier, « À un carrefour », *Le Droit*, 11 février 1966.

9. Renée Veilleux et Céline Deschênes, *Dans les sentiers de l'amitié : Richelieu International 1944-1994*, Mont-Joli, Imprimerie Mont-Joli, 1994, p. 107.

10. « Projet de distribution des Conseils régionaux tenant compte du domicile des administrateurs actuels de la Société », [1965] ; « Recommandation N° 2 », juin 1966, 4 p., dans CRCCF, FRI C76, vol. 2, dossier 1.

aux administrateurs vivant à l'extérieur de la capitale et à recruter à sa table des avocats appelés aux barreaux du Haut-Canada, du Massachusetts, du Nouveau-Brunswick et du Québec[11].

Pourtant, cette kyrielle de réformes ne suffisait toujours pas pour certains membres, qui tenaient « à voter pour un représentant qu'ils connaiss[ai]ent [et] qui pourra[it] exprimer leurs opinions au conseil d'administration[12] ». On craignait que l'existence de districts à l'américaine lui fasse trop contrepoids et voulait laisser aux conseils régionaux le temps de s'implanter. En février 1967, l'assemblée générale en a pourtant décidé autrement. Avec 115 voix contre 40, une résolution exigeant la formation de districts, représentatifs de la répartition géographique des membres et dirigés par des administrateurs élus a été adoptée[13]. Cette décision « lourde de conséquences » a été acceptée au CE avec une courte majorité de sept voix contre six. À l'assemblée de février 1968, on a procédé à l'élection démocratique de gouverneurs pour 11 nouveaux districts qui siégeraient à un tout nouveau conseil d'administration (CA). Les districts ont tenu leurs premiers congrès à l'automne, faisant du coup disparaître les conseils régionaux[14]. En revanche, si ces districts cherchaient à « maintenir dans les clubs un enthousiasme quelconque[15] » pour la mission du mouvement, l'élite d'Ottawa avait de nouveau créé des districts qui regroupaient des régions historiques de colonisation, dont la Baie des Chaleurs, le Nord et l'Outaouais. Ainsi, on avait reconnu les doléances de ceux qui réclamaient la démocratisation et la décentralisation, tout en écartant la québécisation du réseau.

---

11. « Procès-verbal de la douzième assemblée annuelle », 16-17 février 1962, p. 7 ; « Procès-verbal de la dix-huitième réunion et troisième plénière du Conseil d'administration », 26 septembre 1963, p. 3 ; « Prévision budgétaire », [février] 1967, dans CRCCF, FRI C76, vol. 1 et 2, dossiers 1, 3 et 8.

12. « Procès-verbal de la neuvième réunion du Conseil d'administration », 6 octobre 1966, p. 5, dans CRCCF, FRI C76, vol. 2, dossier 2.

13. « Procès-verbal de la dix-septième assemblée générale annuelle », 10-11 février 1967, p. 11 ; « Annexe A – Résolutions relativement à la formation de districts », 11 février 1967 ; « Procès-verbal de dix-huitième réunion annuelle », 23 février 1968, p. 3-5, dans CRCCF, FRI C76, vol. 2, dossiers 2 et 4.

14. Germain J. Labonté, « Les 20, 21 et 22 juin. Premier congrès de district tenu en Ontario », *Le Richelieu*, vol. 19, nº 4, juillet-août 1969, p. 2, dans CRCCF, Fonds Club Richelieu Ottawa (FCRO) C117-2, vol. 10, dossier 19.

15. « Procès-verbal de la réunion du conseil consultatif », 8 octobre 1965, p. 3, dans CRCCF, FRI C76, vol. 2, dossier 1.

La persistance du paternalisme
vis-à-vis des jeunes et des femmes

Initialement, les membres pensaient pouvoir démocratiser les structures administratives tout en maintenant le club comme lieu social exclusif à l'«homme mûr[16]» et «viril[17]». Un soir par semaine, les membres «ennuyés par les tracas de la vie [...] fout[taient] [leur]s bœufs[18]» pour participer à un souper, à une partie de chasse ou à une excursion de pêche[19]. À l'occasion, on s'en prenait aux quelques «vieux garçons» des clubs, qu'on soupçonnait peut-être d'être homosexuels[20]. L'alcoolisme demeurait toujours un défi dans certains clubs, mais en novembre 1963, le mouvement affirmait avoir réussi une «diminution considérable dans l'usage de la boisson dans les suites[21]» du congrès. En principe, cette évasion de la domesticité vers le loisir devait toujours servir à l'épanouissement du membre pour qu'il apprenne la ponctualité, soigne son parler et fasse preuve d'initiative[22]. Pas dépourvues de relents corporatistes pour autant, les rencontres visaient à favoriser la convivialité entre l'homme d'affaires, le médecin et le fonctionnaire, d'où la coutume de se surnommer «Richelieu» au lieu d'évoquer les titres

---

16. *Bulletin*, 24 février 1964, dans Bibliothèque et Archives nationales du Québec – Montréal (BAnQ-M), Montréal (Québec), Fonds Club Richelieu Montréal (FCRM) P206, bobine 6392, image 984.

17. Robert Fournier, «Le Richelieu viril», *Le Richelieu*, vol. 16, n° 3, mai-juin 1966, p. 12, dans APRI, vol. «Vie Richelieu 1946-1980».

18. «Les sourires de la semaine», *Le Richelieu*, mars-avril 1961, *op. cit.*, p. 8.

19. «Procès-verbal de la vingt-et-unième réunion régulière du Conseil d'administration», 21 novembre 1963; «Procès-verbal de dix-huitième réunion annuelle», 23 février 1968, p. 3-5, dans CRCCF, FRI C76, vol. 1 et 2, dossiers 4 et 8; Diane Vallée, *Rappels et reconnaissance 1946-1996. Cinquantenaire du Club Richelieu Mont-Joli*, Mont-Joli, Imprimerie Mont-Joli, 1996, p. 34.

20. «Assiduité aux soupers», *Le Richelieu*, vol. 10, n° 3, mai-juin 1960; «Bon Richelieu, tu seras si...», *Le Richelieu*, vol. 11, n° 2, mars-avril 1961, p. 3, 8; Paul-Émile Gagnon, «La fraternité», *Le Richelieu*, vol. 16, n° 1, janvier-février 1966, p. 14; «Liste des membres du Club Richelieu Manchester», 1972, dans Archives privées du Richelieu International (APRI), Ottawa (Ontario), vol. «Clubs» et «Vie Richelieu 1946-1980», dossier «07086 Manchester»; *Bulletin*, 12 janvier 1961, dans CRCCF, FCRO C117-2, vol. 7, dossier 4.

21. «Procès-verbal de la vingt-et-unième réunion régulière du Conseil d'administration», 21 novembre 1963, dans CRCCF, FRI C76, vol. 1, dossier 8.

22. «Les insolences du Richelieu Untel», *Le Richelieu*, vol. 10, n° 6, novembre-décembre 1960, p. 2, dans CRCCF, FCRO C117-2, vol. 10, dossier 17.

professionnels[23]. En pratiquant l'écoute active, on pouvait comprendre diverses perspectives et atténuer les idées « extrémistes, utopiques et fanatiques[24] ».

Le besoin pour cet « état d'âme », qui se faisait criant dans le contexte de la guerre froide, devait aussi déboucher sur le développement de la culture humanitaire[25]. Pour l'administrateur Robert Fournier, les membres devaient dépasser leur égoïsme pour « chercher [...] un bien commun infini[26] ». « Nous sommes vraiment Richelieu et vraiment hommes », a constaté le fondateur, Horace Viau, lors d'un congrès, « lorsque notre être et notre vie se déploient sous l'empire de la charité[27]. » Pour « remplir » le coffre des œuvres, le membre devait « payer de sa personne » et mobiliser ses réseaux[28]. « En retour du soulagement, de l'encouragement, [et] de l'aide que j'ai pu apporter à des enfants déshérités, infortunés, éprouvés par la vie », a écrit un membre pour encourager ses confrères, « j'ai été payé d'une monnaie que l'on ne peut pas calculer ni évaluer, mais dont on peut jouir à l'infini[29]. » Lorsque le membre prenait le temps « de descendre dans la rue et de toucher à la pauvreté[30] », il pouvait être rappelé à quel point il était « chanceux » d'avoir les moyens de soutenir l'enfance malheureuse[31].

---

23. Ulric Bouchard, « Richelieu – Club Social », *Le Richelieu*, vol. 16, n° 2, mars-avril 1966, p. 11, dans APRI, vol. « Vie Richelieu 1946-1980 » ; « Procès-verbal... », 16-17 février 1962, *op. cit.*, p. 6.

24. « Mémoire conjoint à la Commission Royale d'Enquête sur le Bilinguisme et le Biculturalisme », décembre 1964, dans Bibliothèque et Archives Canada (BAC), publications CA1 21 63 B31 B209.

25. *Ibid.*, p. 4.

26. Robert Fournier, « Le Richelieu viril », *Le Richelieu*, vol. 16, n° 3, mai-juin 1966, p. 12, dans APRI, vol. « Vie Richelieu 1946-1980 ».

27. Horace Viau, « Le Richelieu en l'an 2000 », *Le Richelieu*, vol. 10, numéro spécial, 1960, p. 8, dans CRCCF, FCRO C117-2, vol. 10, dossier 17.

28. « La Fraternité », *Le Richelieu*, vol. 14, n° 4, juillet-août 1964, p. 11 ; « Procès-verbal de la sixième réunion », 7 juillet 1966 ; « Synthèse d'une journée d'étude des gouverneurs régionaux et de certains administrateurs », 30 juin 1967, p. 15, dans CRCCF, FRI C76, vol. 2, dossiers 7 et 8 et FCRO C117-2, vol. 10, dossier 17.

29. *Le Richelieu*, vol. 10, n° 2, mars-avril 1960, p. 4, dans APRI, vol. « Vie Richelieu 1946-1980 ».

30. « Procès-verbal de l'assemblée des gouverneurs », 6 octobre 1966, dans CRCCF, FRI C76, vol. 2, dossier 2.

31. *Bulletin*, 24 avril 1962, p. 3, dans BAnQ-M, FCRM P206, bobine 6392, image 819.

La représentation du père responsable se maintenait, tout comme un certain paternalisme à l'endroit de la jeunesse. Au club d'Edmundston, le père était toujours représenté comme un pourvoyeur familial, auquel les enfants devaient leur admiration[32]. Les membres ne réfutaient pas que les enfants avaient des droits, mais se frustraient de ne plus pouvoir transmettre « d'anciennes traditions » comme l'avaient fait leurs pères[33]. En milieu urbain, on s'indignait aussi contre « la fièvre maladive des éléments prématurés de notre jeune génération de vouloir tout bouleverser et de se couper totalement du passé[34] » ou encore contre la « maturité précoce » de ceux qui se laissaient bercer par des doctrines « totalement socialistes[35] », pour citer le romancier Yves Thériault devant le cercle de Montréal. Ainsi, les cercles ont continué d'organiser des soupers « pères et fils », tandis que les Dames d'Edmundston et les autres cercles auxiliaires ont tenu des soupers « mères et filles ». On voulait familiariser les jeunes avec « l'élite des Canadiens français », façonner « la prochaine génération[36] » et miner « la révolte ». En se rapprochant des jeunes, on croyait pouvoir les éloigner de la dérive. En 1960, le mouvement a fondé un jeune club Richelieu à Québec, mais le projet pilote n'a pas été jugé assez satisfaisant pour répéter l'expérience[37]. En 1962, on a plutôt opté pour la diminution de l'âge d'admission aux cercles existants de 25 à 21 ans, car la place faite aux jeunes assurerait leur pérennité[38]. Ceux qui

---

32. Madame Edgar P. Fournier, « Le Père », *Le Républicain*, 16 décembre 1965, p. 2, dans Archives privées du Club Richelieu Edmundston, Edmundston (Nouveau-Brunswick) (APCRE), vol. « Le Républicain ».

33. « Dignité du mariage et de la famille », *Le Républicain*, 22 août 1967, p. 2, dans APCRE, vol. « Le Républicain » ; « Les droits de l'enfant », *Le Richelieu*, *op. cit.*, juillet-août 1961.

34. *Le Richelieu*, *op. cit.*, janvier-avril 1964.

35. Yves Thériault, « La révolte des jeunes est plus qu'un simple conflit de génération », *La Presse*, 29 janvier 1965.

36. « Le souper père-fils », *Le Républicain*, 25 avril 1967, dans APCRE, vol. « Le Républicain » ; « Les enfants des Richelieu de Sainte-Anne-de-la-Pocatière », *Le Richelieu*, vol. 17, n° 5, octobre 1967, p. 15, dans APRI, vol. « Vie Richelieu 1946-1980 ».

37. « Procès-verbal de la quinzième assemblée du Conseil d'administration », 16 septembre 1960 ; « Procès-verbal de la vingt-sixième assemblée régulière du Conseil d'administration », 17 février 1961, dans CRCCF, FRI C76, vol. 1, dossier 7.

38. « Rapport du Comité des anciens présidents généraux de la Société Richelieu », octobre 1962, p. 2, dans CRCCF, FRI C76, vol. 1, dossier 8 ; *Le Richelieu*, juillet-août 1964, *op. cit.*, p. 3.

attendaient leur 21ᵉ anniversaire pouvaient participer aux scouts ou à l'Action catholique[39].

Visiblement, le Richelieu chérissait toujours la tradition, la cooptation et l'appui sincère, mais quelques nouvelles tendances pouvaient être décelées. Tant à Manchester qu'à Montréal, on envisageait la possibilité de remédier à la «délinquance juvénile» non plus par la moralité, mais en agissant comme parrain et en poursuivant des études postsecondaires[40]. Un membre montréalais, un administrateur franco-américain et le cardinal Léger, par exemple, souhaitaient tous qu'on encadre davantage les jeunes pour qu'ils puissent mieux «trouver les réponses[41]» eux-mêmes. L'épanouissement culturel étant au cœur de son œuvre, le Richelieu cernait les limites de la pensée de la génération montante tout en s'ouvrant lentement à des rapports plus égalitaires.

Quant aux épouses, les membres continuaient de les inviter aux banquets, pendant lesquels plusieurs d'entre elles rendaient «honneur à [leur] race de canadiennes-françaises[42]», sans mettre en cause la complémentarité des époux. Certaines épouses, les Dames Richelieu au premier chef, tenaient même des collectes de fonds parallèles pour appuyer les œuvres caritatives du club masculin. Ce faisant, les épouses encourageaient leurs maris à être des hommes publics responsables[43]. En 1965, on pouvait toujours percevoir des traces du féminisme personnaliste chez ces épouses qui, en dirigeant une pointe au féminisme individuel, estimaient ne pas être «hostile[s] à l'autre sexe» et admiratives des «buts qu'un homme se propos[ait] d'atteindre[44]».

---

39. «Procès-verbal de la huitième assemblée régulière et deuxième plénière du Conseil d'administration», 9 juin 1962, p. 6; «Procès-verbal de la treizième assemblée du Conseil d'administration», 15-16 février 1963, p. 6, dans CRCCF, FRI C76, vol. 1, dossier 8.

40. «Conférence», *Bulletin*, 18 avril 1965, dans APCRM, vol. «1965»; *Le Richelieu*, vol. 11, nº 3, mai-juin 1961, p. 9; Michel Vary, «Une question scandaleuse», *Le Richelieu*, vol. 17, nº 2, mars-avril 1967, p. 13, dans CRCCF, FCRO C117-2, vol. 10, dossiers 17 et 18.

41. «La Fraternité (suite)», *Le Richelieu*, mai-juin 1967, *op. cit.*, p. 3-4.

42. Margot Dubois et Suzanne Patry, «Lettre aux amies Richelieu», 20 mai 1963, dans APCRM, volume «1963».

43. Gemma Dubé, «Chez les dames: l'époux intelligent», *Le Richelieu*, vol. 15, nº 5, septembre-octobre 1965, p. 5, dans CRCCF, FCRO C117-2, vol. 10, dossier 17.

44. Françoise Bourque, «Ce qui rend une femme inoubliable», *Le Républicain*, 1ᵉʳ avril 1965, p. 2, dans APCRE, vol. «Le Républicain».

Cet idéal de l'épanouissement des époux explique en partie comment les membres ne parvenaient pas à concevoir l'admission formelle des femmes aux cercles. En juillet 1963 par exemple, le CE n'a pas réagi à une demande d'affiliation de la Fédération Marguerite-d'Youville de Montréal[45]. Trois ans plus tard, le cercle de Montréal a rejeté par référendum démocratique l'idée d'ouvrir ses rangs à des recrues de l'autre sexe[46]. Le peu de traces laissées suggère que les membres ne prenaient pas trop au sérieux ces demandes. En revanche, ils avaient assez de retenue pour ne pas ridiculiser cette possibilité, car le tiers des membres montréalais avait quand même voté pour l'ascension des femmes au mouvement, signalant aussi que l'exclusivité masculine était un sujet dont on pouvait maintenant débattre de manière civile. Comme le remarquait la Dame Richelieu Marie-May Dubé, si on avait « fait cesser une situation de servitude », les femmes demeuraient aux prises d'un « monde moderne [...] pensé par des hommes », insuffisant « pour rendre la femme [contemporaine] heureuse[47] ».

Le bouleversement des idéaux sociaux

La volonté de s'épanouir, libre de toute contrainte, a fini par exiger que les institutions politiques, sociales et privées s'adaptent[48]. Au détriment de la famille institutionnelle, l'Église s'était mise à encourager les réalisations personnelles et, peut-être sans s'en rendre compte, à remettre en cause l'autorité paternelle. En 1964, le Code civil du Québec a aboli les restrictions aux droits individuels des femmes mariées et déjà une proportion grandissante d'entre elles travaillait à l'extérieur du foyer. Quatre ans plus tard, lorsque le Vatican a condamné la contraception artificielle, on aurait cru qu'il s'agissait d'un geste d'une autre époque. Si certains lamentaient la

---

45. « Procès-verbal de la douzième réunion du Conseil d'administration », 18 juillet 1963, dans CRCCF, FRI C76, vol. 2, dossier 3.

46. « Le mot du président », *Bulletin*, 21 novembre 1966, p. 2, dans BAnQ-M, FCRM P206, bobine 6392, image 1339.

47. Marie-Mai Dubé, « L'honneur d'être femme », *Le Républicain*, 26 août 1965, dans APCRE, vol. « Le Républicain ».

48. Michael Gauvreau, *op. cit.*, p. 159-162, 217-240.

marginalisation de l'Église et de la famille institutionnelle, les membres du Richelieu n'ont pas exprimé – du moins à l'écrit – le sentiment d'être lésés dans leur masculinité, comme le faisaient à l'époque les *service clubs* américains et d'autres groupements canadiens-français[49]. Dans plusieurs cas, rappelle Sean Mills, les adultes en sont aussi venus «à se voir comme étant conséquents historiquement et politiquement[50]». Donc au lieu d'emprunter un discours victimaire ou de continuer de se représenter comme unique possibilité moralement acceptable pour un homme franco-catholique, le Richelieu se dépeignait comme étant adapté aux aspirations des francophones[51]. En parallèle, le mouvement Optimiste, aussi d'origine américaine, était en train de faire des gains au Québec[52]. Au lieu de combattre les *service clubs*, le Richelieu acceptait désormais de les concurrencer, amenant certains cercles à des gestes farfelus, dont un qui construisait une piscine intérieure là où un Lions club local avait déjà construit une piscine extérieure quelques années plus tôt[53].

Quoi qu'il en soit, le Richelieu a réussi à tirer son épingle du jeu, par exemple, en attirant des membres d'un Kiwanis Club «chancelant» pour fonder un cercle à Port-Alfred (Québec) ou en affiliant une section gauloise à Chelmsford (Ontario) des Chevaliers de Champlain, créés en 1956 par l'OJC pour concurrencer les Knights of Columbus[54]. On a aussi formé de nouveaux cercles à

---

49. Sylvie Guillaume et Pierre Guillaume, «Associations et identité francophone au Canada hors Québec», dans Sylvie Guillaume, dir., *Les associations dans la francophonie*, Bordeaux, La Maison des sciences de l'Homme d'Aquitaine, 2006, p. 186; Michael Kimmel, *Manhood in America: A Cultural History*, New York, Oxford University Press, 2006, p. 173-191.

50. Sean Mills, *Contester l'empire. Pensée postcoloniale et militantisme politique à Montréal, 1963-1972*, Montréal, Éditions Hurtubise, 2011, p. 20.

51. *Bulletin*, 17 mars 1966, dans BAnQ-M, FCRM P206, bobine 6392, image 1238; Lucien Thinel, «Le coin du rédacteur», *Le Richelieu*, vol. 10, n° 1, janvier-février 1960, dans CRCCF, FCRO C117-2, vol. 10, dossier 17.

52. Cette fraternité laïque pourrait avoir séduit des Québécois puisqu'elle fonctionnait en français et avait son siège social canadien à Montréal, mais son caractère plus populaire et ses faibles frais d'adhésion expliquent sans doute aussi ce succès. «Rapport de l'agent de liaison», 15 janvier [19]72, p. 4, dans CRCCF, FRI C76, vol. 3, dossier 1; «Historique d'Optimist International», Optimist International [En ligne].

53. «L'esprit d'équipe», *La Revue Richelieu*, vol. 21, n° 6, novembre 1971, p. 4, dans CRCCF, FCRO C117-1, vol. 3, dossier 15.

54. E. Bélanger, «Development Activity of the Richelieu Clubs in Nova Scotia and in Western Canada. Report of the Liaison Officer», [février 1970], p. 6-7, dans BAC, Fonds Secrétariat d'État (FSÉ) RG6-F4, vol. 79, dossier CB9-213. «Rapport de l'agent de liaison»,

Casselman (Ontario) et à Boucherville (Québec) auprès de nationalistes qui avaient refusé de se joindre aux « trois grands » et attendaient l'installation du Richelieu chez eux[55]. Dans sa démocratisation, il a aussi tenu ses premières élections contestées pour la présidence et augmenté la cotisation annuelle à 15 $ par membre pour financer des déplacements plus nombreux vers les clubs lointains[56]. En octobre 1969, le siège social a créé le poste d'agent de liaison, occupé d'abord par Paul-Émile Bélanger, de qui Grégoire Pagé prendrait le relais en 1974[57].

Certains cercles, dont celui de Montréal, continuaient de recruter exclusivement des administrateurs, des banquiers, des comptables et des courtiers pour discuter d'économie avec des conférenciers, dont l'économiste Jacques Parizeau ou l'ancien ministre Paul Gérin-Lajoie[58]. D'autres cercles, dont ceux de l'Ontario français, ont également recruté des professionnels et des administrateurs aux sociétés General Electric, Coca-Cola et INCO par exemple, mais aussi une forte proportion d'éducateurs et de fonctionnaires, vu leur importance dans les communautés minoritaires[59]. Si le siège social n'avouait plus vouloir recruter que des « gens avec de l'argent », il hésitait tout de même à encourager la formation de cercles dans les milieux où l'élite professionnelle francophone était peu nombreuse. Cela aurait été le cas à Galt

20 octobre 1969 ; « Rapport de l'agent de liaison », 9 novembre 1970, p. 4 ; « Rapport de l'agent de liaison », 15 janvier [19]72, p. 4, dans CRCCF, FRI C76, vol. 3, dossier 1.

55. « Rapport de l'agent de liaison », 8 février 1971, p. 2 ; « Rapport de l'agent de liaison », 23 mai 1971, p. 2 ; « 19 avril au 19 mai », [1972], p. 38, dans CRCCF, FRI C76, vol. 3, dossier 1 ; « Septembre 72 », *op. cit.*, p. 63-67.

56. « Procès-verbal de la réunion du comité des finances », 30 octobre 1970 ; « Procès-verbal de la vingt et unième réunion », 25-27 février 1971, p. 5, dans CRCCF, FRI C76, vol. 3, dossier 1 ; Armand Dufresne, *Les Clubs Richelieu : les premiers 25 ans du Richelieu international*, Montréal, Éditions du Jour, 1971, p. 174.

57. « Procès-verbal de la cinquième réunion du Conseil d'administration », 12 septembre 1969, p. 6, dans CRCCF, FRI C76, vol. 2, dossier 7.

58. *Bulletin*, 20-27 octobre 1969 ; *Bulletin*, 8-15 décembre 1969, p. 4 ; *Bulletin*, 28 avril-3 mai 1970, dans BAnQ-M, FCRM P206, bobines 6392 et 6393, images 85, 1606, 1762 et 1782.

59. « Club Richelieu-Montréal Incorporé Annuaire 1971-72 », [1971], p. 41-45 ; « Liste des membres du Club Richelieu-Toronto », 17 juillet 1970, dans APRI, vol. « Clubs », dossiers « 07089 Toronto » et « 07003 Montréal » ; Aurel Gervais, *Club Richelieu Welland 1957-1992*, Welland, Éditions Soleil Publishing, 1992, p. 20 ; Entrevue avec Jacques Faucher, Gatineau (Québec), 17 juin 2011.

(Ontario), ainsi qu'au Cap Breton et à la Baie Sainte-Marie (Nouvelle-Écosse), où le fait que «la population francophone soit [entièrement] ouvrière[60]» a dissuadé Paul-Émile Bélanger dans ses efforts[61]. «Les gars à salaire avec des enfants aux études[62]», selon un délégué, n'avaient peut-être pas les moyens de participer à un tel mouvement. D'ailleurs, la perception du public ne changeait pas. «A Richelieu Club needs at least some fifty active members who can afford to pay the costs», a écrit en avril 1970 l'ancien membre et agent du Secrétariat d'État, René Préfontaine, «and regardless of what may be said, it costs much more than we are willing to admit[63].» Les bassins de recrues de langue française potentielles se sont avérés tout aussi limités à Saint Petersburg (Floride) et surtout en Louisiane, où un «gouffre» persistait entre la masse pauvre et une minuscule caste de «riches[64]». De toute évidence, on continuait de miser sur la classe moyenne – et parfois la haute classe moyenne – pour faire vivre le mouvement.

Au printemps 1969, le président Gontran Rouleau a toutefois demandé aux clubs de cesser tout comportement «discriminatoire» et de lever toute «barrière sociale[65]» dans le recrutement, faute de quoi le «vieillissement[66]» des effectifs s'avérerait irréversible. Puisqu'on diagnostiquait le bénévolat «gravement malade[67]», on encourageait les clubs à tendre la main à des non-catholiques, des

60. «Rapport de l'agent de liaison», [printemps 1972], dans CRCCF, FRI C76, vol. 3, dossier 1.

61. «Rapport de l'agent de liaison. Voyage dans le district n° 8», 15 octobre 1969, p. 3; «Commençant le 22 mai», [mai 1972], p. 47, dans CRCCF, FRI C76, vol. 2 et 3, dossiers 3 et 7.

62. Jean-Paul Dugay, dans «Procès-verbal de la vingtième assemblée générale annuelle», 13-14 février 1970, p. 12, dans CRCCF, FRI C76, vol. 3, dossier 1.

63. Lettre de J. René Préfontaine à Paul Lumsden, «Société Richelieu Internationale», 16 avril 1970, dans BAC, FSÉ RG6-F4, vol. CB9, dossier 213.

64. «Procès-verbal de la réunion des comités d'expansion et de fondations», 12 juin 1970; «8-29 janvier 73», [janvier 1973], p. 95, dans CRCCF, FRI C76, vol. 2 et 3, dossiers 3 et 7.

65. Gontran Rouleau, «La soirée de la charte», *La Revue Richelieu*, vol. 19, n° 3, mai-juin 1969, p. 59, dans BAC, publications J 257.2.

66. Gontran Rouleau, «Vieillissement des cadres et recrutement», *La Revue Richelieu*, vol. 18, n° 6, novembre 1968, p. 9, dans APRI, vol. «Vie Richelieu 1946-1980».

67. Marcel Lalonde, «Synthèse des ateliers tenus dans le cadre de la réunion annuelle 1972», *La Revue Richelieu*, vol. 22, n° 3, mai-juin 1972, p. 6, dans CRCCF, FCRO C117-1, vol. 3, dossier 19.

jeunes de 18 à 25 ans, des ouvriers et des francophiles[68]. Même si le « recrutement sélectif[69] » continuait d'attirer des pères de famille avant tout, on espérait qu'en donnant la « chance à l'homme moyen de s'exprimer plus fréquemment [aux] réunions[70] », on s'attirerait « une clientèle extrêmement valable[71] » pouvant exposer le membre classique à de nouveaux points de vue. Le Richelieu a aussi fait appel à la consommation pour stimuler l'intérêt de recrues potentielles ; les premières publicités commerciales sont alors apparues dans les bulletins[72]. Suivant le succès du congrès de Cannes, qui a récolté l'équivalent du triple des dépenses du siège social en 1968, on a demandé à des membres aisés d'effectuer des missions à l'étranger, qui favorisaient le tourisme dans les pays francophones, le développement d'amitiés et, par ricochet, l'expansion du réseau[73]. Sans être radicaux, ces efforts ont rétabli l'intérêt pour le mouvement au Québec, où l'on n'avait pas fondé de club depuis 1966, et suscité la formation de nouveaux cercles en Ontario français et en Acadie.

Cet assouplissement des mœurs a aussi poussé les membres à tendre l'oreille à la jeunesse un peu plus. La masse de baby-boomers, qui atteignait l'adolescence et l'âge adulte à l'époque, représentait la moitié de la population canadienne depuis 1966, mais le changement des mœurs chez les adultes était aussi notable[74]. Michel Bock rappelle que l'élite a cessé de dénoncer la culture américaine

---

68. « La Doctrine Richelieu », [1968] ; « Procès-verbal de la neuvième réunion du Conseil d'administration », 24 avril 1970, p. 5, dans CRCCF, FRI C76, vol. 2, dossier 5 et FCRO C117-2, vol. 10, dossier 19.

69. Gérard Dugas, dans « Vie et survie du Richelieu International. Rapport de l'atelier », [octobre 1970], p. 2, dans CRCCF, FCRO C117-2, vol. 10, dossier 19.

70. « Procès-verbal de la vingt et unième réunion du Conseil d'administration », 25-27 février 1971, p. 3-4, dans CRCCF, FRI C76, vol. 3, dossier 2.

71. Gaston Beaulieu, « Pérégrinations d'un président », *La Revue Richelieu*, mai-juin 1969, *op. cit.*, p. 16.

72. *La Revue Richelieu*, vol. 19, n° 7, décembre 1969, endos, dans CRCCF, FCRO C117-2, vol. 10, dossier 19.

73. « Au pays d'Évangeline », *Bulletin*, 26 novembre 1971, dans APCRM, vol. « 1971 » ; « Congrès international Richelieu. État de revenus et dépenses », 1er juillet 1968 ; « Procès-verbal d'une réunion du comité des congrès », 27 octobre 1971, dans CRCCF, FRI C76, vol. 2 et 3, dossiers 2 et 5 ; « Procès-verbal... », 14 février 1969, p. 2.

74. Doug Owram, *Born at the Right Time : A History of the Baby-Boom Generation*, Toronto, University of Toronto Press, 1997, 392 p.

pour au lieu favoriser la création d'adaptations en langue française par les jeunes[75]. Certes, certains clubs estimaient toujours que c'était une «minorité militante[76]» qui accaparait le discours public et négligeait sa responsabilité pour demander «la première place [...] immédiatement[77]», mais la majorité des membres enviait les nouvelles occasions qui se présentaient aux jeunes[78] et cherchait «des moyens pour canaliser le[ur]s énergies[79]». Selon l'abbé montréalais Norbert Lacoste, les jeunes avaient peut-être «raison dans certains diagnostics[80]». Au moment d'accéder à la présidence en février 1970, Robert Fournier a prôné «un dialogue constructif fait de confiance et de compréhension mutuelle, orienté vers l'amélioration d'un système» (démocratique, voulait-il dire sans doute). «Il est possible de donner un sens positif au conflit des générations», a-t-il souligné. «En contestant nous-mêmes notre suffisance et notre embourgeoisement, nous prêcherons d'exemple et inciterons les autres, la jeunesse en particulier, à faire la part des choses[81].»

Pendant les «années 68», les membres ont donc fait preuve d'une certaine retenue et d'une certaine flexibilité pour se rapprocher des baby-boomers, ce qui leur permettrait peut-être d'en coopter davantage. Le besoin de sang neuf devenait réel, car en 1969, l'âge moyen des membres dépassait le cap des 40 ans et atteignait la cinquantaine dans quelques cercles[82]. Dans ce contexte, les anciens

---

75. Michel Bock, «De la "tradition" à la "participation": les années 1960 et les mouvements de jeunesse franco-ontariens», dans *Cahiers Charlevoix 8. Études franco-ontariennes*, Ottawa, Les Presses de l'Université d'Ottawa, 2010, p. 113-198.

76. *Bulletin*, 28 avril 1972, dans APCRM, vol. «1972».

77. «Réunion du comité des présidents généraux», 18-19 septembre 1970, dans CRCCF, FRI C76, vol. 2, dossier 7.

78. Louis-Israël Martel, «Discours inaugural du Président général», *La Revue Richelieu*, vol. 21, n° 3, mai-juin 1971, p. 5-6, dans CRCCF, FCRO C117-1, vol. 3, dossier 15.

79. Cécile Tourville, «Atelier des dames», *La Revue Richelieu*, vol. 22, n° 2, mars-avril 1972, p. 10, dans CRCCF, FCRO C117-1, vol. 3, dossier 19.

80. Norbert Lacoste, «Observations sur le mouvement Richelieu», [mai 1969], p. 7, dans CRCCF, FRI C76, vol. 2, dossier 6.

81. Robert Fournier, «Allocution du nouveau président général», 14 février 1970, dans *La Revue Richelieu*, vol. 20, n° 2, mars-avril 1970, p. 11-12, dans CRCCF, FCRO C117-1, vol. 3, dossier 15.

82. Normand Clavet, «Données sur l'âge des membres», mars 1999, dans APCRE, vol. «Âge des membres»; Don Murray, «Service clubs losing members, relevance», *The Montreal Gazette*, 25 octobre 1971; Norbert Lacoste, *op. cit.*, p. 7; «Rapport...», 25-27 février 1971, *op. cit.*, p. 2.

présidents ont proposé des réformes audacieuses, dont celle d'abandonner les soupers formels, les amendes et les conférences au profit d'une animation sociale pour «plutôt provoquer des affrontements, des occasions de défoulement [...] avec les jeunes, de toutes les classes de la société», faisant ainsi «coller [le Richelieu] aux réalités de 1970[83]». Cette hardie volonté de «coller» le mouvement aux techniques d'animation sociale, populaires chez les jeunes baby-boomers, n'a pourtant pas attiré la faveur de plusieurs cercles. Quelques tentatives frénétiques pour intégrer une cohorte de jeunes d'un coup n'ont pas eu les effets escomptés non plus. Pourtant, la cooptation progressive ne suffisait plus, ce qui a amené certains membres à lancer des cercles parallèles de jeunes adultes à Montréal, à Ottawa et à Sudbury[84]. On croyait alors que la manière dont les jeunes exprimeraient les dimensions intellectuelle et humanitaire du mouvement serait suffisamment distincte pour nécessiter une tribune à part des cercles existants[85]. Pourtant, cette possibilité ne pourrait pas se généraliser dans la chaîne, à l'extérieur des milieux urbains assez populeux pour accueillir de multiples clubs Richelieu.

Les «années 68» ont aussi appelé les colonies de vacances à se transformer. Elles ne devaient plus être un lieu d'encadrement, mais favoriser les échanges et le partage. Selon le président Pierre Quoibion, il fallait privilégier un «dialogue constructif» pour «amener les jeunes à s'aider et à aider les gens à s'aider[86]». Ainsi, les moniteurs de colonie sont devenus des «animateurs», devant susciter «un climat exceptionnel de spontanéité et de liberté pour permettre au jeune de réfléchir et de vivre[87]» ; à la place d'être «un

---

83. «Réunion...», 18-19 septembre 1970, *op. cit.*, p. 2-3.

84. «Procès-verbal d'une réunion du comité de refonte et d'orientation», 22 novembre 1975, p. 22 ; «Procès-verbal de la première réunion du Conseil d'administration», 6 octobre 1979, p. 3, dans APRI, vol. «Procès-verbaux», dossiers «1975-1976» et «1976 à 1983»; «Procès-verbal de la neuvième réunion du Conseil d'administration», 22-23 janvier 1971, p. 6 ; «Procès-verbal de la troisième réunion du Conseil d'administration», 26-27 mars 1971, p. 5 ; «Rapport de l'agent de liaison», 5 juillet [1971], dans CRCCF, FRI C76, vol. 3, dossier 1.

85. «Le 158ᵉ club. Le Club Richelieu Laurier d'Ottawa reçoit sa charte», *Le Droit*, 15 juin 1970, p. 4 ; «Richelieu présence discrète et Semaine Richelieu du 16 au 22 avril», *Le Droit*, 20 avril 1972.

86. Pierre Quoibion, «Éditorial : Nécessité de l'information au sein des clubs Richelieu», *La Revue Richelieu*, mai-juin 1972, *op. cit.*, p. 1, 5.

87. Gaston Vincent, «En méditant sur les œuvres de nos clubs», *La Revue Richelieu*, juillet-août 1969, *op. cit.*, p. 13.

censeur, un superviseur », de dire Mathias Pagé, le membre devait devenir le «partenaire[88]» des jeunes. On croyait que les activités récréatives développeraient indirectement la discipline et le courage des adolescents et des adolescentes[89]. Élevant l'expérience au sommet des méthodes d'apprentissage, le cercle d'Ottawa a ouvert l'École de sciences naturelles, une ferme dans les collines de l'Outaouais, où 10 000 élèves franco-ontariens pourraient chaque année entrer en contact avec la faune et la flore[90]. Certains enfants défavorisés ont pu se familiariser avec les efforts de «préservation» de la nature pour la première fois. Cependant, même lorsqu'ils étaient placés dans des équipes de travail mixtes, les adolescents tendaient à se diviser les tâches selon les réflexes de la complémentarité des sexes[91]. La colonie n'était pas révolutionnaire, loin de là, mais révélait la distance qu'elles prenaient vis-à-vis de l'encadrement intellectuel, moral et spirituel d'autrefois.

Le mouvement a donc contribué à redéfinir la nature des rapports idéaux auprès de «la relève», ce concept auquel on tenait encore un peu, sans toutefois l'évoquer explicitement. Cette volonté a cédé à un idéal favorisant l'intégration de diverses classes sociales, la création des cercles de jeunes adultes et l'actualisation des colonies de vacances. Les cercles en milieu minoritaire avaient toujours eu plus tendance que les cercles du Québec à se méfier du recul de la référence canadienne-française et de la marginalisation des mouvements associatifs ; la menace à la survie culturelle pesait plus lourdement sur ces groupes et leurs agissements en témoignaient. Toutefois, on semblait quand même accepter l'influence de la contre-culture, les cercles en Ontario français ayant reconnu et tenté de combler un fossé entre les générations. En se dépeignant

---

88. Mathias Pagé, dans «Résultat…», *op. cit.*, 5 mai 1972.

89. «La colonie de vacances du Club Richelieu de Thetford Mines: indispensable aux jeunes filles», *La Revue Richelieu*, juillet-août 1969, *op. cit.*, p. 10-11.

90. «Résultat du comité des activités humanitaires», 5 mai 1972; «La source», *Vie Richelieu*, vol. 23, n° 1, janvier-février 1973, p. 14, dans CRCCF, FRI C76, vol. 3, dossier 1 et FCRO C117-1, vol. 3, dossier 15 ; «À l'école de sciences naturelles Richelieu, l'élève observe, expérimente et découvre», *Le Droit*, 20 juin 1970, p. 3.

91. «Toronto», *La Revue Richelieu*, vol. 21, n° 4, juillet-août 1971, p. 17 ; «Carrefour-Jeunesse au Club Richelieu Welland», *La Revue Richelieu*, vol. 22, n° 4, juillet-août 1972, p. 3, dans APRI, vol. «Vie Richelieu 1946-1980».

comme des «partenaires», les membres réussiraient peut-être à renouveler leur influence auprès des jeunes baby-boomers.

Entretemps, le Richelieu a aussi dû s'amener à reconnaître que les femmes voudraient occuper une fonction publique plus importante. En juin 1968, les administrateurs ont donc indiqué aux cercles d'y accroître «la participation des épouses[92]». Leur présence accrue n'a pourtant pas modifié la nature de plusieurs activités. Lorsque les membres du club d'Ottawa sont passés de la parole aux actes, par exemple, ils ont proposé aux épouses de les rejoindre au sommet de l'édifice de l'Union du Canada pour y visionner un match de la Coupe Grey[93]! D'autres ont augmenté la fréquence des conférences de féministes engagées à leurs tribunes. En octobre 1968, la présidente de la Commission canadienne des droits de la personne, Rita Cadieux, n'a pas mâché ses mots devant le cercle de Montréal lorsqu'elle a avancé que les femmes n'étaient «pas encore toutes conscientes[94]» des limites à leur participation à la vie civique. Cadieux aurait pu en voir une preuve concrète, au congrès quelques mois plus tard, lorsque les épouses avoueraient ne pas croire à «la nécessité d'avoir un organisme [comme un club féminin] bien défini», mais ce, que «pour le moment[95]». Dans une remarque désobligeante à l'assemblée de l'hiver 1971, la sociologue Livia Thür a rappelé au Richelieu qu'il ne restait plus que les tavernes, les équipes de sport professionnel et les *service clubs* qui excluaient les femmes[96]. Embarrassée, l'assemblée suivante a mandaté les anciens présidents d'«étudier [la question de] l'admission éventuelle des femmes[97]».

---

92. «Procès-verbal de la réunion du comité de régie», 6 juin 1968, p. 2, dans CRCCF, FRI C76, vol. 2, dossier 5.

93. «Procès-verbal de la réunion du Bureau de direction», 2 septembre 1969, p. 3, dans CRCCF, FCRO C117-1, vol. 3, dossier 15.

94. Rita Cadieux, dans *Bulletin*, 14-21 octobre 1968, p. 2, dans BAnQ-M, FCRM P206, bobine 6392, image 1662.

95. «Rapport de l'atelier des dames à la réunion annuelle», [février] 1969, p. 2, dans CRCCF, FRI C76, vol. 2, dossier 6.

96. Livia Thür, «Le Richelieu dans la société nouvelle», *La Revue Richelieu*, vol. 21, n° 3, mai-juin 1971, p. 14, dans CRCCF, FCRO C117-1, vol. 3, dossier 15.

97. «Procès-verbal de la deuxième réunion du Conseil d'administration», 7 avril 1972, p. 7, dans CRCCF, FRI C76, vol. 3, dossier 3.

L'intervention de Thür avait problématisé l'exclusivité masculine, mais certains groupes en voie d'affiliation, depuis deux ans, contestaient déjà cette tradition. En vue de contourner la crise du nationalisme canadien-français, le Richelieu avait élargi son terrain d'intérêt à toute la Francophonie, mais ce geste a aussi précipité la remise en cause de l'exclusivité masculine, surtout lorsqu'est venu le moment de fonder des clubs dans les Antilles françaises, en Belgique, au Congo, en France et au Sénégal. Dans un esprit de «paix et [de] fraternité» en 1970, Pierre-Honoré Masunga n'a pas hésité à inclure deux candidates dans sa proposition d'affiliation pour un club à Kinshasa[98]. Le siège social a d'abord invoqué la tradition pour justifier l'exclusion des «épouses[99]» des clubs. Surpris, Masunga a rétorqué qu'il proposait plutôt d'intégrer des «femmes célibataires sérieuses [...] possédant des qualités louables[100]». Alors que l'Occident proclamait «l'émancipation de la femme» estimait-il, n'était-il pas normal qu'elles gagnent les espaces traditionnellement masculins? Le président du Richelieu n'a pas pu contredire son interlocuteur, mais a dû insister pour que Masunga retire leurs noms, quelques heures avant la remise de charte, puisque le mouvement n'avait pas encore abordé la question sensible en bonne et due forme[101]. D'autres promoteurs, de la Belgique à la Saskatchewan, prévoyaient aussi la formation de clubs «pluralistes» avant que le siège social ne leur demande discrètement de s'en tenir aux candidats masculins, non pas sans provoquer l'ire de certains d'entre eux[102]. À Liège, l'affiliation du premier club belge a été retardée de deux ans, le temps que le promoteur se plie à l'«exclusion systémique» des candidates[103]. Lors d'une remise de charte à Vancouver à l'été 1974,

---

98. «Procès-verbal d'une réunion du comité de régie», 15 octobre 1969, p. 3, dans CRCCF, FRI C76, vol. 2, dossier 6.

99. Lettre de Mathias Pagé à Pierre-Honoré Masunga, 4 novembre 1969, dans APRI, vol. «Clubs», dossier «Mobutu 07164».

100. Lettre de Pierre-Honoré Masunga à Mathias Pagé, 5 mai 1970, p. 2, dans APRI, vol. «Clubs», dossier «Mobutu 07164».

101. «Rapport de l'Agent de liaison», 5 juillet [1970], p. 2-3, dans CRCCF, FRI C76, vol. 2, dossier 7.

102. «Septembre 72», [septembre 1972], p. 64; «Procès-verbal de la neuvième réunion du Conseil d'administration», 15 février 1973, p. 5, dans CRCCF, FRI C76, vol. 3, dossier 3.

103. Lettre de Pierre Bertrand à N. Plante, 30 octobre 1972, dans APRI, vol. «Clubs», dossier «07220 Liège».

le délégué général Grégoire Pagé a appris, sur place, que la moitié des recrues étaient des femmes[104]. Après un débat houleux, seuls les candidats ont été admis au nouveau club, mais pas avant que Pagé les ait assurés que le Richelieu reconsidérerait prochainement sa position arbitraire. De toute évidence, l'idéal de l'égalité rattrapait et gênait le Richelieu. On ne s'en sauverait pas sans une réflexion sérieuse, qui attaquerait de plein front l'idée selon laquelle femmes et hommes étaient appelés à jouer des rôles publics distincts.

Une cure de rajeunissement pour la notion d'élite

Les revendications pour l'égalité voulaient généraliser l'accès des citoyens, peu importe leur sexe ou leur origine, aux libertés politiques classiques. Pendant les années 1970, plusieurs conservateurs se sont ralliés à cette égalité de principe, mais se sont aussi mis à préconiser, en retour, un droit à la différence. Ainsi, la taxation élevée pouvait être représentée comme une atteinte à la liberté individuelle et non plus comme une contribution au bien-être collectif[105]. C'est dans ce contexte que l'élite a retrouvé une partie de son ancienne légitimité; ainsi, le Canadien français a commencé à récupérer la représentation du *self-made man*, qui bien qu'ordinaire, avait réussi à accomplir de grandes choses. Selon cette logique, il fallait que les femmes et les jeunes bénéficient d'une égalité de principe pour accéder à une promotion sociale.

En conservant un effectif moyen de 7 000 membres, le Richelieu se portait bien, car les « trois grands » subissaient des pertes nettes pendant la décennie[106] : le *service club* moyen perdait annuellement un membre sur cinq et la proportion de clubs en Amérique du Nord demeurait au-dessus de 90 %[107]. Sur le plan local, le Richelieu

104. « Procès-verbal de la quatrième réunion du Conseil d'administration », 6 septembre 1974, p. 41, dans CRCCF, FRI C76, vol. 3, dossier 4.

105. Lawrence James, *op. cit.*, p. 472.

106. « Rapport du délégué général », avril 1979, p. 26 ; G.-Mathias Pagé, « Conférence des dirigeants des clubs de service », 14-17 novembre 1979, p. 15, dans APRI, vol. « Procès-verbaux », dossier « 1979-1980 ».

107. « Visite aux sièges sociaux du Rotary International et du Kiwanis International », 20 décembre 1976, p. 7-9, dans APRI, vol. « Procès-verbaux », dossier « 1976-1977 » ; Ken

ne se portait pas toujours mieux, le club de Roberval perdant deux membres sur trois après deux saisons et six membres sur sept après 10 ans[108]. Pour augmenter le rythme des affiliations en Europe, il y a constitué deux conseils régionaux et un district, mais la stagnation des effectifs a mené le CA à le suspendre en 1981[109]. L'expansion en Europe a continué de se faire à perte. Le Richelieu a donc augmenté les frais d'adhésion du membre de 15 à 30 $ en sept ans, un reflet de la lourdeur de ses engagements, mais aussi du taux d'inflation annuel, qui oscillait entre 7 et 9 %[110]. Par ailleurs, les salaires du personnel de soutien augmentaient plus rapidement que ceux des cadres, au point où les employés gagnaient 75 % du taux horaire des patrons. La décentralisation administrative a permis à plus de membres de s'engager, mais s'est faite au détriment de l'imputabilité du CA, qui a substitué ses rencontres mensuelles pour des rencontres saisonnières et délégué de larges pans de son autorité à l'exécutif et à des comités ponctuels[111].

Il existait tout de même une tension entre la liberté et l'égalité au Richelieu. Même si le recrutement « sélectif » s'était élargi, les clubs recrutaient toujours des gens qui souhaitaient monter les échelons administratifs d'une entreprise et faisaient des amendes

Coates et Fred McGuiness, *Only in Canada. Kinsmen and Kinnettes*, Winnipeg, Peguis Publishing, 1987, p. 258.

108. « Statistiques sur la vitalité du Richelieu », 1974 ; « Répartition de l'effectif », [été 1981], p. 37 ; « Rapport du directeur général au Conseil d'administration », 2 avril 1982, p. 25, dans APRI, vol. « Anciens présidents » et « Procès-verbaux », dossiers « 1976 à 1983 », « 1980-1981 » et « Julien Perron ».

109. Lettre de Grégoire Pagé aux membres européens du Richelieu, 13 avril 1976, dans Archives privées du Club Richelieu de Liège, Liège (Belgique) (APCRL), vol. « Procès-verbaux », dossier « 1976-1977 » ; « Rapport d'activités du directeur général », 14 juin-13 septembre [1975], p. 27 ; « Procès-verbal de la troisième réunion du Conseil d'administration », 20 mai 1977, p. 38, dans APRI, vol. « Procès-verbaux », dossiers « 1975-1976 » et « 1976-1977 ».

110. « Procès-verbal d'une réunion des finances », 7 décembre 1973, p. 2, dans CRCCF, FRI C76, vol. 3, dossier 3 ; « Inflation Canada 1973 » et « Inflation Canada 1978 », World Inflation Data [En ligne].

111. « État des vérificateurs au 31 décembre 1974 », 21 février 1975, p. F-4, F-5 ; « Programme d'expansion. État des revenus et dépenses », 31 décembre 1975, p. 53-54 ; « Procès-verbal de quatrième réunion du Conseil d'administration », 28 juillet 1977, p. 72 ; « Rapport du directeur général », 21 juillet 1978, p. 46 ; « Procès-verbal d'une réunion du Conseil d'administration », 21-22 juillet 1978, p. 53-54 ; « Procès-verbal de la deuxième réunion du Conseil d'administration », 24-25 novembre 1978, p. 12 ; « Procès-verbal d'une réunion du Comité des finances », 3 août 1979, p. 39, 45, dans APRI, vol. « Procès-verbaux », dossiers « 1975-1976 », « 1977-1978 » et « 1978-1979 ».

symboliques comme pénitence pour l'achat récent d'un luxe[112]. En 1978, l'effectif était toujours dominé, à hauteur de 86 %, par des professionnels et des gens d'affaires[113]. Les éducateurs et les fonctionnaires, plus nombreux dans les cercles en milieu minoritaire, représentaient 10 % de l'effectif total et 4 % des membres étaient des ouvriers ou des artistes[114]. En 1980, la campagne *Richelieu pour tout le monde* a voulu augmenter la proportion d'ouvriers dans les cercles, mais rien ne démontre que la campagne a atteint sa cible[115]. En fait, c'est la culture affairiste qui semblait prendre le dessus à la tribune au tournant de la décennie[116]. On célébrait alors les réussites des francophones dans le monde du baseball professionnel et l'exploitation de ressources naturelles[117]. Lors d'une visite à l'usine de Bombardier dans les Cantons-de-l'Est par exemple, le club de La Pocatière s'est réjoui de l'expansion de l'entreprise au Vermont, signe de succès pour « la plus grande compagnie canadienne-française, appartenant à des intérêts privés[118] ».

Quelques clubs en Europe ont tenté d'intégrer un ouvrier ou un artiste par exemple, mais ceux-ci les ont quittés au terme d'une saison[119]. En revanche, ces cercles outre-mer assumaient leur

---

112. « Célébration des gens riches et célèbres », septembre 1979, dans Archives du Club Richelieu de Montréal – privées (ACRMP), vol. « Activités » ; Entrevue avec Paul Jutras, Montréal (Québec), 20 mai 2011.

113. « Questionnaire du Président International », 30 décembre 1977, dans APRI, vol. « Procès-verbaux », dossier « 1977-1978 ».

114. « Le Richelieu Normand Clavet », *Vie Richelieu*, vol. 27, n° 3, juin-août 1977, p. i ; « Club Toronto 89 », 5 décembre 1980, dans APRI, vol. « Clubs » et « Vie Richelieu 1946-1980 », dossier « Toronto 07989 ».

115. André Tremblay, « Richelieu pour tout le monde », *Vie Richelieu*, vol. 30, n° 4, octobre-décembre 1980, p. 4, dans APRI, vol. « Vie Richelieu 1946-1980 ».

116. Robert Chodos et Eric Hamovitch, *Quebec and the American Dream*, Toronto, Between the Lines Publishing, 1991, 251 p.

117. Horace Racine, « Causerie. Assemblée générale », 21 mars 1975, p. 11 ; « Michel Hétu des Jets au souper Richelieu », *Vie Richelieu*, vol. 32, n° 1, janvier-avril 1982, p. 13, dans APRI, vol. « Anciens présidents », et « Vie Richelieu 1981-… », dossiers « 1974-1975 » et « Horace Racine » ; *Bulletin*, vol. 31, n° 14, 4 décembre 1975, dans CRCCF, FRI C76, vol. 3, dossier 4 et FCRO C117-2, vol. 7, dossier 11.

118. « Matériel de transport Bombardier », *Vie Richelieu*, janvier-avril 1982, *op. cit.*, p. 13.

119. « Liste de tous les membres actifs et émérites. Rennes 171 France », 9 décembre 1975 ; Lettre de Grégoire Pagé au Comité de l'expansion, 28 avril 1977, p. 21 ; « Annuaire 1980. Club de Rennes (France), district 12 », 1980, dans APRI, vol. « Procès-verbaux », dossiers « 1975-1976 » et « 1976-1977 », « Clubs », « Rennes 07171 ».

sélectivité[120], puisqu'ils se percevaient comme des lieux diplomatiques regroupant «les éléments les plus en vue du gouvernement
français, des délégations québécoises et canadiennes [...] à un très
haut niveau de la Francophonie[121]». Le cercle de Paris se réclamait
même d'un corporatisme pouvant «régler de façon informelle des
problèmes jugés d'importance [...] autour d'une table Richelieu[122]».
Un certain élitisme se percevait encore plus dans les cercles des
pays en voie de développement, qui rassemblaient des gens «de
la haute classe» à Dakar, «d'une grande influence» à Beyrouth,
«de hauts postes» à Tunis et «bien nantis» à Fort-de-France[123].
De l'ouverture à la décentralisation en passant par le néocorpora-
tisme, le libéralisme social avait décidément des effets inattendus
sur le Richelieu.

Les protestants, rappellent les sociologues Michel Le Net et
Jean Werquin, avaient été plus enclins que les catholiques à canaliser
l'humanisme des «années 68» vers le bénévolat[124]. S'il ne mobilisait
plus que 8 % des adultes en France, le bénévolat en engageait 24 %
aux États-Unis. Au Québec, où les mœurs nord-américaines se
mêlaient à une culture seconde franco-catholique, l'élargissement
du filet de sauvetage étatique et la progression du libéralisme avaient
désengagé de nombreux citoyens[125]. Malgré tout, le Richelieu tenait
toujours à certains mécanismes pour éveiller l'engagement, notamment en rencontrant des jeunes souffrant de handicaps physiques
(Rivière-du-Loup) ou des jeunes défavorisés (Sudbury), à qui l'on

---

120. « Un club Richelieu à Liège », *Wallonie libre*, 15 novembre 1974 ; «Composition»,
[automne 1979], dans APCRL, vol. «Procès-verbaux», dossiers «1974-1976» et
«1978-1980».

121. «Rapport des activités du délégué général», 17 décembre 1975-2 avril 1976, p. 52,
dans APRI, vol. «Procès-verbaux 1975-1976».

122. *Ibid.*

123. «Synthèse des rapports des ateliers de la réunion annuelle», février 1973, p. 4 ;
«Rapport du séjour en Afrique», 20 octobre-4 novembre 1973, p. 62 ; «Rapport de la mission
du délégué général et du secrétaire à l'expansion à Paris, Liège, Genève et Beyrouth», 3-30 juin
1974, p. 31 ; «Compte rendu d'une mission Richelieu aux Antilles», 13-17 octobre 1974,
p. 42-46, dans CRCCF, FRI C76, vol. 3, dossiers 3 et 4.

124. Michel Le Net et Jean Werquin, *Le volontariat : aspects sociaux, économiques et
politiques en France et dans le monde*, Paris, Éditions La Documentation française, 1985,
p. 58-59, 77.

125. Ed Schreyer, «Au Château Laurier», *Vie Richelieu*, vol. 30, n° 1, janvier-février
1980, p. 14, dans APRI, vol. «Vie Richelieu 1946-1980».

Les tournées de motoneige au Camp Richelieu de Sudbury,
hiver 1981, dans CI, APRI, Ottawa (Ontario).

offrait des tournées en motoneige et en hélicoptère[126]. Le membre
se cultivait toujours lors de somptueux soupers, mais aussi désormais
lors de dégustations de vin – au lieu des beuveries d'antan – et des
congrès de vacances – à Liège ou en Guadeloupe par exemple[127].
Certains membres semblaient chercher en ambition et en raffinement ce qu'ils avaient perdu en autorité.

Le Richelieu avait cessé de mobiliser la moralité et la tradition
pour encadrer la jeunesse et privilégiait désormais une approche
plus égalitaire. Proportionnellement aussi nombreux qu'à la dernière
période, quelques relents de paternalisme perduraient pourtant[128].

---

126. «Le Club Richelieu Rivière-du-Loup et le Camp Vive la Joie» et «Nouvelles du
Richelieu Sudbury», *Vie Richelieu*, vol. 28, n° 3, mai-juin 1978, 12 et 15, dans APRI, vol. «Vie
Richelieu 1946-1980».

127. *Bulletin*, 11 septembre 1978, dans APCRM, vol. «1975-1981»; Pierre Quoibion
et Lionel Lavallée, «Congrès-vacances: Liège 1980», *Vie Richelieu*, vol. 29, n° 1, janvier-février
1979, p. 10-11; *Bulletin*, 22 février 1979, p. 2, dans CRCCF, FCRO C117-1, vol. 3, dossiers 14
et FCRO C117-2, vol. 7, dossier 10.

128. Jean-Paul Rieux, «Les jeunes sont avec nous», *Vie Richelieu*, vol. 23, n° 6, novembre-
décembre 1973, p. 2, 4, dans APRI, vol. «Vie Richelieu 1946-1980»; «La réussite du couple
et l'éducation des enfants», *Vie Richelieu*, octobre-décembre 1980, *op. cit.*, p. 13.

« Si nous voulons donner un regain de vie à nos clubs », avertissait le président Alexandre Savoie, « il faudra oublier cette formule [de paternalisme] et ne pas craindre de s'asseoir avec les jeunes, d'engager un dialogue franc et sincère où ceux-ci pourront faire connaître leur point de vue et faire leur contribution au relèvement de la société[129]. » La plupart du temps, les aspirations des jeunes étaient associées aux espoirs communs à toute l'humanité. Leur initiative relevait aussi d'une volonté « constructive[130] », d'après le membre Jean-Paul Rieux.

Si on ne préservait qu'une tradition auprès des jeunes en milieu minoritaire, c'était bien celle de valoriser la qualité orale et écrite de la langue française par des concours d'art oratoire et de rédaction. Dès le XIXe siècle, les défis vis-à-vis de la bonne connaissance du français avaient amené l'élite hors Québec à organiser de tels concours. Le libéralisme social faisant son chemin, les cercles ont commencé à lier ces concours au développement individuel des jeunes. La langue orale étant plus difficile à maîtriser pour les élèves franco-américains des *high schools*, les cercles de la Nouvelle-Angleterre ont préféré tenir des concours de rédaction sur « l'héritage français aux États-Unis[131] ». Autre nouveauté, qu'elles aient été à Salem (Massachusetts), à Timmins ou à Windsor, les filles rempor-taient la plupart des concours ouverts (sans prix masculin et féminin distincts)[132]. Si on ne cherchait plus nécessairement à inculquer une tradition, on actualisait les manières de promouvoir les qualités incontournables au jeune francophone libre et épanoui.

---

129. Alexandre-J. Savoie, « Éditorial. Le Richelieu International au service de la Francophonie », *Vie Richelieu*, vol. 23, n° 4, juillet-août 1973, dans APRI, vol. « Vie Richelieu 1946-1980 ».

130. Jean-Paul Rieux, « Carrefours-Richelieu-Jeunesse », 17 mai 1973, dans CRCCF, FRI C76, vol. 3, dossier 3.

131. Nancy Boyd, « L'héritage français aux États-Unis », 1977, 2 p., dans APCRM, vol. « Concours », dossier « 1977 » ; *Vie Richelieu*, vol. 31, n° 1, janvier-février 1981, p. 11 ; « Concours d'art oratoire », *Vie Richelieu*, vol. 31, n° 5, octobre-décembre 1981, p. 13, dans APRI, vol. « Vie Richelieu 1981-... ».

132. « Ça bouge à Salem », *Vie Richelieu*, vol. 29, n° 4, juillet-septembre 1979, p. 9, dans APRI, vol. « Vie Richelieu 1946-1980 » ; Marcel Héroux, « Chers amis du district n° 11 », *Vie Richelieu*, janvier-février 1979, *op. cit.*, p. 6.

Concours de français d'Ontario-Nord, printemps 1984,
dans CI, APRI, Ottawa (Ontario).

Les épouses, les filles et les femmes

Le Richelieu avait assoupli ses critères d'admission sur les plans de l'âge, de la classe sociale et des origines, mais n'avait pas lâché l'idée de la complémentarité des époux, puisqu'il maintenait toujours une discrimination organisationnelle à l'endroit des femmes. De toute évidence, c'était une paire de manches de redéfinir les rapports entre les membres masculins, même lorsqu'ils provenaient d'horizons variés, mais tout une autre de reconnaître les mères comme des actrices publiques égales au point d'abolir l'exclusivité masculine des clubs. D'ailleurs, on s'esquivait de plus en plus difficilement de la question. Au congrès de mars 1974 à Québec, presque tout s'est déroulé comme avant : pendant que les membres discutaient d'affaires, leurs douces moitiés s'adonnaient au magasinage, aux séances de maquillage et aux ateliers culinaires. C'est au banquet toutefois où la députée fédérale Albanie Morin a rompu avec cette gaieté en rappelant la discrimination historique des femmes en matière de scolarisation, de droit de propriété, de rémunération et de représentation, ce qui minait leur marche vers une égalité réelle[133]. Son discours a peut-être irrité certains membres, mais le mouvement l'a largement diffusé par la suite, preuve du fait que ces idées faisaient leur chemin. Pour sa part, la présidente du Conseil du statut de la femme au Québec, Claire Bonenfant, a durci le ton d'un déjeuner de la fête des mères tout autant en prescrivant aux épouses présentes de « renégocier en famille [leur]s conditions de travail et [...] l'orientation de [leur]s vies et de [leur]s carrières[134] ». Pourtant à pareille date, les clubs en milieu minoritaire, dont ceux d'Edmundston et d'Ottawa[135], entendaient des discours plus modérés, qui s'en tenaient à l'histoire du droit de vote des femmes ou encore à leur rôle incontournable dans la « revanche des berceaux ».

La fréquence des discours soulignant la contribution historique et les revendications contemporaines des féministes usait l'hostilité des membres plus conservateurs, tandis que des membres plus jeunes – ayant vécu la mixité à l'école ou dans un mouvement de jeunesse pendant les décennies 1950 et 1960 – éprouvaient moins de mal à concevoir l'admission de professionnelles au club, au même rang qu'eux[136]. Si les administrateurs persistaient à croire qu'il serait impossible de « vendre[137] » l'idée à plusieurs membres de longue date, il entrevoyait la mixité des cercles comme une éventualité inéluctable, voire « une question de maturité[138] » à laquelle les membres réfractaires allaient devoir s'habituer. Toutefois, ce n'était pas le principe de l'égalité qui suscitait des réserves, mais bien son application. Certains membres craignaient que l'arrivée des femmes « mett[e] peut-être un terme à cette ambiance », cette « échappatoire [...] des obligations familiales », où « les gars » se contaient parfois

---

133. Albanie Morin, « La femme d'aujourd'hui et de demain », 30 mars 1974, dans APRI, vol. « Communiqués de presse 1968-1976 ».

134. Claire Bonenfant, « 364 jours par année », 7 mai 1981, p. 5-10, dans BAnQ-M, Fonds A1157, vol. A17, dossier B651.

135. *Bulletin*, 23 novembre 1977, p. 2, dans CRCCF, FCRO C117-2, vol. 7, dossier 12 ; « Historique du vote féminin au Canada », *Le Madawaska*, 11 juin 1975.

136. « Procès-verbal de la deuxième réunion du Conseil d'administration », 31 mars 1973, p. 2 ; « Février 1974 », février 1974, p. 101-102, dans CRCCF, FRI C76, vol. 3, dossier 4.

137. « Procès-verbal d'une réunion du comité de refonte et d'orientation », 22 novembre 1975, p. 26.

138. André Tremblay, « Orientation 2,000 », *Vie Richelieu*, vol. 25, n° 3, mai-juin 1975, dans CRCCF, FCRO C117-1, vol. 3, dossier 14.

Congrès international d'octobre 1976 à Hartford (Connecticut), dans Archives privées du club Richelieu de Manchester (New Hampshire).

« des histoires cochonnes[139] ». Une partie de la résistance venait aussi d'épouses dites « jalouses[140] », qui craignaient que l'intégration de jeunes professionnelles mette à risque la fidélité matrimoniale de leurs maris[141]. En octobre 1976, le CA a proposé aux membres, lors du congrès à Hartford, un référendum (sans discussion) sur l'admission des femmes aux clubs. Le résultat a révélé que 81 % des congressistes préféraient maintenir l'exclusivité masculine des clubs[142]. La résistance des épouses à la mixité y aurait été tout aussi forte. Lorsque les *service clubs* américains tiendraient de tels référendums l'année suivante, on apprendrait que l'appui pour le statu quo allait de 82 %

139. « Procès-verbal de la deuxième réunion du Comité de refonte & orientation », 30 octobre 1975, p. 18, dans APRI, vol. « Procès-verbaux », dossier « 1975-1976 ».

140. « Réunion annuelle de l'Assemblée générale », 20-22 mars 1975, p. 2, dans APRI, vol. « Procès-verbaux », dossier « 1975 ».

141. Entrevue avec G.-Mathias Pagé, Ottawa (Ontario), 10 mai 2011 ; Entrevue avec Réjane Clavet, Edmundston (Nouveau-Brunswick), 4 juin 2011.

142. « Procès-verbal de la première réunion du Conseil d'administration », 10-11 décembre 1976, p. 3-7, dans APRI, vol. « Procès-verbaux », dossier « 1976-1977 ».

au Kiwanis à 97 % au Rotary[143]. Décidément, ce fief masculin semblait faire preuve d'une résistance remarquable…

Le Richelieu avait tenté d'éviter les déchirements pour lui donner le temps d'imaginer une solution convenable, mais la question du référendum avait le défaut de ne pas pouvoir déterminer si une majorité des membres s'opposait seulement à l'imposition de la mixité dans les cercles masculins existants ou à la création de cercles féminins ou mixtes tout court. Pire encore, le CA a négligé d'élaborer une directive claire pour dénouer l'impasse, laissant aux clubs d'interpréter le résultat, parfois de manière décousue. D'abord, le vote a attiré des foudres de Rita Cadieux à la tribune du club d'Ottawa[144]; il a aussi attiré une réaction spontanée du club de Montréal, qui a discrètement intégré deux femmes pas moins d'un mois après le congrès de Hartford, un geste cavalier qui a attiré une condamnation du conseil régional des clubs Richelieu de la métropole[145]. À Ottawa, certains jeunes membres espéraient que les réflexions de Cadieux amènent leur club à accepter l'admissibilité des femmes, mais un référendum tenu en novembre 1978 a manqué de justesse le seuil nécessaire pour lever l'interdiction[146]. Chaque geste attirait de l'attention négative dans l'espace public. Certains pensaient que le mouvement aurait dû rester coi sur l'enjeu, d'autres craignaient que cette déconfiture mette en péril ses «déduction[s] d'impôt[147]».

À l'hiver 1979, le débat a traversé l'Atlantique et s'est emmené au cercle de Paris, qui a accepté «à courte majorité» l'ouverture du recrutement aux professionnelles (et non pas aux épouses), à condition qu'on maintienne le principe du «recrutement sélectif» et la préférence pour des personnalités politiques[148]. Recrutées pour

---

143. «Procès-verbal de la cinquième réunion du Conseil d'administration», 12 octobre 1977, p. 84; «Rapport du directeur général», 21 juillet 1978, p. 48; «Conférence des dirigeants de clubs de service», 14-17 novembre 1979, dans APRI, vol. «Procès-verbaux», dossiers «1977-1978» et «1978-1979»; «À quand les "Rotariennes"?», *Le Journal de Montréal*, 8 juin 1977, p. 28.

144. *Bulletin*, 26 janvier 1978, p. 2, dans CRCCF, FCRO C117-2, vol. 7, dossier 14.

145. «Procès-verbal de la deuxième réunion du Conseil d'administration», 14-15 janvier 1977, p. 25, dans APRI, vol. «Procès-verbaux», dossier «1976-1977».

146. *Bulletin*, 1er novembre 1978, dans CRCCF, FCRO C117-2, vol. 7, dossier 14.

147. «Procès-verbal…», 14-15 janvier 1977, *op. cit.*, p. 12.

148. Entretien avec Simon-Pierre Nothomb par courriel, «Genèse du Cercle Richelieu Senghor», 5 novembre 2011, 2 p.

leur mérite, Monique Pelletier, la ministre de la Condition féminine de France, et Claire Kirschen, une attachée culturelle à l'ambassade de Belgique à Paris, ont rejoint le cercle peu de temps après[149]. Trois membres auraient claqué la porte du cercle en protestation, « trait[a]nt de fous » leurs confrères, mais le président Simon-Pierre Nothomb a suggéré au magazine *Elle* que ces premiers auraient été « contraints » par leurs épouses à démissionner, par crainte qu'ils se fassent séduire par « des vieilles filles en quête d'un ambassadeur en retraite à épouser[150] ». Fier de son cercle, Nothomb est débarqué à Toronto, où se tenait le congrès annuel en septembre 1979, pour clamer que la lenteur du Richelieu à accepter l'adhésion formelle des femmes aux clubs était due à ses « habitudes anglo-saxonnes[151] ». N'y avait-il pas une contradiction entre la solidarité entre peuples de langue française, dont on se réclamait depuis une décennie, et le maintien d'une exclusion de la moitié de leurs membres ?

Le résultat catégorique du référendum d'octobre 1976 avait coincé le Richelieu, qui ne pouvait pas ouvrir les vannes sans contrevenir à la volonté des membres, exprimée démocratiquement. Sachant toutefois que les forces de l'Histoire l'obligeraient à admettre des femmes tôt ou tard, le siège social a préféré laisser faire les clubs. Lorsqu'on était la cible d'une attaque, le CA répondait, de manière un peu frivole, que les règlements administratifs n'avaient jamais explicitement interdit l'adhésion des femmes. En janvier 1980, cette ambiguïté a ouvert la voie aux étudiants au Collège Algonquin d'Ottawa pour établir une parité homme-femme parmi les recrues de leur nouveau club. En coulisse et dans la revue *Vie Richelieu*, le siège social ne s'est pas retenu de réduire, de manière un peu crue, le geste du club étudiant au refus de constituer « un asile sexiste[152] ». L'année suivante, le club de Cabano (Québec) a intégré la présidente de la chambre de commerce locale à son groupe

---

149. Simon-Pierre Nothomb, dans « Clubs – une brèche dans le sexisme », *Elle*, nᵒ 1756, 3 septembre 1979.

150. *Ibid.*

151. Simon-Pierre Nothomb, « Discours prononcé à l'occasion de la réunion à Toronto du congrès Richelieu International », *Vie Richelieu*, vol. 29, nᵒ 6, octobre-novembre 1979, p. 12, dans APRI, vol. « Vie Richelieu 1946-1980 ».

152. Michel Godbout « Place aux femmes dans les clubs Richelieu », *Vie Richelieu*, vol. 30, nᵒ 2, mai-juillet 1980, dans APRI, vol. « Vie Richelieu 1946-1980 ».

masculin et le CA a discrètement affilié un club féminin s'étant formé à Pointe-à-Pitre (Guadeloupe)[153]. Grégoire Pagé a aussi partagé à certains promoteurs que l'absence de directive laissait les clubs agir comme bon leur semblait. De toute manière, le mouvement comprenait déjà, de facto, quelques cercles mixtes et féminins[154]. L'assemblée de février 1982 a finalement reconnu l'ascension des femmes à sa formation et achevé une transition faisant primer l'égalité des individus sur la complémentarité des époux.

* * *

L'effritement de la conception personnaliste de la famille institutionnelle, du mariage spirituel et de la complémentarité des époux n'a pas pu faire autrement qu'ébranler le Richelieu. Il a d'abord démocratisé les rapports entre ses membres en multipliant les organes de représentativité et en faisant du CA un organe élu. Cette volonté de redistribuer l'autorité, pour éviter le piège dans lequel l'Ordre de Jacques Cartier était tombé, n'a pas amené une remise en cause immédiate sur la place réservée aux épouses et plus largement aux femmes. Si les membres avaient eux-mêmes critiqué la nature non démocratique du milieu associatif, à la lumière des contestations politiques des «années 68», le Richelieu a dû s'adapter aux nouvelles aspirations des jeunes et des femmes pour donner suite à l'idéal de l'égalité entre ses murs.

Au tournant de la décennie 1970, la mondialisation du mouvement et le recrutement de jeunes promoteurs ont cependant exigé un débat sur la possibilité que des professionnelles puissent aussi occuper la fonction d'acteur public responsable que le Richelieu promouvait depuis ses débuts. Ces hommes – certains étaient sympathiques au féminisme, d'autres croyaient plus strictement à l'égalité des individus – n'ont pas réussi dans leurs premières tentatives à admettre des recrues de l'autre sexe aux clubs. Ils ont pourtant

153. «Procès-verbal de la deuxième réunion du Conseil d'administration», 5-6 décembre 1980, p. 15; «Rapport d'activités du délégué général», [été 1980], p. 35; «Membre Richelieu "au féminin"», *Vie Richelieu*, vol. 32, n° 1, janvier-avril 1982, p. 15, dans APRI, vol. «Procès-verbaux» et «Vie Richelieu 1981-...», dossier «1980-1981».

154. Entrevue avec Grégoire Pagé, Ottawa (Ontario), 22 juin 2011.

amené des réflexions et des résistances, toutes deux maladroites, sur l'admission éventuelle des femmes. Peut-être étonnamment, les épouses des membres semblent avoir été parmi les plus réfractaires à l'idée. L'idéal de la complémentarité des époux, même chez ces gens qui tendaient à se situer au centre du spectre politique, ne semblait pas emporté par la «vague» des années 1960.

Pour leur part, les cercles en milieu minoritaire nord-américain semblent s'être ouverts à certaines dimensions de la contre-culture à cause du dynamisme nationaliste de la jeunesse, mais ne semblent pas avoir encouragé l'ascension des femmes au mouvement autant qu'au Québec. Le modèle familial traditionnel y est peut-être demeuré plus longtemps, car les cercles mixtes et féminins, fondés entre 1976 et 1982, ont tous vu le jour au Québec ou en France. On pourrait discerner un paradoxe entre le fait d'accorder plus de libertés aux jeunes afin de les retenir au sein d'une société minoritaire et leur attitude conservatrice envers les femmes. Quelques sources suggèrent pourtant que les femmes jouaient déjà un rôle plus important dans ces cercles.

Comme la solidarité canadienne-française s'est adaptée aux nouveaux projets communautaires francophones, qui misaient davantage sur les droits individuels que sur les «raisons communes», cette même solidarité a aussi abandonné certains relents patriarcaux et traditionnels au profit de rapports plus égalitaires entre hommes, jeunes et femmes. Parfois, ce renouvellement lui a permis d'embrasser des tendances dites «progressistes» plus rapidement que l'Amérique anglo-saxonne, car le Richelieu est le premier *service club* à avoir formellement admis les femmes. Les autres attendraient jusqu'au tournant des années 1990 pour le faire.

D'ailleurs on le verra, ces nombreuses mutations dans la solidarité canadienne-française, ou ce qu'il en restait du moins, ont également contribué à transformer l'appartenance des membres à l'Église catholique et la manière dont ils exprimaient leur altruisme au mouvement.

CHAPITRE 4

L'évolution de l'altruisme chrétien (1960-1981)

L A VALORISATION DE LA NATION, de la famille et de la charité chrétienne au Richelieu s'était toujours concrétisée par l'altruisme, un geste plus spirituel que scientifique. Cet engagement était inéluctable pour l'élite canadienne-française, surtout à une époque où les services publics de l'État demeuraient limités. Pourtant, les décennies 1960 et 1970 voyaient le terrain de l'intervention privée se rétrécir au Canada, car les provinces, qui contribuaient déjà à plusieurs services sociaux de l'Église, allaient bientôt en récupérer la gestion en créant la scolarisation gratuite, l'assurance maladie et les régimes de pension. L'augmentation des revenus et de la consommation dotait l'État de ressources additionnelles, pendant que le recul des vocations et de la fréquentation de la messe asséchait les ressources de l'Église. Shirley Tillotson souligne toutefois que les organismes caritatifs de l'après-guerre avaient épaulé l'État dans cette transition[1], reconnaissant que ces nouveaux moyens rendaient aussi la distribution de la richesse plus équitable, rappellent David Guest et Rodney Haddow[2].

L'expérience du Richelieu amène des nuances à la thèse de Tillotson sur la rationalisation des Community Chests et à celle d'Amélie Bourbeau sur la centralisation de l'assistance catholique[3].

---

1. Shirley Tillotson, *Contributing Citizens: Modern Charitable Fundraising and the Making of the Welfare State, 1920-66*, Vancouver, University of British Columbia, 2008, 339 p.

2. Dennis Guest, *The Emergence of Social Security in Canada*, 3ᵉ édition, Vancouver, University of British Columbia, 1997, 390 p. ; Rodney Haddow, *Poverty Reform in Canada, 1958-1978: State and Class Influences in Policy Making*, Montréal, McGill-Queen's University Press, 1993, 247 p.

3. Amélie Bourbeau, *Techniciens de l'organisation sociale. La réorganisation de l'assistance catholique privée à Montréal (1930-1974)*, Montréal, McGill-Queen's University Press, 2015, 316 p.

Plus marginal que la Fédération des œuvres de charité canadiennes-françaises ou les Chests, le Richelieu a plutôt adapté progressivement et actualisé son engagement, en marge de l'État providence. Le poids du mouvement était peut-être insuffisant pour influencer l'évolution des régimes de prestations publiques, mais plusieurs clubs ont tâché de repenser leur charité en fonction des nouveaux services publics. Du coup, ils ont aussi participé à la privatisation de la croyance religieuse[4] – l'expression est celle de Michael Gauvreau –, même si l'altruisme chrétien et l'humanisme civique se sont longtemps côtoyés, et ce, particulièrement en milieu minoritaire francophone où la manifestation religieuse est demeurée plus explicite[5]. Plus encore, la charité des clubs s'est adaptée à la forme locale que prenait l'État providence, et donc à la juridiction dans laquelle ils œuvraient. Ainsi, le club d'Edmundston a pu convaincre le gouvernement du Nouveau-Brunswick de récupérer ses projets, tandis que le cercle d'Ottawa s'est contenté de recevoir des subventions de Queen's Park et le club de Manchester a maintenu sa charité d'antan, les services publics du New Hampshire demeurant plus modestes. Le réseau dans son ensemble tendait à s'éloigner du secours matériel pour se tourner vers des œuvres à caractère récréatif. Ces dernières, pensait-on, répondraient mieux au caractère festif et participatif de la Francophonie.

La privatisation de la croyance et la spécialisation de la charité

Aux premiers remous de la « vague » des années 1960, le Richelieu a maintenu sa charité chrétienne, en dépit du recul de l'Église et de la progression de l'État dans ces domaines, qui la marquaient profondément. Si la Révolution tranquille s'est faite partiellement

---

4. Michael Gauvreau, *Les origines catholiques de la Révolution tranquille*, Montréal, Éditions Fides, 2008, 464 p.

5. Gaétan Gervais, « Les paroisses de l'Ontario français 1767-2000 », *Cahiers Charlevoix 6. Études franco-ontariennes*, Sudbury, Éditions Prise de parole, 2004, p. 99-194 ; E.-Martin Meunier, Jean-François Laniel et Jean-Christophe Demers, « Permanence et recomposition de la "religion culturelle". Aperçu socio-historique du catholicisme québécois (1970-2006) », dans Robert Mager et Serge Cantin (dir.), *Modernité et religion au Québec. Où en sommes-nous ?*, Québec, Les Presses de l'Université Laval, 2010, p. 79-129.

à partir de l'Église et pas entièrement contre elle, les devoirs du croyant généreux ont continué de guider les cercles, d'où la timidité de leur soutien initial à l'État providence. À l'époque, le siège social se souciait toujours de ne pas « exposer publiquement des théories [...] subversives[6] » au catholicisme, tout en reconnaissant que les points de vue de certains curés, si les tribunes devaient leur accorder trop de place, pourraient nuire aux cercles[7]. « Puisqu'on ne veut plus écouter les curés », les anciens présidents ont-ils écrit à regret en octobre 1962, « il va falloir prêcher le civisme[8]. » Pour renouveler la croyance avec le loisir, on s'est parfois mis à faire des propositions farfelues, dont celle de tenir une messe sur la plage lors du congrès à Miami en novembre 1964. Ce faisant, les membres disaient ne pas vouloir tourner le dos à l'Église, elle qui, d'après le membre franco-américain Roland Desjardins, avait résisté à l'autoritarisme et « adouci graduellement les mœurs brutales des hommes[9] ». Le cercle de Montréal abondait aussi en ce sens dans son *Bulletin* :

> Évidemment, la Providence est à l'origine de toute vie mais Elle a besoin d'intermédiaires, de collaborateurs pour la transmettre [...] à savoir, sa famille, sa nation, sa patrie, son Église. [...] La notion de la dette envers les sociétés naturelles a tendance à s'affaiblir. Et puisque cette notion constitue la source même des plus grands dévouements, des plus grandes amours, des plus nobles aspirations, il importe à l'élite de toute société qui a le sens de son destin de la préciser, de la raviver, de l'approfondir sans cesse[10].

---

6. « Procès-verbal de la vingt-deuxième réunion régulière du Conseil d'administration », 23 janvier 1962, p. 2, dans Centre de recherche en civilisation canadienne-française (CRCCF), Ottawa (Ontario), Fonds Richelieu International (FRI) C76, vol. 1, dossier 7.

7. « Procès-verbal de la deuxième réunion du Conseil d'administration », 25 mars 1964 ; « Procès-verbal de la septième réunion du Conseil d'administration », 30 mai 1964, p. 2, dans CRCCF, FRI C76, vol. 2, dossier 1.

8. « Rapport du Comité des anciens présidents », octobre 1962, p. 2, dans CRCCF, FRI C76, vol. 1, dossier 8.

9. Roland Desjardins, « Une voix d'outre-tombe vous dit "La Paix" – "Shalom!" », *Le Richelieu*, vol. 16, n° 6, novembre-décembre 1966, p. 4, dans CRCCF, FRI C76, vol. 10, dossier 17.

10. *Bulletin*, 7 mai 1962, p. 3, dans Bibliothèque et Archives nationales du Québec – Montréal (BAnQ-M), Montréal (Québec), Fonds Club Richelieu Montréal (FCRM) P206, bobine 6392, image 823.

Car celui qui avait été béni d'une bonne fortune devait appuyer son frère moins nanti[11]. « Ceux qui ont quelque bien en surplus », soulignait un document de doctrine, « sont tolérés [au Richelieu] à condition de partager leur surplus entre ceux qui manquent du nécessaire[12]. » Le catholicisme se trouvait toujours au cœur de la motivation des membres, mais la décléricalisation progressive de la société canadienne-française semblait faire consensus. Lors du congrès à Québec en octobre 1962, le dominicain Georges-Henri Lévesque de l'Université Laval a applaudi l'avènement d'une « adhésion [plus] personnelle » à la foi dans laquelle le prêtre ne « jouer[ait] qu'un rôle secondaire[13] ». À plusieurs égards, la privatisation du lien religieux rapprochait le catholicisme du protestantisme, même si le Richelieu se méfiait toujours de « l'incroyance ».

À ses tribunes, le mouvement en est aussi venu à voir le retrait imminent de l'Église dans l'instruction des jeunes canadiens-français, qu'il se soit agi d'Alfred Lavallée, le fondateur de l'Association d'éducation du Québec, de Jean-Paul Desbiens, le « Frère Untel » qui dénonçait la qualité de l'instruction dans les écoles confessionnelles, de Roland Bériault, défenseur des écoles de langue française en Ontario, ou encore d'Elphège Roy, un enseignant de Manchester[14]. Si l'école publique de langue française suffisait à l'avenir pour assurer la transmission d'un héritage franco-catholique, la suite de l'histoire verrait pourtant les jeunes franco-américains perdre leur accès aux collèges et aux écoles paroissiales bilingues et les jeunes canadiens maintenir une certaine

---

11. Paul-Émile Léger, dans « Propos du jeudi », 27 janvier 1966, p. 3, dans BAnQ-M, FCRM P206, vol. 9, dossier 107, bobine 6392, image 1212.

12. « Charité », [1963], p. 18, dans CRCCF, Fonds Club Richelieu Ottawa (FCRO) C117-2, vol. 10, dossier 17.

13. Georges-Henri Levesque, « L'heure des Laïcs », dans « Congrès international Richelieu Québec », 1962, p. 25-26, dans Archives privées du Club Richelieu de Manchester (APCRM), Manchester (New Hampshire), vol. « 1962 ».

14. *Bulletin*, 1er novembre 1961, dans APCRM, vol. « 1960-1961 » ; *Bulletin*, 27 février 1961 ; *Bulletin*, 28 septembre 1964, dans BAnQ-M, FCRM P206, bobine 6392, images 705 et 1035 ; « Procès-verbal de la huitième assemblée régulière et première plénière du Conseil d'administration », 3 juin 1961, p. 2 ; *Bulletin*, 24 février 1962, dans CRCCF, FRI C76, vol. 1, dossier 7 et FCRO C117-2, vol. 7, dossier 5.

confessionnalité dans l'expansion de leurs régimes scolaires de langue française.

« Nous devons apprendre », a clamé le sociologue Guy Rocher au club de Maisonneuve en mars 1961, « à ne plus nous définir comme un peuple entièrement catholique » ; le Richelieu, les prévenait-il, avait déjà, en « son sein même, des Canadiens français non catholiques et anticléricaux[15] ». Cet appel à l'œcuménisme, qui allait dans le sens de l'encyclique Vatican II, était repris par le conseiller moral Roger Larivière, lorsqu'il pressait les clubs de chercher avant tout une « personne honorable et respectable[16] » dans leur recrutement. Du même souffle, Larivière émettait toutefois une mise en garde, à savoir qu'il fallait considérer l'intégration de protestants et d'agnostiques « avec beaucoup de doigté tout en conservant l'idée de s'affirmer comme groupement catholique militant[17] ». Preuve d'un malaise sur ce front, le club de Montréal n'est pas parvenu à se décider sur l'admission de candidats protestants lors d'un vote en novembre 1966[18]. Et le club de Boston avait beau refuser se soumettre à la doctrine sociale de l'Église, il hésitait quand même à intégrer des membres non catholiques[19].

Visiblement, on ne savait plus trop sur quel pied danser. Le Richelieu demeurait « confessionnel », répondait Mathias Pagé aux laïcistes militants, ce qui l'empêchait d'abolir l'affiliation à l'Église de sitôt, mais on ne croyait plus pouvoir rejeter dogmatiquement une croyance parce qu'elle n'était pas catholique[20]. Ces tensions

---

15. Guy Rocher, 15 mars 1961, dans Denise Robillard, *L'Ordre de Jacques Cartier. Une société pour les Canadiens français catholiques, 1926-1965*, Montréal, Éditions Fides, 2009, p. 416-418.

16. Roger Larivière, dans « Actualités Richelieu », *Le Richelieu*, vol. 14, nᵒˢ 1-2, janvier-avril 1964, p. 16, 18, dans CRCCF, FCRO C117-2, vol. 10, dossier 17.

17. Roger Larivière, dans « Procès-verbal de la vingt-troisième réunion régulière et quatrième réunion plénière du Conseil d'administration », 18 février 1965, dans CRCCF, FRI C76, vol. 1, dossier 8.

18. *Bulletin*, 21-28 novembre 1966, dans BAnQ-M, FCRM P206, bobine 6392, image 1343.

19. « Procès-verbal de la quinzième assemblée régulière et troisième plénière du Conseil d'administration », 11 octobre 1962, p. 2 ; « Compte rendu d'une rencontre avec les Richelieu franco-américains », 13 janvier 1968, dans CRCCF, FRI C76, vol. 1 et 2, dossiers 1 et 5.

20. Lettre de G.-Mathias Pagé à chacun des secrétaires des Clubs, 23 décembre 1965, dans Archives privées du Club Richelieu d'Edmundston (APCRE), Edmundston (Nouveau-

dans le milieu associatif pourraient avoir amené Roger Larivière à se désengager vis-à-vis du CE, auquel il ne participerait plus de manière régulière à partir de l'automne 1965. Les clubs ne voulaient pas évacuer la religion, même si on entrevoyait sa marginalisation éventuelle[21]. Comment ménager la croyance, l'adhésion à l'Église et la modernisation du Richelieu? On prendrait quelques années pour y réfléchir.

Dans l'esprit des membres, cette période trouble a également brouillé le lien entre foi et charité. À l'époque, l'État et les fondations absorbaient – ou menaient à la fermeture – les filiales de la Fédération des œuvres et de Caritas[22] et le Richelieu se demandait si sa charité connaîtrait un sort semblable. En 1963, le mouvement a dû repousser les avances du Conseil du bien-être canadien, qui proposait d'usurper ses œuvres. Simultanément, il invitait les anciens membres des cellules désaffectées de Caritas et de la Fédération à se joindre au Richelieu au lieu[23]. D'ailleurs, les clubs avaient besoin de nouveaux collaborateurs, puisque certains ne récoltaient que de maigres sommes et les collectes dépendaient toujours des réseaux interpersonnels[24]. À l'hiver 1962, 40 % des fonds des collectes provenaient de quelques donateurs dans ces réseaux[25]. Cela explique comment une équipe sur sept au club d'Edmundston en 1960 pouvait rapporter plus du quart de la collecte totale[26] ou encore comment 39 % (11 400 $) de la récolte au club de Montréal en 1966 revenaient à Léo Lavoie, membre

---

Brunswick), vol. «Confessionnalité».

21. Michel Vary, «Est-ce que le Club tel qu'il existe aujourd'hui, favorise ou propage l'enfance malheureuse?», *Le Richelieu*, vol. 17, n° 2, mars-avril 1967, p. 15, dans FCRO C117-2, vol. 10, dossier 18.

22. Lucia Ferretti, «Caritas-Trois-Rivières (1954-1966), ou les difficultés de la charité catholique à l'époque de l'État providence», *Revue d'histoire de l'Amérique française*, vol. 58, n° 2, automne 2004, p. 206-215.

23. Lettre de Lucien Thinel à Horace Racine, 5 septembre 1962; Lettre de Marie Hamel à Horace Racine, 14 septembre 1962, dans Bibliothèque et Archives Canada (BAC), Ottawa (Ontario), Fonds du Canadian Council on Social Development MG28-I10, vol. 196, dossier 14; «Rapport…», octobre 1962, *op. cit.*, p. 2.

24. *Bulletin*, 28 mars 1963, p. 2, dans BAnQ-M, FCRM P206, bobine 6390, image 882.

25. *Le Richelieu*, vol. 12, n° 2, mars-avril 1962, p. 6, dans CRCCF, FRI C76, vol. 10, dossier 17.

26. «Procès-verbal de la réunion du Conseil d'administration», 25 septembre 1967, p. 2, dans CRCCF, FCRO C117-2, vol. 5, dossier 10.

du club et ancien président de la Fédération des œuvres[27]. Parmi ces sollicitations de dons et des ventes d'articles, de nouvelles interventions médiatiques, dont les « radiothons » et les concerts, faisaient cependant une percée. On soulevait alors le potentiel pour cette charité locale et ponctuelle de s'adapter à la rationalisation des collectes[28]. Ces efforts connaîtraient plus de succès à Montréal et à Québec, soulignant à grands traits le lien entre le bassin de donateurs potentiels et la prospérité d'un milieu.

Les sommes amassées s'éloignaient de la modestie des premières collectes et permettaient désormais de subventionner des établissements sociaux. Par exemple, le cercle de Sudbury a pris sous son aile l'hypothèque de 18 000 $ de l'Orphelinat Saint-Joseph et le cercle de Montréal s'est mis à offrir les fonds de fonctionnements au Foyer Mariebourg[29]. Ce dernier accueillait les garçons orphelins et les soutenait dans leur transition vers un autre foyer ou vers la vie adulte. À la grande satisfaction des membres, certains jeunes hébergés ont fini par compléter des études postsecondaires et fonder des familles. Sans obtenir des fonds de l'État ou de la Fédération des œuvres, le Foyer dépendait du soutien du club et d'un prêtre pour fonctionner. Avec le soutien de trois religieuses, le club a pu élargir son œuvre aux adolescentes en 1964 en fondant le Foyer Le Relais, qui hébergeait 20 filles à la fois ; le club remboursait 57 % de ses 46 000 $ en dépenses annuelles et le Service du bien-être social municipal absorbait la différence[30].

---

27. *Bulletin*, 11 janvier 1960, p. 2 ; « Campagne de charité. Rapport », 1966, p. 4 ; « Fonds des œuvres. Liste des octrois versés », 30 avril 1966, dans BAnQ-M, FCRM P206, bobines 6387 et 6392, images 612 et 1297.

28. *Le Richelieu*, vol. 10, numéro spécial, 1960, p. 6 ; « Procès-verbal de la vingtième réunion du bureau de direction », 29 octobre [1962] ; André Fauteux, « Le rôle des Clubs Richelieu », *Le Richelieu*, vol. 13, n° 2, mars-avril 1963, p. 12, dans CRCCF, FCRO C117-2, vol. 6 et 10, dossiers 1 et 17 ; Robert Gardner, *Golden Jubilee, 1913-1963*, Montréal, The Rotary Club of Montreal, 1963, p. 7, dans Queen's University, Edith and Lorne Pierce Collection.

29. Jean Goulet, « Les œuvres Richelieu », *Le Richelieu*, vol. 15, n° 1, janvier-février 1965, p. 9-10, dans CRCCF, FCRO C117-2, vol. 10, dossier 17.

30. « Mémoire sur le Foyer Mariebourg », [1962], 2 p. ; « Bulletin spécial », 30 octobre 1964 ; « État de revenus et dépenses », 31 mars 1966, dans BAnQ-M, FCRM P206, bobines 6389, 6390 et 6392, images 174, 1044 et 1593.

TABLEAU 4.1

Sélection de collectes de fonds (1960-1967)[31]

Club	Collecte (somme, année), selon les données disponibles
Bathurst	Tenue d'un concert de Jean-Pierre Ferland (1967)
Pointe-à-l'Église	Vente de 500 arbres de Noël (1967)
Drummondville	Tenue d'un radiothon (9 200 $, 1967)
Edmundston	Vente de petits pains (3 400 $, 1960); vente de pains, de fleurs et de chocolats (6 200 $, dont 18 % récolté par les Dames Richelieu, 1967)
Granby	Vente de petits pains (1967)
Manchester	(6 300 $, 1964); (5 700 $, 1966); (6 500 $, 1967)
Montréal	(44 400 $, 1961-1962); (42 500 $, 1963-1964); (41 000 $, 1967)
Ottawa	(6 300 $, 1966)
Québec	Vente de petits pains (30 200 $, 1960); (45 000 $, 1964); (50 000 $, 1965)
Trois-Rivières	Tenue d'un radiothon (22 700 $, 1965)
Welland	Tirage d'une voiture (1967)

Ces exemples rappellent que les clubs des villes tendaient désormais à cibler deux ou trois œuvres d'importance par année, donnant à leur charité l'allure d'une assistance centralisée[32]. Quelques années

---

31. « Campagne du Petit Pain. État des revenus et dépenses », 1960; Cécile Nadeau, « Historique des Dames Richelieu », 1982, dans APCRE, vol. « Dames Richelieu » et « Petit Pain »; *Bulletin*, 14 novembre 1960, dans Archives privées du Club Richelieu Québec (APCRQ), L'Ancienne-Lorette (Québec), vol. « 1960 »; « La vie des clubs », *Le Richelieu*, vol. 12, n° 1, janvier-février 1962, p. 4; *Le Richelieu*, vol. 13, n° 3, mai-juin 1963, p. 10, dans Archives privées du Richelieu International (APRI), Ottawa (Ontario), vol. « Vie Richelieu 1946-1980 »; *Bulletin*, n° 773, 14 mai 1962, p. 3; « État de la campagne de charité », 30 avril 1964, 2 p., dans BAnQ-M, FCRM P206, bobines 6390 et 6392, images 252-253 et 826; *Le Richelieu*, vol. 14, n° 4, juillet-août 1964, p. 6; « Procès-verbal de la neuvième réunion du Conseil d'administration », 17 septembre 1965, p. 4; « État des recettes et déboursés », 30 septembre 1966, Annexe D; *Le Richelieu*, vol. 17, n° 3, mai-juin 1967, 10; *Le Richelieu*, vol. 17, n° 5, novembre 1967, p. 17; *Le Richelieu*, vol. 17, n° 6, décembre 1967, p. 10; « État des revenus et dépenses », 31 décembre 1967; *Le Richelieu*, vol. 18, n° 1, janvier 1968, p. 2-3, dans CRCCF, FCRO C117-2, vol. 7 et 10, dossiers 8, 17 et 18 et FRI C76, vol. 2, dossier 1; « Rapport financier de l'année 1964 », [1965]; « Rapport financier compte régulier », 31 décembre 1966; « Compte régulier. Recettes et déboursés », 31 décembre 1967, dans APCRM, vol. « 1965 », « 1966 » et « 1967 »; Roland Desjardins, Louis-Roland Paradis, Jules Perron et Roland Lemire, *Kaléidoscope Richelieu 1946-66*, Trois-Rivières, P.-H. Martineau Éditeur, 1966, p. 19.

32. *Bulletin*, 21-28 novembre 1966, dans BAnQ-M, FCRM P206, bobine 6392, image 1343.

plus tard, un sondage auprès des cercles confirmerait « nettement une tendance en faveur d'une œuvre d'envergure plutôt que du dépannage[33] ». Devant l'avancée de l'État providence, certains clubs se sont orientés vers les œuvres de nature récréative. Le club de Donnaconna (Québec) consacrait déjà la moitié de son soutien à une colonie de vacances[34], tandis que le club d'Alma consacrait 82 % de ses fonds à une colonie locale. Pourtant, certains clubs continuaient de faire des dons modestes aux familles nécessiteuses ou des dons en nature. Ainsi, des membres pouvaient recueillir 10 000 articles vestimentaires pour les orphelins de Trois-Rivières[35] ou amener des dizaines d'orphelins de l'orphelinat St. Peter's de Manchester à Hampton Beach (New Hampshire) par exemple[36].

Sur le spectre politique, cette charité continuait d'être animée par des gens qui voulaient alléger le fardeau des familles nécessiteuses, tout en tenant à distance les régimes politiques alternatifs[37]. La charité préservait la liberté d'expression et endiguait les sympathies communistes, mais l'État providence n'était plus perçu comme un simulacre de socialisme qui ne s'avouait pas[38]. Au lieu, le mouvement appelait le membre à donner de son temps en plus de payer ses impôts, la redistribution technocratique étant insuffisante pour répondre aux devoirs d'un chrétien[39]. On en venait alors à percevoir la charité comme complémentaire aux nouveaux services publics. D'ailleurs, les Canadiens français du Québec voyaient de plus en plus leur État provincial comme un mécanisme pouvant assurer leur salut collectif. En passant à une tribune, le fondateur Horace Viau, le maire Jean Drapeau et le premier ministre Jean Lesage

---

33. « Procès-verbal de la septième réunion du Conseil d'administration », 3-4 décembre 1971, p. 7, dans CRCCF, FRI C76, vol. 3, dossier 1.

34. « Revue rétrospective des cinq années du Richelieu-Donnacona », *Le Richelieu*, novembre 1967, *op. cit.*, p. 10.

35. *Le Richelieu*, mai-juin 1963, *op. cit.*, p. 3.

36. Lettre aux membres du Club Richelieu de Manchester, 7 août 1967, dans APCRM, vol. « 1967 ».

37. Robert Bremner, *Giving: Charity and Philanthropy in History*, New Brunswick (New Jersey), Transaction Publishing, 1994, 235 p.

38. *Bulletin*, 4 juillet 1960, dans APCRQ, vol. « 1960 ».

39. *Le Richelieu*, vol. 12, n° 5, septembre-décembre 1962, p. 10 ; Marcel Laurin, « Don de soi ou don d'argent ? », *Le Richelieu*, vol. 11, numéro spécial, 1961, p. 17, dans CRCCF, FCRO C117-2, vol. 10, dossier 17.

rappelaient tous la complémentarité de l'assistance publique à la charité privée[40]. De passage au congrès de 1962, Lesage a rajouté que l'expansion de l'assistance publique dépendrait d'une solidarité entre citoyens, qui pourrait être éveillée par la charité. L'un n'irait pas sans l'autre :

> [Les membres du Richelieu] perpétuent l'esprit d'entraide qui a marqué, au Québec, toute l'évolution de notre régime social. Cet esprit d'entraide, la société moderne a tendance à le perdre. À mesure que s'accroît la part gouvernementale à ces services, il devient nécessaire d'adopter des normes administratives efficaces. Inévitablement, le contact humain risque alors de laisser la place à des relations de lointains fonctionnaires entre la personne aidée et l'organisme qui lui accorde le secours dont elle a besoin [...].
>
> Par la présence des organismes d'assistance bénévole, comme nos clubs Richelieu, cet effort de personnalisation est plus facile. La société aide à [*sic*] l'individu à la fois grâce aux services que peuvent lui rendre des groupes de citoyens et des institutions publiques. La collaboration et la complémentarité de l'initiative publique et de l'initiative privée ne peuvent qu'avoir des effets heureux[41].

Un club pouvait pleurer l'absorption de son œuvre par l'État, mais on l'encourageait à s'intéresser aux défis auxquels l'État ne pourrait offrir de solutions. De dire Roland Desjardins :

> Les gouvernements, en se socialisant progressivement, limitent de plus en plus le champ de la charité privée. Viendra-t-il donc un moment où il n'y aura plus de petits « pauvres » parmi nous ? Assurément pas, surtout si on se souvient qu'il n'y a pas que la pauvreté de l'argent ou des biens matériels. Il y aura toujours des

---

40. Horace Viau, « Le Richelieu en l'an 2000 », *Le Richelieu*, vol. 10, numéro spécial, *op. cit.*, p. 8-9.

41. Jean Lesage, « Le rôle éminent des clubs Richelieu », octobre 1962, dans Diane Vallée, *Rappels et reconnaissance 1946-1996. Cinquantenaire du Club Richelieu Mont-Joli*, Mont-Joli, Imprimerie Mont-Joli, 1996, p. 52.

misères qui échapperont aux secours de l'administration publique la plus honnête et la plus compétente. Il s'agira de les dépister et les Clubs Richelieu continueront à le faire en sachant s'adapter aux besoins particuliers de l'heure. [...]

Les conditions sociales, surtout celles des classes non privilégiées, ont changé plus vite depuis vingt ans qu'à aucune autre période de l'histoire humaine. Quel père de famille, s'il est d'intelligence moyenne, sobre et courageux, ne peut pas aujourd'hui pourvoir à tous les besoins des siens ? Je ne parle pas ici de régions sous-développées de nos deux pays où nos clubs ont vraiment peu de chances de s'implanter. Je pense aux régions urbaines de niveau moyen et en temps normal. De plus, quand le pourvoyeur ou les pourvoyeurs de l'unité familiale se trouvent en présence de circonstances exceptionnelles dues à la maladie ou quelque autre infortune, n'y a-t-il pas presque partout un service correspondant de prévu par l'État ? Cela est vrai aussi pour les enfants dont les parents font entièrement défaut soit par incapacité ou par négligence coupable. [...]

L'État, en plus, s'impose le devoir permanent de les secourir et de pourvoir à tous leurs besoins. Comme [membre du] Richelieu et donc comme citoyen particulièrement attentif au sort de l'enfance malheureuse, nous devrions chercher les moyens d'exercer ou de réclamer une surveillance d'elle. Il est si facile à ces services de déchoir et de manquer la fin pour laquelle ils existent. [...]

Payer ici un dentier ou une paire de verres, là, des chaussures orthopédiques ou une jambe artificielle, sont certes des actions louables et méritoires, mais c'est là une assistance éparpillée qui, en certains cas, peut faire double emploi avec les services publics et n'a certes pas le caractère d'urgence qu'elle pouvait avoir il y a quinze ou vingt ans. [...]

Il ne s'agit pas de laisser tomber l'intérêt que nous avons toujours porté à l'enfance malheureuse. [...] Il s'agit au contraire d'en assurer la pleine mesure en faisant les ajustements nécessaires aux conditions toujours changeantes du monde où nous vivons. Il s'agit aussi de concentrer nos efforts et nos moyens pour les appliquer vraiment à la vocation qui nous est propre, celle qui nous distingue des autres clubs sociaux : la vocation de pousser l'infiltration de la culture française et de la pensée catholique[42].

La charité franco-catholique pouvait donc avoir un avenir important, peu importe la dimension que prendrait le filet de sauvetage de l'État. Pour renchérir sur ce point, Gontran Rouleau rappelait l'exemple que le gouvernement du Québec, en étatisant l'instruction publique en 1964, n'avait pas prévu d'accommodement pour les enfants souffrant de retards intellectuels. Ce faisant, son club à Baie-Comeau a suspendu ses œuvres ponctuelles pour établir, grâce au soutien d'une religieuse, une classe particulière pour ces enfants. « Tant et aussi longtemps que des mesures en planification, en législation ne viendront pas au secours des commissions scolaires [...] », a-t-il écrit en septembre 1965, « le club Richelieu Baie Comeau – Hauterive aura sa place à subventionner cette œuvre magnifique[43]. » Pour redorer sa charité, le club n'avait qu'à demeurer attentif à son entourage, où il pourrait constater un besoin et y répondre.

Le Richelieu semble avoir évolué vers le centre de l'échiquier politique pendant la décennie. Plusieurs membres avaient sans doute de fermes allégeances politiques, mais les clubs refusaient toujours de prendre parti pour un candidat, qu'il ait été créditiste, libéral, néo-démocrate, progressiste-conservateur ou unioniste, lors des campagnes électorales[44]. Il existait toujours un « danger de s'identifier comme club, avec un parti politique ou de froisser des membres par des remarques [partisanes][45] », selon l'administrateur Gérard Bernier. « Basé sur le bon sens et la logique », le centrisme s'avérait essentiel à la pérennité du mouvement. « Il fait bon de

---

42. Arthur Desjardins, « La mystique Richelieu », *Le Richelieu*, vol. 15, n° 5, septembre-octobre 1965, p. 7, dans CRCCF, FCRO C117-2, vol. 10, dossier 17.

43. Gontran Rouleau, « L'enfance exceptionnelle », *Le Richelieu*, *op. cit.*, septembre-octobre 1965, p. 1.

44. Maurice Sauvé, « Notes d'un discours au Club Richelieu-Montréal Inc. », 13 avril 1967, dans BAC, Fonds Maurice Sauvé (FMS) MG32-B4, vol. 168, dossier 13-4-1967 ; *Bulletin*, 2 octobre 1962 ; *Bulletin*, 29 octobre 1962 ; *Bulletin*, 14 mars 1963 ; *Bulletin*, 1er avril 1963, dans BAnQ-M, FCRM P206, bobine 6392, images 852, 859, 899 et 910 ; Armand Dufresne, « Rapport du secrétaire général », *Le Richelieu*, janvier-février 1962, *op. cit.*, p. 5.

45. Gérard Bernier, « Le bel esprit Richelieu », *Le Richelieu*, *op. cit.*, janvier-avril 1964.

découvrir chez les nôtres un esprit bien équilibré», a-t-il poursuivi à l'hiver 1964, «se situant en plein centre, à l'encontre d'un piétinement stagnant à droite ou d'une course effrénée et dangereuse à gauche[46].» Pourtant, plusieurs clubs de l'Ontario français manifestaient leur penchant pour le Parti libéral sans trop de réserve, un résultat de l'appui du parti pendant les crises scolaires, la fréquence à laquelle les libéraux présentaient des candidats canadiens-français aux élections et la classe sociale des membres. Ces clubs se sont toutefois retenus de discuter du rôle croissant de l'État dans les affaires sociales, percevant peut-être que la minorité francophone ne parviendrait pas à influencer le législateur provincial sur ce front[47].

L'aversion aux positions tranchées découlait d'une crainte d'éveiller les frictions sur la question nationale, mais aussi d'une volonté de s'ouvrir aux nouvelles manières de concevoir la redistribution matérielle. L'intervention étatique, qui avait longtemps été soupçonnée de répondre aux aspirations de la majorité anglaise avant tout, ne provoquait plus l'angoisse d'antan chez les membres. Au lieu, le Richelieu choisissait de réconcilier la charité franco-catholique avec les nouveaux services sociaux publics. Même si la charité était rarement préventive et ne remédiait pas aux déséquilibres systémiques, les inégalités persisteraient, pensait-on, tant et aussi longtemps que des individus manqueraient à leur devoir vis-à-vis de leurs prochains.

L'érosion de l'engagement chrétien

Si les «années 68» ont perturbé le Canada français de plusieurs manières, les ruptures radicales, rappelle Sean Mills, n'atteignaient pas que les jeunes[48]. Pendant qu'on reléguait aux oubliettes la

---

46. *Ibid.*

47. «Procès-verbal de la vingt-deuxième assemblée régulière du Conseil d'administration», 20 décembre 1962; «Procès-verbal. Gouverneurs régionaux», 28 février 1964, p. 2, dans CRCCF, FRI C76, vol. 2, dossiers 7 et 8.

48. Sean Mills, *Contester l'empire. Pensée postcoloniale et militantisme politique à Montréal, 1963-1972*, Montréal, Éditions Hurtubise, 2011, p. 11.

confessionnalité des associations canadiennes-françaises au Québec, on a largement mis à nu et désarmé la conception du chrétien engagé. L'absorption d'œuvres sociales par l'État et la disponibilité de subventions gouvernementales réduisaient l'urgence à faire du bénévolat et à organiser des collectes exigeantes. En revanche, si l'influence de l'Église reculait au Richelieu, la croyance et la pratique religieuse s'y maintenaient quand même. En septembre 1968 par exemple, quelques centaines de délégués au congrès de Cannes ont prolongé leur séjour européen pour assister à une audience privée au Vatican avec le pape Paul VI[49], qui applaudirait leur contribution «au développement solidaire et intégral des peuples[50]». En ayant toujours au CA un «conseiller moral» nommé par l'archevêque, on trouvait délicat le sujet d'intégrer des non-croyants aux cercles. Dans les milieux minoritaires, les diocèses, écoles et paroisses dans lesquels les Canadiens français étaient majoritaires continuaient d'agir comme rares lieux de pouvoir; il allait de soi qu'on ne souhaitait pas abandonner[51]. Le siège social du mouvement étant en Ontario et la majorité des cercles se trouvant au Québec, la laïcisation pouvait alors devenir litigieuse.

Après trois ans de trêve sur la question, des administrateurs du Québec ont suggéré au CA, en décembre 1969, de mettre fin à l'affiliation formelle du Richelieu à l'Église. Brusqué par la proposition, Roger Larivière a exprimé son «regret de ne pas avoir été consulté plus tôt[52]» à ce sujet. Le CA lui a alors promis d'attendre qu'il produise un mémoire sur la question, même si entretemps Gontran Rouleau laissait entendre aux promoteurs européens que, dans un effort «d'intérioriser la religion», le Richelieu supprimerait bientôt son «étiquette catholique[53]». L'arrivée de clubs européens

49. Roger Larivière, dans «Procès-verbal de la troisième réunion du Conseil d'administration», 3 mai 1968, p. 5, dans CRCCF, FRI C76, vol. 2, dossier 5.

50. Paul VI, dans «Congrès international "Richelieu"», *L'Osservatore Romano*, 3 octobre 1968, p. 2.

51. Numa Pichette, «Conférence», *Le Républicain*, 29 octobre 1968, dans APCRE, vol. «Bulletins».

52. Roger Larivière, dans «Procès-verbal de la septième réunion du Conseil d'administration», 19 décembre 1969, p. 3, dans CRCCF, FRI C76, vol. 2, dossier 6.

53. Lettre de Gontran Rouleau à Pierre Beauquier, 12 décembre 1969, p. 2, dans APRI, vol. «Clubs», dossier «07163 Cannes».

n'était pas à la source de cette laïcisation, mais elle l'avait certainement accélérée. Le mois suivant, Larivière a rejeté la proposition de transformer le Richelieu en mouvement «humaniste», car laissant «sans credo ni morale [...] des hommes baptisés[54]». Pour dénouer l'impasse, il lui a proposé une «orientation chrétienne» accordant «un statut d'égalité à tous les membres des clubs ou de la Société qu'ils soient catholiques, musulmans, agnostiques, soi-disant athées, etc.[55]» Tâchant de sauver les meubles devant l'inévitable, Larivière a recommandé un œcuménisme à la carte, plus culturel que doctrinaire.

Persuadée que les membres ne souhaitaient plus «se soumettre à l'autorité[56]» religieuse, l'assemblée en février 1970 a adopté cette «orientation chrétienne[57]» à l'unanimité. Certains ont vu en cette désignation «un enjoliveur», qui solidifiait l'assise francophone et humaniste du Richelieu; certains se réjouissaient aussi, un peu paradoxalement, de pouvoir enfin intégrer des prêtres comme membres à part entière. En voulant être «de son temps», le Richelieu pensait avoir réussi à se redéfinir «sans renier son passé[58]». Il n'adhérait plus à l'Église formellement, mais reconnaissait que l'action de ses membres continuerait d'être guidée par ses principes[59]. Voilà qui était un «progrès» qui indiquait, selon la revue œcuménique *Credo*, qu'il n'était plus «nécessaire de vivre en serre chaude[60]» en 1970.

---

54. Roger Larivière, «Sécularisation de la Société Richelieu», [janvier 1970], p. 2, dans CRCCF, FRI C76, vol. 2, dossier 6.

55. *Ibid.*

56. «Atelier des mandataires. Districts 6-7-8», 13 février 1970; «Procès-verbal de la vingtième assemblée générale annuelle», 13-14 février 1970, p. 7, dans CRCCF, FRI C76, vol. 3, dossier 1.

57. «Procès-verbal de la vingtième assemblée générale annuelle», 13-14 février 1970, p. 7, dans CRCCF, FRI C76, vol. 3, dossier 1.

58. Robert Fournier, «Allocution du nouveau président général», 14 février 1970, dans *La Revue Richelieu*, vol. 20, n° 2, mars-avril 1970, p. 11, dans CRCCF, FCRO C117-2, vol. 10, dossier 19.

59. «Richelieu Officials Say Club Remains Non-Political», *[Ottawa Citizen]*, [15 février 1970], dans APCRE, vol. «Presse».

60. «Éditorial. Intéressante évolution des clubs Richelieu», *Credo*, n° 17, 3 avril 1970, p. 5.

Pourtant, le siège social recevrait de nombreuses lettres de membres qui considéraient la décision mal avisée[61]. Certains ont remis en cause la validité du vote en assemblée pour des raisons procédurales[62] ; le cercle d'Edmundston jugeait plutôt qu'une adhésion continue à la doctrine sociale de l'Église n'aurait pas empêché l'admission de non-catholiques. D'après lui, la mire des expansionnistes comptait plusieurs pays avec des majorités catholiques, dont le Burundi, le Congo, le Gabon et les Îles de la Réunion, où le mouvement aurait pu «fonder des nouveaux clubs [...] d'abord[63]». D'ailleurs, le discours de Pierre-Honoré Masunga, lors de l'affiliation du cercle Mobutu en juillet 1970, était truffé de références bibliques[64]. Ce sont surtout les clubs canadiens en milieu minoritaire francophone qui tendaient à vouloir maintenir un lien avec l'Église. De Manchester, le président Louis-Israël Martel rageait contre les promoteurs de la laïcisation, qui auraient été en train de mener la civilisation occidentale à sa «ruine[65]». Il valait mieux assumer sa chrétienté en tendant la main à l'autre que de se revêtir d'une neutralité hypocrite selon lui[66] ; à Pointe-de-l'Église, on a appelé un prêtre à offrir sa bénédiction lors de l'inauguration d'une piscine construite par le club[67].

En octobre 1970, le CA a prévenu Roger Larivière qu'il ne le convoquerait plus à moins qu'une question morale n'apparaisse à l'ordre du jour. On sent bien que Larivière a saisi ce qu'on tentait

---

61. Lettre de Laurier Thibault au Conseil d'administration, 3 mars 1970, 2 p., dans APCRE, vol. «Orientation» ; Lettre de G.-Mathias Pagé à Laurier Thibault, 27 avril 1970, 2 p. ; Lettre de Gaston Brown à Robert Fournier, 13 mars 1970, dans APRI, vol. «Clubs», dossiers «Edmundston 07041» et «Québec 07008».

62. «Procès-verbal de la réunion du Conseil d'administration», 6 avril 1970, p. 3, dans CRCCF, FCRO C117-2, vol. 5, dossier 11 ; Entrevue avec Normand Clavet, Edmundston (Nouveau-Brunswick), 2 juin 2011.

63. «Pays francophones d'Afrique», 3 mars 1970, dans APCRE, vol. «Orientation».

64. «Au Club R/Mobutu», 3 juillet 1970, 2 p., dans APRI, vol. «Clubs», dossier «Mobutu 07164».

65. Louis-Israël Martel, «Discours inaugural», *La Revue Richelieu*, vol. 21, n° 3, mai-juin 1971, p. 3, dans CRCCF, C117-1, vol. 3, dossier 15.

66. «Procès-verbal de la réunion du comité de régie», 29 mai 1970, p. 2 ; «Procès-verbal de la septième réunion du Conseil d'administration», 30-31 octobre 1970, p. 4, dans CRCCF, FRI C76, vol. 2, dossier 7.

67. Édouard LeBlanc, «Une œuvre du Club Richelieu», *La Revue Richelieu*, vol. 21, n° 1, janvier-février 1971, p. 11, dans CRCCF, FCRO C117-2, vol. 10, dossier 19.

de lui dire poliment, car il ne se présenterait plus à une rencontre. Quant à la prière, on l'oublierait parfois en commençant des rencontres à partir de 1973. Gontran Rouleau avançait même que «l'équation» entre la langue et la foi était devenue un «mythe». Le catholicisme avait toujours eu des adeptes de différentes nationalités et la Francophonie nouvelle, tout comme le Canada français, devait aussi intégrer les agnostiques, voire les athées. «Aujourd'hui tout doit être rationalisé», a partagé Rouleau avec un auditoire franco-américain. «Sera catholique celui qui comprendra pourquoi. Seront de langue française ceux qui se motiveront par choix, un choix déterminé, lucide, froid, volontaire et non par une espérance[68].» Son auditoire se brassait probablement la tête, car là où le français et le catholicisme n'étaient pas une réalité quotidienne, moins de gens qu'auparavant feraient probablement un tel «choix».

Si l'humanisme au Richelieu pouvait s'inspirer de plus d'une source, certains membres y voyaient une marginalisation excessive du catholicisme. Ainsi, après avoir abandonné la conformité à la doctrine sociale de l'Église, le processus de laïcisation s'est à peu près arrêté là. On a maintenu un conseiller moral (qu'on ne convoquait jamais) au CA et continué d'inviter des prêtres et des évêques pour présider des célébrations eucharistiques lors des congrès[69]. Plusieurs conférences parmi les clubs en milieu minoritaire témoignaient de l'espoir que l'œcuménisme du pape Jean-Paul II ralentisse la laïcisation du Canada français et permette au catholicisme d'être perçu sur la place publique comme une philosophie crédible[70]. En revanche, ces espoirs pour la foi semblaient se faire plus discrets

---

68. Gontran Rouleau, «Le mythe-équation: langue et foi», *La Revue Richelieu*, vol. 18, n° 5, septembre 1968, p. 13, dans FCRO C117-2, vol. 10, dossier 19.

69. «Congrès-vacances de Liège. Vivre la Francophonie», [été 1977], p. 55, dans APRI, vol. «Procès-verbaux», dossier «1976-1977»; Joseph-Aurèle Plourde, «Allocution prononcée à Ottawa», *Vie Richelieu*, vol. 29, n° 1, janvier-février 1979, p. 12, dans CRCCF, FCRO C117-1, vol. 3, dossier 14.

70. «Réunion annuelle de l'assemblée générale», 28-30 mars 1974, p. 6; *Bulletin*, 16 janvier 1976, dans APCRM, vol. «1975-1981»; Normand Clavet, «Être Richelieu, c'est aimer et servir», *Vie Richelieu*, vol. 27, n° 1, janvier-février 1977, p. 7; «Mission culturelle du Richelieu International dans la Francophonie mondiale», *Vie Richelieu*, vol. 28, n° 5, octobre-décembre 1978, p. 8, dans APRI, vol. «Vie Richelieu 1946-1980»; *Bulletin*, 15 mars 1978, p. 2, dans CRCCF, FCRO C117-2, vol. 7, dossier 14 et FRI C76, vol. 3, dossier 4; Aurel Gervais, *Club Richelieu Welland*, Welland, Éditions du Soleil, 1992, p. 96.

au Québec, où les clubs n'employaient plus la tribune pour parler de religion, peut-être par crainte que cela gêne les efforts d'expansion en France, même si les clubs de Belgique avaient moins de gêne à discuter publiquement de catholicisme[71]. Malgré la volonté de certains d'extirper toute trace de catholicité au Richelieu, le siège social a maintenu certains bénédicités et les allusions à l'orientation chrétienne, dans un esprit de «respecter les attitudes et croyances» de chacun sans faire «l'adaptation à la minorité», soit «beaucoup d'Européens et de Québécois[72]». La laïcisation culturelle faisait tout de même son chemin au Canada français, au point où le délégué général a pu oublier, lorsqu'il s'est rendu au Sénégal, au Niger et en Guadeloupe, que des recrues potentielles là-bas prenaient relâche pour observer le Ramadan ou la Toussaint par exemple[73].

La charité, l'assistance publique et les subventions

Il fallait seulement faire preuve d'un peu d'«imagination», selon Gaston Beaulieu, pour «trouver des œuvres originales, là où l'État ne v[enai]t pas en aide à l'enfance et à la jeunesse[74]». Pour Normand Clavet, il fallait «quelqu'un dans la société qui faisait ressortir les problèmes[75]» aux yeux de l'État, qui devait être sensibilisé à un problème pour y répondre. La décision du club d'Edmundston d'inaugurer une maternelle pour les enfants d'âge préscolaire découlait précisément d'une telle conviction. En 1969, il a recruté une

---

71. Jean-Claude Turcotte, «Le Richelieu n'est pas un cénacle fermé», *Vie Richelieu*, vol. 25, n° 5, novembre-décembre 1975, p. 7 ; Normand Clavet, «Remise de charte Club Richelieu Pointe-à-Pitre, Guadeloupe», *Vie Richelieu*, vol. 28, n° 3, mai-juin 1978, p. 6, dans APRI, vol. «Vie Richelieu 1946-1980» ; Alexandre-J. Savoie, «Sommes-nous prêts à relever le défi», *Vie Richelieu*, vol. 23, n° 2, mars-avril 1973, p. 3 ; «Congrès du district N° 9», *Vie Richelieu*, vol. 25, n° 1, janvier-février 1975, p. 16, dans FCRO C117-1, vol. 3, dossier 14 ; «Projet de motion déposé par le district 12», *Vie Richelieu*, octobre-décembre 1978, *op. cit.*, p. 13.

72. «Rapport d'une réunion du Comité d'orientation», 19 mai 1977, p. 18, dans APRI, vol. «Procès-verbaux», dossier «1975-1976».

73. «Mission des Antilles», avril 1977, p. 26, dans APRI, vol. «Procès-verbaux», dossier «1976-1983» ; «Rapport du séjour en Afrique», 20 octobre-4 novembre 1973, p. 58-61 ; Lettre de Paul-Émile Bélanger à G.-Mathias Pagé, 6 novembre 1973, p. 57, dans CRCCF, FRI C76, vol. 3, dossier 4 et FCRO C117-1, vol. 3, dossiers 3 et 4.

74. Gaston Beaulieu, *op. cit.*, p. 17.

75. Normand Clavet, *op. cit.*, 2 juin 2011.

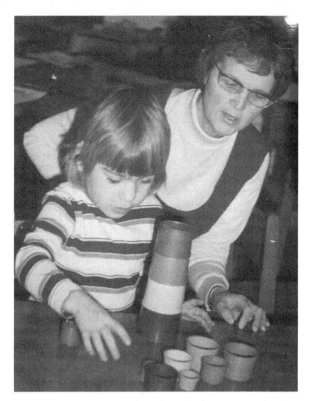

Sœur Fernande LeBrun, enseignante recrutée pour enseigner dans la maternelle financée par le Club Richelieu d'Edmundston, ca. 1969, dans Archives privées du club Richelieu d'Edmundston (Nouveau-Brunswick).

La classe de maternelle financée par le Club Richelieu d'Edmundston, ca. 1969, dans Archives privées du club Richelieu d'Edmundston (Nouveau-Brunswick).

religieuse et subventionné son fonctionnement, conjointement avec la paroisse Notre-Dame-des-Sept-Douleurs, en attendant le jour où le gouvernement du Nouveau-Brunswick en récupérerait la responsabilité[76]. Lorsque les agences gouvernementales prendraient le relais dans une œuvre, le club d'Edmundston était « heureux de [la] leur accorder parce qu'il y a[urait] toujours des nouvelles œuvres[77] » à imaginer. Certains membres dans la chaîne avaient beau trouver les nouveaux projets « un peu ronflants[78] », les clubs de jeunes, dont le cercle Laurier, fondé à Ottawa en 1970, assumaient pleinement la complémentarité de leur action caritative :

> [Le cercle] Laurier ne se considère pas en compétition avec les agences gouvernementales qui s'occupent des moins fortunés. Il croit que son rôle est tout simplement de provoquer lesdites agences à faire plus pour le public. C'est ainsi qu'il subventionne des projets pilotes, surtout dans le domaine de l'éducation, dans l'espoir qu'éventuellement, ils seront acceptés et financés par les agences ou commissions scolaires selon le cas. [Le cercle] Laurier pourra ensuite se retirer pour subventionner d'autres projets de valeur[79].

La disponibilité des subventions gouvernementales pour des projets privés ou publics-privés jouait pour beaucoup dans cette faveur des organismes comme le Richelieu pour l'expansion de l'État providence. À partir de 1968, ministères, agences et municipalités sollicitaient la collaboration des cercles[80]. La prolifération de ces octrois promettait d'amplifier les dimensions d'un projet cher et pouvait amener des membres plus conservateurs à dissocier leur objection à l'interventionnisme étatique accru du bienfait à

---

76. « Fin d'année à la Maternelle Richelieu », *Le Madawaska*, 20 juin 1968 ; « Visite du Père Noël à la Maternelle Richelieu », *Le Madawaska*, 31 décembre 1969 ; Fernande Lebrun, « La maternelle Richelieu, une œuvre bienfaisante », *Le Madawaska*, 29 novembre 1972 ; « Réunion... », 4-5 juin 1971, *op. cit.*, p. 4.

77. « Travail en ateliers », *Vie Richelieu*, octobre-décembre 1978, *op. cit.*, p. 8.

78. « Congrès Richelieu des Maritimes », *La Revue Richelieu*, vol. 21, n° 5, septembre-octobre 1971, p. 5, dans CRCCF, FCRO C117-2, vol. 10, dossier 19.

79. « Richelieu présence discrète », *Le Droit*, 20 avril 1970.

80. « Procès-verbal de la réunion du Conseil d'administration », 3 mai 1971, p. 2, dans CRCCF, FCRO C117-2, vol. 5, dossier 12.

l'œuvre du cercle. Comme en atteste ce tableau, plusieurs œuvres ont commencé à s'attirer de telles contributions.

TABLEAU 4.2

Sélection de partenariats publics-privés (1968-1972)[81]

Club	Projet	Contribution du cercle	Contribution de fonds publics (source)
Edmundston	Piscine intérieure	35 000 $	19 000 $ (Ottawa)
Grand-Mère	Terrain de jeux	1 700 $	(Municipalité)
Grand-Mère	Colonie de vacances	–	24 400 $ (député fédéral)
Hull	Clinique de réadaptation	–	Municipalité (Québec et Ottawa)
Malartic	Hockey mineur	1 500 $	(Commission des loisirs)
Mont-Joli	Foyer de personnes âgées	–	30 000 $ (Ottawa)
Sainte-Thérèse	Colonie de vacances	–	Concession de terrain (Québec)
Timmins	Centre communautaire	5 000 $	300 000 $ (Municipalité)
Vanier	Hôpital pédiatrique	3 600 $	(Toronto)
Vanier	Centre de dépannage	33 000 $	50 000 $ (Toronto et Ottawa)

Parmi les clubs au Canada, les partenariats publics-privés se sont multipliés, allant de l'absorption d'une œuvre par une municipalité ou une province jusqu'à l'achat d'équipement pour un

81. « Au Club R/Sainte-Thérèse : Le Camp Richelieu Quatre-Saisons », *La Revue Richelieu*, vol. 19, n° 4, juillet-août 1969, p. 11 ; *La Revue Richelieu*, vol. 20, n° 4, juillet-août 1970, p. 9 ; « Une œuvre du Richelieu Vanier », *La Revue Richelieu*, vol. 22, n° 4, juillet-août 1972, p. 4-5, dans CRCCF, FCRO C117-1, vol. 3, dossier 15 et FCRO C117-2, vol. 10, dossier 1 ; « Recommandation de Claude Gaudreau », 8 juin 1971, dans APCRE, vol. « Piscine Richelieu » ; « Bravo R/Timmins » et « Construction d'une clinique de réadaptation », *La Revue Richelieu*, septembre 1968, *op. cit.*, p. ii, 15 ; « Un don substantiel. Geste humanitaire du club Vanier », *La Revue Richelieu*, janvier-février 1971, *op. cit.*, p. 5 ; Pierre-A. Champoux, « Le Richelieu Grand'Mère et son œuvre », *La Revue Richelieu*, mai-juin 1972, *op. cit.*, p. 7 ; Diane Vallée, *op. cit.*, p. 67 ; « Le fédéral contribue à la rénovation du Forum et de la piscine du Centre », *Le Madawaska*, 16 février 1972.

établissement public, en passant par la subvention partielle d'un projet par le gouvernement fédéral. Pour plusieurs cercles, le financement public devenait une source non négligeable de revenus pour le lancement, voire la survie même, de leurs projets.

TABLEAU 4.3

Sélection de partenariats publics-privés (1973-1981)[82]

Club	Œuvre (année)	Part caritative	Intervention de l'État (année)
Duvernay (Québec)	Garderie	Entière jusqu'en 1979	Québec, absorption (1979)
Mont-Joli	Parc municipal (1973-1981)	2 000 $ par année	Mont-Joli, absorption (1983)
North Bay	Foyer de retraite Place Richelieu (1980)	30 000 $	Toronto, absorption par le ministère du Logement (1980)
Saint-Jérôme	Formation en machinerie (1981)	Financement du fonctionnement du Centre d'accueil	Québec, formation payée par le ministère des Affaires sociales (1981)
Témiscamingue	Patinoire (1973-inconnu)	Subvention d'une minorité des fonds	Ottawa, subvention de la majorité des fonds (1973)
Trois-Pistoles (Québec)	Colonie de vacances (1979-inconnu)	Financement du fonctionnement	Ottawa, subvention des salaires des moniteurs (18 000 $, 1979) ; (14 200 $, 1981)
Val-d'Or	Surfaceuse (1978)	Entièreté	Val-d'Or, emploi dans l'aréna local (1978)
Welland	Foyer pour personnes âgées (1978-inconnu)	Grande majorité des coûts	Ontario, 10 % de l'hypothèque, subvention de 200 $ au loyer par mois (1978)

---

82. Florent Lalonde, « Résidence Richelieu Welland », *Vie Richelieu*, vol. 24, n° 5, septembre-octobre 1974, p. 7 ; « Sourires et créations : une colonie de vacances pour les jeunes handicapés », *Vie Richelieu*, vol. 31, n° 4, juillet-septembre 1981, p. 16 ; Denis Paquin, « Pour les jeunes 16-18 ans en difficulté », *Vie Richelieu*, vol. 31, n° 5, octobre-décembre 1981, p. 3, dans APRI, vol. « Vie Richelieu 1981-… » ; Entrevue avec Simon Brisbois, North Bay (Ontario), 4 janvier 2013 ; « Le pouls des clubs », *Vie Richelieu*, janvier-février 1978, *op. cit.*, p. 8 ; *Vie Richelieu*, janvier-février 1979, *op. cit.*, p. 13 ; Marcel Héroux, « Patinoire d'un mille », *Vie Richelieu*, mars-avril 1979, *op. cit.*, p. 17 ; Aurel Gervais, *op. cit.*, p. 30-46 ; Diane Vallée, *op. cit.*, p. 71, 87.

L'État n'a peut-être pas remplacé l'Église dans le domaine social, mais le Richelieu s'est éloigné de la seconde pour se rapprocher du premier. Même si le Richelieu avançait qu'il existerait toujours des besoins qui nécessiteraient des réponses locales, il est fort possible que l'endiguement du catholicisme à la sphère privée, l'absorption par l'État providence de nombre d'œuvres et les hausses d'impôt sur le revenu aient contribué, en bout de ligne, à miner la motivation des membres à organiser des collectes de fonds. Dans l'ensemble, les collectes comptaient de moins en moins de donateurs et les sommes recueillies diminuaient[83]. En 1972 par exemple, le club de Montréal n'a récolté que le tiers de la somme qu'il avait amassée en 1965 et substitué sa souscription exigeante pour une vente de billets de loterie[84]. Quant au cercle de Roberval, il a suspendu sa collecte annuelle après avoir remis son œuvre principale à l'État[85] et le club de Québec a vendu sa colonie de vacances[86]. Puisque certains clubs voulaient continuer de financer leurs œuvres, ceux-ci se tournaient vers les intérêts générés (au taux annuel de 9 % en 1970) par leurs épargnes ou leurs obligations[87]. D'ailleurs, le cercle de Montréal avait établi une fondation caritative en 1967[88], le club de Québec a imité l'exemple en 1972 et on y voyait une « formule de l'avenir[89] » pour toute la chaîne.

Pourtant, avec le recul de la menace communiste, les crises pétrolières et une montée vertigineuse de l'inflation, la volonté de changement radical s'est essoufflée et des voix plus critiques vis-à-vis de la redistribution de la richesse se sont élevées. Les grandes entreprises ont commencé à exiger la réduction de la taille de l'État et des

---

83. « Rapport de l'atelier », 13 février 1970, p. 2, dans CRCCF, FRI C76, vol. 3, dossier 1.

84. *La Revue Richelieu*, vol. 22, n° 3, mai-juin 1972, p. 11, dans CRCCF, FCRO C117-2, vol. 10, dossier 19.

85. Marcel Leblanc, *Club Richelieu Roberval, 1949-1999*, Roberval, Imprimerie Roberval, 1999, p. 49.

86. « Club Richelieu Québec. Au fil de nos 65 ans d'histoire 1947-2012 », 2012, p. 6, dans APCRQ, vol. « Fichiers électroniques ».

87. « Procès-verbal d'une rencontre du comité de régie », 5 avril 1968, p. 3 ; « Rapport de la réunion du comité des présidents », 22-23 octobre 1971, 2 p., dans CRCCF, FRI C76, vol. 2 et 3, dossiers 1 et 6.

88. « La Fondation Richelieu-Montréal. Revenus et dépenses », 31 décembre 1970, dans Archives privées du Club Richelieu de Montréal Québec (APCRMQ), Montréal (Québec), vol. « Bilans financiers ».

89. Gaston Beaulieu, « Pérégrinations d'un président », *Le Richelieu*, vol. 19, n° 3, mai-juin 1969, p. 17, dans BAC, Publications, J.257.2.

services publics au profit de baisses d'impôt, de suppléments d'appoint et de mesures incitatives au travail[90]. Pour sa part, le gouvernement du Québec, en constatant le recul du bénévolat, a appelé ses citoyens à s'intéresser à nouveau aux questions sociales[91]. Les syndicats dénonçaient ces incitations au volontariat, stipulant que l'engagement bénévole rayait déjà le besoin pour des centaines de milliers d'emplois potentiels au Canada, mais le Richelieu persistait à croire qu'il y aurait « toujours des pauvres, des démunis, physiquement et mentalement, des enfants victimes de foyers désunis[92] ». Un peuple n'était pas seulement jugé pour sa capacité à tout prévenir ; il l'était aussi pour son aptitude à réagir aux défis qui se présentaient au cours de son périple. Malgré tout, la contre-offensive néolibérale n'a réussi qu'à ralentir la croissance de l'État providence. La volonté des États de réaliser des projets communautaires à moindre coût et celle des citoyens de participer à des projets de l'État sont donc demeurées assez importantes. La tribune du Richelieu continuait d'être ouverte à des conférenciers de gauche comme de droite, même si les membres repoussaient vertement les penseurs libertaires tout comme les rares membres qui se seraient laissés séduire par le communisme[93]. Selon lui, les extrêmes politiques empêchaient le dialogue et l'ouverture d'esprit dont il fallait faire preuve pour développer un projet de collaboration avec l'État ou pour lancer une initiative qui répondrait à un besoin local, qu'on avait constaté de par son empathie pour – et sa solidarité envers – ses compatriotes.

Si le bénévolat et les souscriptions traditionnelles ne suffisaient plus, on pensait aussi trouver le salut dans les gestes d'éclats, qui captivaient l'attention et incitaient le public à verser des sous[94].

---

90. Rodney Haddow, *op. cit.*, 247 p.

91. Michel Le Net et Jean Werquin, *Le volontariat : aspects sociaux, économiques et politiques en France et dans le monde*, Paris, Éditions La Documentation française, 1985, p. 89-115.

92. « Réunion du comité… », 19 mai 1977, *op. cit.*, p. 18.

93. *Bulletin*, 16 janvier 1976, dans APCRM, vol. « 1975-1981 » ; « Réflexions sur la mission d'expansion en France », 4-24 avril 1980, p. 19, dans APRI, vol. « Procès-verbaux », dossier « 1976 à 1983 » ; « Canada felt in recession since beginning of 1980 », *The Globe and Mail*, 16 septembre 1981, p. B5 ; Gaston Paradis, « Dans un élan spontané de solidarité, d'entraide et de fraternité », *Vie Richelieu*, octobre-décembre 1978, *op. cit.*, p. 4.

94. « Aspects financiers », *La Revue Richelieu*, vol. 23, n° 1, janvier-février 1973, p. 3, dans APRI, vol. « Vie Richelieu 1946-1980 » ; « Réunion du comité », 14 mai 1971, p. 2, dans CRCCF, FRI C76, vol. 3, dossier 1.

Quelques clubs ont connu un succès à relancer leurs collectes en organisant des premiers gestes d'éclat. À l'été 1970, un festival western a attiré 5 000 participants à La Sarre, de même qu'un tirage massif, tenu en juin 1971 à l'aréna de Sudbury[95]. En avril 1972, le siège social a voulu remédier à la crise des collectes en inaugurant la « Semaine Richelieu », une initiative annuelle qui réussirait à relancer plusieurs fonds. Plus question d'afficher une « présence discrète[96] », le réseau mobiliserait désormais le marketing au profit des collectes.

À cette fin, le siège social a embauché un publiciste en janvier 1973[97]. Pas à pas, il a formé ses membres à organiser des collectes coordonnées pendant la semaine ciblée. L'espoir de renflouer les coffres des cercles reposait sur « une bonne publicité avant que l'activité ait lieu et après ». « Il faut que, pendant la semaine Richelieu, » a précisé le siège social en préparation pour la semaine en avril 1973, « tout le monde de votre localité en entende parler[98]. » Certains cercles tenaient encore des souscriptions et des ventes d'articles, mais plusieurs d'entre eux les ont abandonnées une fois pour toutes pour ne travailler qu'aux coups d'éclat médiatiques. Les cercles d'Edmundston, d'Ottawa et de Sept-Îles sont passés de ventes de petits pains aux « marchetons » communautaires, aux soirées de divertissement ou aux « cyclotours » régionaux[99]. L'attention médiatique a permis aux cercles d'amplifier leur appel à la population pour des contributions, en plus d'encadrer les sollicitations personnelles. Décidément, on s'éloignait de la charité discrète réalisée pour le salut personnel du donateur. Entre 1973

---

95. « Festival Richelieu "Western" », *La Revue Richelieu*, vol. 20, n° 6, novembre 1970, p. 9, dans CRCCF, FCRO C117-2, vol. 10, dossier 19 ; « Bingo annuel », *Le Voyageur*, 2 juin 1971, p. 10.

96. « Richelieu présence discrète », *Le Droit*, 20 avril 1972.

97. « Procès-verbal de la troisième réunion du Conseil d'administration », 26-27 mars 1971, p. 2 ; « Suggestions pour l'organisation d'une semaine Richelieu », [été 1972] ; « Procès-verbal de la septième réunion du Conseil d'administration », 8-9 décembre 1972, dans CRCCF, FRI C76, vol. 3, dossiers 1 et 3.

98. « Semaine Richelieu. Bâtissons Jeunesse », 12 mars 1973, 3 p., dans CRCCF, FRI C76, vol. 3, dossier 3.

99. « Rapport statistique des recettes et déboursés pour les œuvres », *Vie Richelieu*, vol. 28, n° 2, mars-avril 1978, p. 11, dans APRI, vol. « Vie Richelieu 1946-1980 » ; « Procès-verbal d'une réunion du comité des archives », 5 septembre 1974, p. 3, dans CRCCF, FRI C76, vol. 3, dossier 4.

et 1978, cette transition a quand même connu un succès monétaire indéniable, la somme annuelle prélevée passant de 836 000 $ à 2 460 000 $[100]. Désormais, une douzaine de clubs, et non plus seulement ceux de Québec et de Montréal, recueillaient des dizaines de milliers de dollars par année.

TABLEAU 4.4

Sélection de collectes de fonds (1973-1981)[101]

Club	Collecte (somme, année) selon les données disponibles
Edmonton	Tenue d'une soirée de casino (18 000 $, 1978)
Edmundston	Tenue du « Frolic Richelieu » (2 300 $, 1974)
Matane	Tenue d'un radiothon (45 300 $, 1975)
Montmagny	Tirage d'une voiture (11 000 $, 1981)
Montréal	(7 700 $, 1978)
Ottawa	Tenue du « Cyclotour » (7 400 $, 1975) ; (17 100 $, 1981)
Saint-Jean	Tirage et spectacle communautaire (8 000 $, 1981)
Sept-Îles	Vente de pains (6 500 $, 1976) ; tenue d'un « marcheton », (14 000 $, 1977)
Sudbury	Tenue d'un souper aux huîtres et tirage d'une fourgonnette (15 000 $, 1980)

La coordination des collectes de fonds et la prolifération des partenariats avec les agences gouvernementales se sont faites en même temps que les clubs consolidaient, au détriment du soutien matériel, le caractère récréatif de leur soutien. En 1975, 84 % des sommes recueillies soutenaient les activités sportives, les scouts, les

---

100. « Nos œuvres en 77-78. Deux millions de dollars », *Vie Richelieu*, vol. 29, n° 2, mars-avril 1979, dans CRCCF, FCRO C117-1, vol. 3, dossier 14.

101. « Le Club Richelieu Hull remet $ 20,000 à S.A.J.O. », *Vie Richelieu*, vol. 25, n° 3, mai-juin 1975 ; « Cyclotour 1975. Rapport financier », 29 octobre 1975 ; *Bulletin*, 7 mai 1975, p. 3 ; « Fonds des œuvres. État des revenus et dépenses et du surplus », 31 août 1981, dans CRCCF, FCRO C117-1, vol. 3, dossiers 6 et 14 et FCRO C117-2, vol. 7, dossier 11 ; *Vie Richelieu*, vol. 26, n° 3, mai-juin 1976, p. 3 ; « Edmonton », *Vie Richelieu*, vol. 28, n° 4, juillet-septembre 1978, p. 10 ; Jacques Denis, « Ça bouge au Club St-Jean », *Vie Richelieu*, vol. 31, n° 2, mars-avril 1981, p. 18 ; « Le Club Richelieu de Sudbury » et « Club Richelieu Montmagny », *Vie Richelieu*, vol. 31, n° 3, mai-juin 1981, p. 15, 18, dans APRI, vol. « Vie Richelieu 1946-1980 » et « Vie Richelieu 1981-... » ; « État Recettes & Déboursés », 17 octobre 1974, dans APCRE, vol. « Frolic Richelieu » ; « État des revenus et des dépenses », 31 août 1979, dans APCRMQ, vol. « États financiers ».

Publicité pour le Frolic Richelieu
à Edmundston (Nouveau-Brunswick),
dans Archives privées du club
Richelieu d'Edmundston.

Affiche pour le Frolic Richelieu
à Edmundston (Nouveau-Brunswick),
dans Archives privées du club
Richelieu d'Edmundston.

colonies de vacances, les arts visuels, les arts de la scène ou les centres de jeunesse[102]. Ainsi, le Richelieu avait réussi à se tailler une niche en marge de l'État providence. Certains cercles maintenaient des œuvres de longue date ; d'autres en lançaient de nouvelles. Après avoir construit une piscine et une classe de maternelle, le club d'Edmundston a inauguré une école de musique, et ce, afin de pallier l'éloignement des enfants locaux des métropoles culturelles. En embauchant des instructeurs et en lui procurant des instruments, le cercle a permis chaque année à 135 jeunes de huit à dix-neuf ans d'apprendre à jouer une gamme d'instruments après

---

102. « Rapport préliminaire des recettes & déboursés pour les œuvres », 1975, 2 p., dans APRI, vol. « Procès-verbaux 1975-1976 ».

les heures de classe. Le cercle a consacré 10 000 $ au démarrage de l'école et l'a par la suite subventionné à hauteur de 6 000 $ par année, dans l'espoir que la commission scolaire régionale prenne les rênes du service tôt ou tard[103]. Cette œuvre témoignait de la volonté particulière de ce club de voir la province comme un allié dans le développement des programmes sociaux. La plupart des œuvres des années 1970 ont répondu à l'appel d'appuyer des activités récréatives pour les jeunes francophones, du Québec à la Francophonie mondiale.

TABLEAU 4.5

Sélection d'œuvres (1973-1981)[104]

Club	Initiative (somme, année) selon les données disponibles
Caen (France)	Don aux scouts (1 000 FF*, 1978)
Pointe-de-l'Église	Construction d'une piscine publique (19 000 $, 1975)
Edmonton	Don aux scouts franco-albertains (18 000 $, 1978)
Grand-Mère	Don à une colonie de vacances (18 600 $, 1979)
Hamilton	Don de cadeaux de Noël pour 150 enfants (1980)
Hull	Don au Service d'animation de l'Outaouais (20 000 $, 1975)
Liège	Don de 4 100 volumes à l'Université de Liège (1978)
Nashua (New Hampshire)	Construction d'un parc public (1978)

103. «Rapport. École de musique Richelieu», 17 juin 1975, 8 p., dans APCRE, vol. «École de musique»; «L'école de musique Richelieu demande les inscriptions», *Le Madawaska*, 10 septembre 1975; «135 élèves fréquenteront l'École de musique», *Le Madawaska*, 22 octobre 1975.

104. *Bulletin*, 27 novembre 1978, dans APCRM, vol. «1975-1981»; *Bulletin*, 7 octobre 1974, dans APCRQ, vol. «1974»; «Le radiothon Richelieu: un succès phénoménal!», *Vie Richelieu*, vol. 25, n° 4, septembre-octobre 1975, p. 3; «Le pouls des clubs», *Vie Richelieu*, vol. 27, n° 3, juin-août 1977, p. 13; «Une grande soirée culturelle au Richelieu Liège», *Vie Richelieu*, vol. 28, n° 1, janvier-février 1978, p. 11; «Le pouls des clubs», *Vie Richelieu*, vol. 29, n° 4, juillet-septembre 1979, p. 6; *Vie Richelieu* vol. 31, n° 1, janvier-février 1981, p. 4; «Du Club Richelieu de Sturgeon Falls», *Vie Richelieu*, vol. 32, n° 1, janvier-avril 1982, p. 5, dans APRI, vol. «Vie Richelieu 1946-1980»; J.J. Girard, «Le Richelieu Church Point célèbre son 15e anniversaire», *Vie Richelieu*, janvier-février 1975, *op. cit.*, p. 12; *Vie Richelieu*, mai-juin 1976, *op. cit.*, p. 3; *Vie Richelieu*, juillet-septembre 1978, *op. cit.*, p. 10; «Histoire du parc Richelieu à Nashua», *Vie Richelieu*, octobre-décembre 1978, *op. cit.*, p. 17; Aurel Gervais, *op. cit.*, p. 53-54.

Club	Initiative (somme, année) selon les données disponibles
Ottawa	Don à la Fondation canadienne des maladies du rein (7 400 $, 1975)
Québec	Don aux scouts et guides du district de Québec (7 500 $, 1974)
Saint-Hyacinthe	Don à la colonie de vacances (10 000 $, 1979)
Sturgeon Falls	Tenue d'un tournoi de hockey francophone (1981)
Welland	Construction d'une colonie pour jeunes (40 000 $, 1980)
Windsor	Octroi de bourses aux élèves de l'école secondaire l'Essor (1981)

* FF : francs français (jusqu'en 2001, la devise est maintenant remplacée)

La mondialisation du soutien humanitaire

L'expansion du mouvement outre-mer a également amené les clubs à concevoir leur charité de manière à ce qu'elle puisse dépasser les limites de leurs patelins et répondre à un défi d'envergure dans une région éloignée. La mondialisation avait sensibilisé l'Occident aux défis touchant la décolonisation et le développement des pays du Sud ; c'est pourquoi on a formé des organisations gouvernementales d'assistance internationale, dont la United States Agency for International Development (USAID) en 1961 et l'Agence canadienne de développement international (ACDI) en 1970[105]. Parallèlement, les organismes du secteur privé ont aussi établi des fiducies pour favoriser le développement international. Les clubs de Montréal et de Québec avaient établi des fiducies en 1967 et en 1972, mais le Richelieu est demeuré réticent à l'idée de se doter d'une fondation internationale[106]. À l'assemblée annuelle de 1963, Hector Soublière du club de Sturgeon Falls avait recommandé la réalisation d'une œuvre internationale « en vue d'aider l'enfance malheureuse[107] » et quatre ans plus tard, le club de Trois-Rivières avait aussi suggéré de « venir en aide à l'enfance affamée dans le

---

105. Bruce Muirhead et Ronald Harpelle, *IDRC : 40 Years of Ideas, Innovation, and Impact*, Waterloo, Wilfrid Laurier University Press, 2010, p. 10, 15.

106. *Bulletin*, 23 septembre 1974, dans APCRQ, vol. « 1974 ».

107. « Procès-verbal de la treizième assemblée annuelle », 15-16 février 1963, p. 7, dans CRCCF, FRI C76, vol. 1, dossier 3.

monde[108]», mais l'idée avait seulement récolté l'appui de cinq clubs lors d'un vote. En 1970, le club franco-américain de Waterbury est revenu à la charge avec une proposition semblable pour une fondation pouvant «soulager la misère humaine». Les anciens présidents et le CA étaient emballés par l'idée d'une fondation récoltant des millions de dollars, mais l'assemblée générale en 1971 a plutôt commandé une étude sur la question[109]. Petit à petit, les discussions se sont multipliées, notamment en sondant les clubs pour déterminer s'ils seraient ouverts à verser 10 % de leurs collectes à une œuvre internationale ou à travailler avec l'ACDI[110]. Ce n'est qu'au congrès de 1976 que le CA a reçu le feu vert pour établir une fondation internationale ayant un conseil et des assemblées autonomes; le Richelieu et la fondation pourraient tout de même se partager des administrateurs. Si les délégués ont applaudi l'initiative, les cercles ont tenu dans l'ensemble à préserver le caractère local de leur charité. À vrai dire, quelques mois après le fait accompli, 40 % des membres n'y croyaient toujours pas[111].

Comme pour l'expansion outre-mer et l'admission des femmes, l'incursion du Richelieu dans le domaine de l'assistance internationale a connu des débuts difficiles. La mission traditionaliste de la Fondation Richelieu International (FRI) n'aurait pas heurté un fondateur des années 1940 par sa volonté de promouvoir «chez les jeunes les vertus du civisme, la dignité de la personne, le sens de la responsabilité, le devoir de l'action sociale, [et] la revalorisation

---

108. «Procès-verbal de la dix-septième assemblée annuelle», 10-11 février 1967, p. 6, dans CRCCF, FRI C76, vol. 2, dossier 2.

109. «Procès-verbal de la vingt et unième réunion du Conseil d'administration», 24-25 février 1971; «Procès-verbal de la première réunion du Conseil d'administration», 25-27 février 1971, dans CRCCF, FRI C76, vol. 3, dossier 1.

110. Gilles Gatien, «Richelieu International et Francophonie», *Vie Richelieu*, vol. 23, n° 3, mai-juin 1973, p. 12-13, dans APRI, vol. «Vie Richelieu 1946-1980»; «Rapport de la mission du délégué général et du secrétaire à l'expansion à Paris, Liège, Genève et Beyrouth», 3-30 juin 1974, p. 27; «Activités humanitaires. Réunion», 5 mai 1973, p. 3, dans CRCCF, FRI C76, vol. 3, dossiers 3 et 4.

111. «Activités humanitaires. Compilation des réponses au référendum. Assemblée annuelle Hartford», [octobre 1976], p. 7-8; «Procès-verbal de la troisième réunion du Conseil d'administration», 20 mai 1977, p. 32, dans APRI, vol. «Procès-verbaux», dossier «1976-1977».

de la famille[112]». En attendant d'amasser un niveau de capital pouvant générer des intérêts importants, les fondations ne peuvent pas faire de dons, qui généralement stimulent la publicité pour elles et attirent de nouveaux donateurs. Ce cercle vicieux prive les jeunes fondations de l'impulsion suffisante pour assurer leur stabilité et leur croissance. Pendant les premières années, la FRI a surtout sollicité des dons personnels. Pour une contribution de 100 à 10 000 $, un donateur pouvait se voir accorder un statut variant du «membre associé d'un an» jusqu'au «gouverneur à vie[113]». Sept anciens présidents ont montré l'exemple en devenant les premiers donateurs. Le compte d'épargnes à long terme à la caisse populaire Laurier d'Ottawa bénéficiait d'un taux intérêt de 9,75 %, un taux à quelques points au-dessus de l'inflation à l'époque[114].

Les dirigeants de la FRI n'avaient probablement pas prévu le nombre d'années qu'il leur faudrait pour que leur fondation amasse un capital suffisant pour générer des intérêts importants et faire un premier don d'envergure. Depuis quelques années, les clubs d'Europe poussaient les dirigeants et les membres nord-américains à réaliser des gestes significatifs dans le «but de promouvoir la langue française[115]» et la Francophonie tiers-mondiste, mais ceux-ci n'étaient pas plus portés que les premiers, une fois la FRI établie, à y verser des sous[116]. La «forte […] concurrence[117]» des fiducies du genre expliquerait pourquoi, après trois ans d'existence, la FRI n'avait accumulé que 47 000 $[118]. On a donc redoublé d'efforts pour obtenir de la visibilité, dont en effectuant un premier don de 1 000 $ aux efforts de reboisement du désert du Sahel dans l'Ouest

---

112. «Lettres patentes. Fondation Richelieu International», 30 septembre 1977, p. III, dans APRI, vol. «Procès-verbaux Fondation Richelieu International», dossier 1.

113. «Rapport du directeur général», 21 juillet 1978, p. 49, dans APR, vol. «Procès-verbaux 1977-1978».

114. «Procès-verbal d'une assemblée des administrateurs provisoires de la Corporation», 17 février 1978, dans APRI, vol. «Procès-verbaux Fondation Richelieu International», dossier 1.

115. «Réunion du district n° 12», 3 décembre 1977, dans Archives privées du Club Richelieu de Liège (APCRL), Liège (Belgique), vol. «Procès-verbaux 1977-1978».

116. «Rapport de doctrine présenté au Congrès de district n° 12», 5 mai 1978, p. 2, dans APCRL, vol. «Procès-verbaux 1977-1978».

117. «Procès-verbal d'une réunion du Conseil d'administration», 25 octobre 1979, p. 2, dans APRI, vol. «Fondation Richelieu International», dossier 1.

118. «Nouveaux membres et renouvellements depuis le congrès d'octobre 1981», 31 décembre 1981, dans APRI, vol. «Fondation Richelieu International», dossier 1.

africain, un projet auquel contribuait l'ACDI[119]. Il s'agissait d'«une œuvre francophone et humanitaire[120]», dont le potentiel pourrait «intéresser l'ensemble» des cercles, croyait-on. Le CA de la FRI a aussi songé, sans mener à bien le projet, à l'établissement de fondations parallèles aux États-Unis et en France, les reçus d'impôts offerts par la FRI n'étant utiles qu'aux contribuables canadiens[121]. Même après cinq ans, la majorité des clubs n'avait pas accepté de verser un pourcentage des récoltes annuelles à la FRI. Certains clubs continuaient même de faire eux-mêmes des dons ponctuels à l'étranger pour appuyer, par exemple, l'alphabétisation au Cap-Haïtien (Haïti) ou la quête d'eau potable à Korhogo (Côte d'Ivoire)[122]. Le désintérêt relatif pour la FRI découlait peut-être des nombreux incitatifs, offerts par les divers paliers gouvernementaux canadiens, pour développer des projets communautaires locaux pendant ces années.

* * *

Les mutations socioéconomiques des décennies 1960 et 1970 ont marqué le Canada français au point où l'on n'exprimait plus l'altruisme en 1980 comme on l'avait fait en 1960. La hausse des revenus et de la consommation avait doté l'État de ressources additionnelles, lui permettant de lancer de nombreux programmes sociaux et de rétrécir le terrain de l'intervention privée. Paradoxalement, l'avènement du personnalisme et de l'État providence semble avoir désengagé les vis-à-vis du bénévolat. Dans ce

---

119. «Une œuvre internationale possible... Une forêt Richelieu du Sahel», *Vie Richelieu*, vol. 29, n° 3, mai-juin 1979, p. 13, dans APRI, vol. «Vie Richelieu 1946-1980».

120. «Compte rendu du conseil de district», 23 juin 1979, p. 8, dans APCRL, vol. «Procès-verbaux 1978-1980».

121. «Procès-verbal de l'assemblée annuelle», 6 octobre 1979, 3 p.; «Procès-verbal d'une réunion du Conseil d'administration», 25 octobre 1979, p. 2; Lettre de Philip W. Schuman, Coopers and Lybrand International Certified Public Accountants, 13 février 1980, p. 3, dans APRI, vol. «Fondation Richelieu International», dossier 1.

122. «Procès-verbal d'une réunion du Conseil d'administration», 8 août 1980, p. 2; «Procès-verbal de la réunion du Conseil d'administration», 6 octobre 1981, p. 2; «Procès-verbal de la première réunion du Conseil d'administration», 17 octobre 1981, p. 2-3; «Nouveaux membres et renouvellements depuis le congrès d'octobre 1981», 31 décembre 1981, dans APRI, vol. «Fondation Richelieu International» et «Procès-verbaux», dossiers 1 et «1981-1982».

contexte, le Richelieu n'a ni encouragé ni découragé le développement des services sociaux de l'État ; les clubs se sont plutôt inspirés
des méthodes modernes de marketing dans leurs collectes, ont
mieux ciblé leurs œuvres et ont obtenu des subventions publiques,
qui en diminueraient le fardeau ou en augmenteraient l'ampleur.
D'une charité chrétienne visant à soulager les carences matérielles
sur le plan local, l'altruisme au Richelieu a évolué vers la réalisation
d'œuvres favorisant l'expression culturelle et la récréation.

Dans cette transition, l'altruisme chrétien s'est mis à prendre
l'allure d'un humanisme civique, même si les deux tendances se
sont longtemps côtoyées. En 1970, le mouvement a marginalisé
son lien avec l'Église, mais les clubs ruraux et les cercles en milieu
minoritaire francophone semblent avoir résisté à cette tendance un
peu plus que ceux des villes et du Québec, où la laïcisation suscitait
moins de controverse. Un christianisme culturel semble être demeuré
au cœur des motivations, même s'il s'exprimait dans les collectes
et les projets caritatifs de manière plus implicite désormais.
Autrement dit, il faudrait attendre les décennies 1980 et 1990 pour
que la solidarité francophone s'éloigne plus nettement du catholicisme et du nationalisme canadien-français.

CHAPITRE 5

Un libéralisme francophone et mondial (1982-1995)

P ENDANT LA DÉCENNIE 1980, la mondialisation des identités, la rationalisation de la charité et l'ouverture aux jeunes et aux femmes se sont poursuivies, mais un puissant courant est venu miner ces tendances. L'avènement des droits individuels a offert des occasions inusitées aux minorités, mais une «majorité silencieuse» de libertaires et de gens d'affaires s'est mise à préconiser la diminution des impôts, peu importe si cela augmentait les inégalités, en récupérant le libéralisme social pour se réclamer d'un «droit à la différence»[1]. Cette lente désolidarisation de l'élite vis-à-vis des gens ordinaires n'a pas laissé le Richelieu indemne. Les compressions au financement des institutions publiques l'amène-raient à réinvestir dans les œuvres à caractère matériel, à inciter les jeunes à travailler plus tôt, et à promouvoir une Francophonie égalitaire et libérale avant tout – même lorsqu'il tâchait de solidariser les francophones de l'Amérique du Nord.

L'individualisme et les organismes bénévoles

Après un déclin marqué pendant la Révolution tranquille, la croyance, la célébration de certains rites religieux et la confession-nalisation de certaines institutions se sont maintenues pendant la

---

1. Peter C. Holloran et Andrew Hunt, *A Social History of the United States: The 1980s*, Santa Barbara, ABC-CLIO Publishing, 2008, 344 p.; Charles Taylor, *Grandeur et misère de la modernité*, Montréal, Éditions Bellarmin, 1992, 150 p.

décennie 1980[2]. Au Richelieu, on avait beau avoir indiqué au conseiller moral qu'il ne serait plus convoqué aux rencontres à moins qu'un enjeu moral ne survienne à l'ordre du jour, on a tout de même remplacé Roger Larivière après sa démission en 1979. Le conseil d'administration (CA) a appelé Monseigneur Roger Métras à y jouer un rôle « effacé et discret[3] » et maintenu son poste vacant, sans l'abolir, après son départ six ans plus tard[4]. En 1984, l'Ottavien Yvan Saint-Denis avait tenté de limiter l'inspiration du Richelieu aux « principes religieux et humanistes[5] », mais en vue de respecter les « croyances et les opinions de chacun[6] », le CA à majorité canadienne a seulement opté pour soustraire l'orientation chrétienne de ses promotions outre-mer[7]. Acculé par les clubs européens à clarifier sa position en juillet 1991, le CA a de nouveau refusé la laïcisation complète, jugeant que le catholicisme faisait « partie [...] [du] patrimoine [...] en Amérique[8] ». On disait toujours la prière avant de commencer certaines réunions et les cercles de Fall River et de Windsor ont accordé le titre de membre émérite à leurs évêques[9]. Selon Jean-Marc Trépanier d'Ottawa, « l'oriflamme des valeurs personnalistes » pesait toujours sur le membre « convaincu[10] ». Au Québec, les cercles se retenaient de

2. Martin Meunier, *Le pari personnaliste : catholicisme et modernité au XXᵉ siècle*, Montréal, Éditions Fides, 2007, 369 p.

3. « Rapport du comité des ex lors du congrès de Montréal », 10-12 octobre 1980, p. 2, dans APRI, vol. « Procès-verbaux 1976-1983 ».

4. Mathias Pagé, « Rapport du directeur général au Conseil d'administration », 23 juin 1988, p. 43, dans APRI, vol. « Procès-verbaux », dossier « 1987-1988 » ; « Procès-verbal... », 3-4 décembre 1982, *op. cit.*, p. 19.

5. « Comité d'orientation », 12 juillet 1984, p. 14, dans APRI, vol. « Procès-verbaux », dossier « 1983-1984 ».

6. « Règlements administratifs », article 5, 1985, dans Renée Veilleux et Céline Deschênes, *op. cit.*, p. 157.

7. « Procès-verbal de la 38ᵉ réunion annuelle de l'Assemblée générale », 7-8 octobre 1988, p. C-1, dans APRI, vol. « Procès-verbaux », dossier « 1988-1989 ».

8. « Procès-verbal de la sixième réunion du Conseil d'administration », 25-27 juillet 1991, p. 30, dans APRI, vol. « Procès-verbaux », dossier « 1990-1991 ».

9. « Procès-verbal de la troisième réunion du Conseil d'administration », 16-17 mars 1984, p. 32 ; « Rapport du directeur général », 22 mars 1985, p. 18 ; « Procès-verbal de la quatrième réunion du Conseil d'administration », 16-18 août 1984, p. 50, dans APRI, vol. « Procès-verbaux », dossiers « 1983-1984 » et « 1984-1985 ».

10. Jean-Marc Trépanier, « Soyons des Richelieu convaincus », *Vie Richelieu, op. cit.*, janvier 1989, p. 1.

faire des sorties sur la religion, mais la décision de maintenir une filiation catholique plaisait aussi à plusieurs membres. À Joliette, Jean Malo voyait toujours le Richelieu comme «moteur d'action sociale» et son engagement comme un «travail missionnaire» imbu de «valeurs chrétiennes [...] enracinées dans [le]s traditions québécoises[11]». En revanche, les membres québécois s'inquiétaient davantage, comme les diplomates canadiens et les cercles européens, que la filiation chrétienne mine l'expansion en terre musulmane[12] et fasse fi du «caractère pluraliste[13]» du mouvement.

Devant la technocratisation de l'assistance et l'ascension des femmes dans les postes de direction, plusieurs *service clubs* américains réintroduisaient des éléments de virilité masculine[14]. Pour s'en distinguer, le Richelieu promouvait surtout sa francité et sa mixité, mais ce même ternissement de la figure du pourvoyeur l'a mené à valoriser le *self-made man* néolibéral. Ce faisant, on tendait à diluer les mécanismes développés pendant les décennies 1960 et 1970 voulant encourager la représentativité, la participation et l'imputabilité au profit de l'efficacité. C'est ainsi que le CA pouvait, sans consulter l'assemblée générale de 1984, suspendre le district et les deux conseils régionaux en Europe pour améliorer la communication et la surveillance; le réseau de communication par téléscripteurs (télex) et une ligne téléphonique sans frais devaient permettre aux cercles outre-mer de mieux communiquer avec le siège social à Ottawa et un bureau satellite à Sallanches (France) devait tenir à l'œil les membres n'ayant pas payé leur cotisation annuelle[15]. Ces mesures s'avéreraient efficaces à récolter plus de

---

11. Jean Malo, *Là où mes pas m'ont conduit. Souvenirs*, Joliette, Éditions Caïs, 2010, p. 276-277, 470.

12. «De extott à Rabat Info Dakar Paris CMF0469 Club Richelieu au Maroc», 31 mai 1982; «De Dakar à extott. Club Richelieu au Sénégal info Paris Rabat», 18 juin 1982, 2 p., dans BAC, Fonds du ministère des Affaires extérieures (FMAE) RG25, vol. 12572, dossier 26-6; Ian Ferguson, *op. cit.*, p. 6.

13. «Congrès européen», 24-25 mai 1985, dans APCRL, vol. «Région Belgique 1977-1993».

14. Michael S. Kimmel, *Manhood in America: A Cultural History*, New York, Oxford University Press, 2006, p. 193-207.

15. «Compte-rendu», 6 septembre 1986, dans Archives privées du Club Richelieu de Liège (APCRL), Liège (Belgique), vol. «Liège II», dossier «Région Belgique 1977-1993»; «Procès-verbal d'une réunion par conférence téléphonique du Conseil exécutif», 18 juin 1984, p. 34; «Rapport du délégué général. Europe», 1984, p. 21; «Rapport du directeur général»,

cotisations, ce qui mènerait le CA à rétablir un conseil régional et à solidifier la « cohérence du mouvement[16] » en Europe.

L'idéal des « chances égales » étant sur toutes les lèvres, les *service clubs* états-uniens tâchaient d'admettre davantage d'Afro-Américains[17], tandis que le Richelieu s'est surtout affairé à attirer plus d'un millier de femmes dans ses rangs entre 1982 et 1990. Toute proportion gardée, il recrutait de nouveaux membres deux fois plus vite que le Rotary[18]. Malheureusement, la durée de l'engagement s'écourtait, dû en partie au poids croissant des obligations familiales lorsque les deux parents travaillaient à l'extérieur du foyer. En 1988-1989, le Richelieu avait beau recruter 1 517 nouveaux membres, il en a perdu 1 440 pendant la période, n'amenant son gain net qu'à 77 membres[19]. Après avoir considéré et laissé de côté l'idée d'absorber l'Optimiste au Québec, l'effectif du Richelieu a plafonné à 7 600 membres en 1990, non pas parce qu'il négligeait le recrutement, mais parce qu'il perdait deux tiers de ses recrues après deux ans[20]. S'il perdait autrefois la plupart de ses membres après la suspension d'un cercle, les déménagements et les obligations familiales motivaient désormais la majorité des départs[21] ; l'individualisme minait peut-être l'engagement tout autant. Mais puisque l'espérance de vie s'améliorait, il était peut-être moins grave si l'âge

31 juillet 1985, p. 45 ; « Rapport du directeur général », 5 décembre 1986, p. 15, dans APRI, vol. « Procès-verbaux », dossiers « 1983-1984 », « 1984-1985 » et « 1986-1987 ».

16. « Rapport du délégué général », 1er avril-10 mai 1988, p. 5, dans APRI, vol. « Procès-verbaux », dossier « 1987-1988 ».

17. Larry A. Charles, *Service Clubs in American Society: Rotary, Kiwanis, and Lions*, Urbana, University of Illinois Press, 1993, p. 160.

18. « Procès-verbal d'une réunion du Comité d'orientation », 25 mars 1983, p. 13 ; « Procès-verbal de la troisième réunion du Conseil d'administration », 25 janvier 1985, p. 14 ; « Rapport du directeur général au Conseil d'administration », 24 novembre 1989, p. 6 ; « Compte rendu de la réunion de la Conférence des dirigeants des clubs de service », 14-18 novembre 1990, p. 2, dans APRI, vol. « Procès-verbaux », dossiers « 1982-1983 », « 1984-1985 » et « 1989-1990 ».

19. G.-Mathias Pagé, « Rapport du directeur général au Conseil d'administration », 27 juillet 1989, p. 52, dans APRI, vol. « Procès-verbaux », dossier « 1988-1989 ».

20. « Rapport du directeur général au Conseil d'administration », 12-14 juillet 1990, p. 2, dans APRI, vol. « Procès-verbaux », dossier « 1989-1990 ».

21. « Congrès Richelieu International. Les ateliers », octobre 1991, p. 2 ; « Rapport du directeur général au Conseil d'administration », 10 octobre 1991, p. 2 ; « Réunion du Conseil d'administration », 11-12 mars 1994, p. 4, dans APRI, vol. « Procès-verbaux », dossiers « 1991-1992 » et « 1993-1994 ».

moyen d'un cercle atteignait 50 ou 60 ans[22]. Ce roulement a pourtant contribué à réduire la taille moyenne du cercle de 37 à 33 membres, comme l'atteste ce tableau.

TABLEAU 5.1

Évolution des effectifs d'une sélection de clubs (1985-1995)[23]

Club	1985	1990	1995	Club	1985	1990	1995
Caen (France)	21		12	Toronto	27	50	24
Edmundston	–	38	34	Joliette	32	23	36
Liège (Belgique)	80	60	47	Manchester	34	42	29
Moncton	36	40	37	Mont-Joli	32	–	21
Montréal	29	34	56	Rennes (France)	17	–	8
Québec	54	61	43	Trois-Rivières	44	55	53

Ce plafonnement des effectifs, le refus de l'assemblée générale en 1988 d'indexer la cotisation annuelle, déjà rendue à 53 $, et le gel des subventions gouvernementales ont causé des manques à

---

22. Normand Clavet, «Données sur l'âge des membres», mars 1999, dans Archives privées du Club Richelieu d'Edmundston, Edmundston (Nouveau-Brunswick) (APCRE), vol. «Âge des membres».

23. Certaines données sont des approximations, prises à partir de recensements aux alentours de 1985, 1990 ou 1995. «Membres du Club Caen», 1er juin 1981; «Liste des membres du Club Richelieu – Québec», 29 novembre 1982; «Liste des membres», 18 août 1983, 7 p.; «Liste des membres», 28 octobre 1984, 4 p.; «Club: Moncton 034», 19 février 1985; «Liste des membres. Club Richelieu Montréal Inc.», 1er avril 1985; «Club Richelieu Manchester 086», 28 novembre 1985; «Club: Rennes 171», 10 décembre 1985; «Club: Joliette 033», 11 décembre 1985; «Club Montréal 003», 21 décembre 1990; «Club: Toronto 089», 25 février 1986; «Club: Edmundston 041», 8 août 1990; «Club Manchester 086», 8 août 1990; «Club: Moncton 034», 8 août 1990; «Club: Liège 220», 9 août 1990; «Club: Rennes 171», 11 octobre 1990; «Club: Toronto 089», 11 octobre 1990; «Club: Trois-Rivières 004», 10 décembre 1990, 2 p.; «Club: Joliette 033», 10 décembre 1990; «Club: Québec 008», 10 décembre 1990, 3 p.; «Club: Joliette 033», 8 mars 1995; «Club: Trois-Rivières 004», 31 juillet 1995, 2 p.; «Club: Moncton 034», 10 août 1995, 2 p.; «Club: Caen Malherbe», 18 août 1995; «Club: Liège 220», 23 août 1995; «Club: Québec 008», 13 octobre 1995, 2 p.; «Club Edmundston 041», 15 novembre 1995; «Club Manchester 086», 6 décembre 1995; «Club Montréal 003», 18 décembre 1995, 2 p.; «Club Rennes 171», 17 janvier 1996; «Liste des membres 1995-1996 Toronto 089», 7 mars 1996, dans APRI, vol. «Clubs», dossiers «07004 Trois-Rivières», «07008 Québec», «07033 Joliette», «07041 Edmundston», «07086 Manchester», «07220 Liège» et «1983-1984»; Diane Vallée, *Rappels et reconnaissance 1946-1996. Cinquantenaire du Club Richelieu Mont-Joli*, Mont-Joli, Imprimerie Mont-Joli, 1996, Annexe; «Procès-verbal…», 16-18 août 1984, *op. cit.*, p. 47.

gagner de dizaines de milliers de dollars pour le siège social[24]. On a donc dû sabrer dans les dépenses liées aux communications et aux réunions, pourtant les forces vives du réseau[25]. Le CA a remplacé certaines rencontres en personne par des téléconférences; il a aussi diminué le nombre d'administrateurs de quinze à huit et le nombre de districts de douze à six[26]. Il a ralenti les augmentations salariales des employés de soutien, remplacé leur fonds de pension par un régime enregistré d'épargne-retraite collectif et déménagé les bureaux vers la banlieue d'Ottawa, où les loyers étaient plus modiques[27]. Ces compressions ont appauvri les conditions de travail, effiloché la fibre du réseau et ralenti le rythme des affiliations. Heureusement, les congrès récoltaient toujours des bénéfices de quelques dizaines de milliers de dollars et cette crise n'était visible qu'à l'interne, car les dons caritatifs des clubs, nous le verrons, ne cessaient de croître[28].

L'étiolement de l'engagement se percevait même dans les clubs les mieux organisés[29]. Au club d'Edmundston, le taux d'assiduité a glissé de 73 % à 59 % entre 1970 et 1989[30]; ailleurs, on peinait à trouver les énergies pour faire durer des projets d'envergure[31].

---

24. «Procès-verbal d'une réunion du Comité des finances», 25 juin 1983, p. 27; «Rapport du directeur général au Conseil d'administration», 16 juillet 1987, p. 39; «43ᵉ Assemblée générale», 12-13 octobre 1993, p. 13, dans APRI, vol. «Procès-verbaux», dossiers «1986-1987», «1993-1994» et «Finances»; «Procès-verbal...», 7-8 octobre 1988, *op. cit.*, p. C-3.

25. «Procès-verbal du Conseil d'administration», 23 janvier 1985, p. [5], dans Archives privées du Club Richelieu de Montréal (Québec) (APCRMQ), vol. «Procès-verbaux».

26. «Procès-verbal d'une conférence téléphonique», 21 décembre 1982; «Rapport du directeur général», 16 mars 1984, p. 23, dans APRI, vol. «Procès-verbaux», dossiers «1982-1983» et «1983-1984».

27. «Rapport du directeur général», 14 février 1986, p. 18; «Réunion du Conseil d'administration», 1ᵉʳ septembre 1993, p. 2, dans APRI, vol. «Procès-verbaux», dossiers «1985-1986» et «1993-1994».

28. «Cahier du congressiste. 38ᵉ Congrès Richelieu International», 1988, p. F-3; «Cahier du congressiste. Congrès Richelieu International», 1994, p. Q-3, dans APRI, vol. «Rapports annuels», dossier «Congrès 1974-1999».

29. David Reginald et Rebecca Nesbit, *Volunteer Growth in America. A Review of Trends Since 1974*, Washington, Center for National and Community Service [En ligne], 2006, p. 2.

30. «Rapport de fin d'année», 5 juin 1990, dans APCRE, vol. «Le Républicain», dossier «1988-1991».

31. «Comité de formation», 9 février 1984, p. 2; Grégoire Pagé, «Rapport d'activités», 23 novembre 1990, p. 2, dans APRI, vol. «Procès-verbaux», dossiers «1983-1984» et «1990-1991».

Et l'idéal du perfectionnement personnel n'était plus associé à la spiritualité autant qu'à l'efficacité lorsqu'on évoquait les «profits ou dividendes[32]» revenant au membre qui trouvait «la joie du bénévolat et du partage» en étant «impliqué socialement pour contrebalancer ces tensions journalières[33]» du travail. Au moins, on ne liait plus le besoin d'évasion au stress causé par sa famille. Les cercles n'hésitaient plus à mettre de l'avant le réseautage qui amenait des gains individuels comme une force du Richelieu[34]. Les membres se mettaient à parler de la «noblesse Richelieu[35]» à Régina, voire de «la classe la mieux nantie de la société canadienne-française[36]» à Montréal...

On le sentait, le Richelieu ne rassemblait plus autant de professionnels que de gens affaires[37]. Pour stimuler l'intérêt de ce second groupe, le siège social multipliait des congrès ou voyages d'affiliation dans l'Ouest canadien, les Antilles, en Europe et en Afrique[38]; un membre sur dix a participé au congrès de Hollywood à l'automne 1988[39]. Ces déplacements donnaient suite à la volonté de développer le tourisme et les affaires dans les régions francophones de la

---

32. Paul-Émile Doyon, «Éditorial: Le Richelieu et ses dividendes», *Vie Richelieu*, vol. 34, n° 4, septembre 1984, p. 4, dans APRI, vol. «Vie Richelieu 1981-...».

33. Héliodore Côté, «Discours au déjeuner – causerie du Conseil économique du Nouveau-Brunswick à Moncton», 6 octobre 1990, p. 2, dans APRI, vol. «Anciens présidents», dossier «Héliodore Côté».

34. «Célébration des gens riches et célèbres», 1989; «Richelieu Montréal», 2 octobre 1995, p. 2, dans APCRMQ, vol. «Procès-verbaux»; *Bulletin*, 18 janvier 1985, dans Centre de recherche en civilisation canadienne-française (CRCCF), Ottawa (Ontario), Fonds Club Richelieu Ottawa (FCRO) C117-1, vol. 3, dossier 9.

35. Rolland Pinsonneault, «Discours prononcé devant le Club Richelieu de Régina», *Vie Richelieu*, vol. 34, n° 1, février 1984, p. 14, dans APRI, vol. «Vie Richelieu 1981-...».

36. André Cantin, «$2 millions en œuvres. Bien plus que l'argent», *Vie Richelieu*, vol. 32, n° 5, décembre 1982, p. 10, dans APRI, vol. «Vie Richelieu 1981-...».

37. Ian Ferguson, «Le Club Richelieu de Dakar est né», *Vie Richelieu*, vol. 33, n° 2, avril 1983, p. 6; Grégoire Pagé, «Rapport d'activités», mars 1992, p. 3-4, dans APRI, vol. «Vie Richelieu 1981-...» et «Procès-verbaux», dossier «1991-1992»; «Ex-Ottawa parks boss, J.A. Dulude, dead at age 86», *The Ottawa Citizen*, 19 février 1988, p. D16.

38. *Vie Richelieu*, vol. 35, n° 4, décembre 1984, p. 20; «Visiter Montpellier et du coup l'Espagne», *Vie Richelieu*, vol. 35, n° 5, décembre 1985, p. 10; «Voyage d'accompagnement du président», *Vie Richelieu*, vol. 38, n° 1, février 1988, p. 19; *Vie Richelieu*, vol. 39, n° 1, janvier 1989, p. 20, dans APRI, vol. «Vie Richelieu 1981-...».

39. «Congrès International Richelieu 1988 Hotel Diplomat Hollywood, Floride», [automne 1988], p. 2, dans APRI, vol. «Originaux de procès-verbaux», dossier «1987-1989».

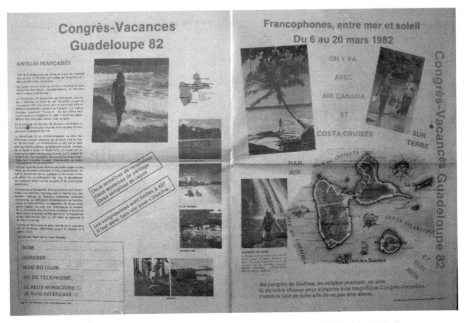

Publicité pour le congrès-voyage en Guadeloupe en mars 1982, *Vie Richelieu*,
juillet-août-septembre 1981, p. 10-11.

planète[40]. Pour rentabiliser cette quête du loisir et du prestige et
doter la Fondation Richelieu International (FRI) d'un financement
stable, on a constitué le Cercle Horace-Viau en 1989. En lui faisant
un don minimal de 1 000 $, un club pouvait rendre hommage à
l'engagement d'un individu méritant. Certains finiraient par
accorder le titre annuellement à un acteur local, régional ou national
(dont certains membres à l'occasion). L'attribution de ce titre a
compté pour 41 % des dons à la FRI[41] de janvier à juin 1992 et,
en quatre ans seulement, lui a ramené 465 000 $.

---

40. « Ils y laisseront peut-être leur âme… », *Le Républicain*, 22 janvier 1985, p. 2, dans
APCRE, vol. « Le Républicain », dossier « 1983-1988 » ; « Le "Club Richelieu International"
recevait M. Grégoire Pagé », *France-Antilles*, 16 juin 1980, p. 2 ; *Vie Richelieu*, vol. 34, n° 3,
juin 1984, p. 4, 12, dans APRI, vol. « Clubs » et « Vie Richelieu 1981-… », dossier « 07276
Fort-de-France » ; Georges-Louis Lefevre, « Stratégie pour l'expansion du Richelieu en Belgique »,
Vie Richelieu, juin 1984, *op. cit.*, p. 11 ; *Vie Richelieu*, septembre 1984, *op. cit.*, p. 18 ; « Visite
en Guadeloupe », *Vie Richelieu*, février 1988, *op. cit.*, p. 13.

41. « Réunion du Conseil d'administration », 14 janvier 1989, p. 3 ; G.-Mathias Pagé,
« Rapport du directeur général », 20 juin 1992 ; « Sommaire des réalisations de la Fondation »,
9 octobre 1993, p. 2 ; « Rapport du directeur général », 26 août 1995, dans APRI, vol. « Fondation
Richelieu International », dossiers 1 et 2.

De toute évidence, on soulignait davantage les réussites qu'auparavant, mais on se gardait aussi
une gêne sur certains éléments de
virilité masculine. On condamnait
sans hésiter la surconsommation
d'alcool ou l'humour sexiste[42] ; le
cercle de Brossard par exemple est
« devenu plus poli[43] » après l'intégration d'une première membre.
Certains gestes en ce sens étaient
cependant moins habiles, dont
celui du cercle de Mont-Joli, qui
a troqué son souper du chasseur
en 1986 pour un concours de
beauté masculine[44] ! Quelques
membres faisaient de rares pointes
à l'endroit de l'avortement, de
l'homosexualité et du syndrome
immunodéficitaire acquis[45], preuve
que ces « chefs de foyers[46] » se

Cahier du congressiste au rassemblement
mondial de Nice, octobre 1993,
dans CI, APRI, Ottawa (Ontario).

prononçaient parfois sur des sujets sur lesquels ils connaissaient fort
peu de choses. Pourtant, dans son ensemble, le Richelieu préférait
ne plus se positionner sur des enjeux « moraux », ni faire « un tri
sélectif[47] » des gens qu'il espérait appuyer ou recruter. L'esprit libéral
de la Francophonie exigeait une certaine ouverture aux coutumes
inconnues ou nouvelles et balisait les expressions de la masculinité
au Canada français.

---

42. *Bulletin*, novembre 1988, p. 2, dans APCRMQ, vol. « Bulletins » ; Léopold Béliveau,
« L'alcool se raconte », *Vie Richelieu*, vol. 36, n° 2, avril 1986, p. 2, dans APRI, vol. « Vie
Richelieu 1981-… ».

43. Entrevue avec Alphonse Lepage, Brossard (Québec), 18 octobre 2012.

44. Diane Vallée, *op. cit.*, p. 96-97.

45. Rémi Plante, « À propos du S.I.D.A. », *Vie Richelieu*, vol. 39, n° 4, décembre 1989,
p. 6, dans APRI, vol. « Vie Richelieu 1981-… ».

46. Entrevue avec Denis Vaillancourt, Ottawa (Ontario), 16 juin 2011.

47. Noël d'Escrienne, « Réponse au questionnaire Richelieu demain – Caen 179 »,
[1988], dans APRI, vol. « Anciens présidents », dossier « Jacques Staelen ».

Les jeunes, les femmes et les impasses de l'égalité

Cette libéralisation de la masculinité, accélérée par l'arrivée des baby-boomers à l'âge adulte, marquait le regard qu'on portait sur la génération X. Née entre 1965 et 1980, elle n'avait ni le poids démographique de la précédente[48], ni le bénéfice de grandir en période de prospérité économique. Certains cercles continuaient de favoriser « la communication et l'écoute active[49] », mais contexte néolibéral oblige, ils accordaient plus souvent leurs tribunes à des pédagogues qui critiquaient les tendances flemmardes des jeunes[50]. Pendant que l'Optimiste s'engageait dans la « guerre contre la drogue » aux États-Unis, les cercles Richelieu de Burlington, de Montmagny et de Sept-Îles ont tenu des conférences sur les conséquences physiques et légales de la consommation de stupéfiants dans des écoles secondaires[51]. Au lieu de remédier aux défis des jeunes par l'éducation et le loisir, on poussait les « chômeurs » étudiants au travail à temps partiel[52] ; quelques clubs incitaient même les jeunes à établir des contacts avec des employeurs pendant leur adolescence[53].

Certains cercles misaient plutôt sur le développement des capacités de leadership des jeunes, valorisant alors la figure du *self-made man*. La capacité de convaincre et de vendre, de « prendre sa place[54] » comme le voulait le dicton en vogue, côtoyait et tendait à dépasser

---

48. L'âge médian était passé de 25 à 34 ans entre 1966 et 1991. « Profile of the Canadian population by age and sex : Canada ages », Ottawa, Statistique Canada [En ligne].

49. Jean-Paul Ricard, « La violence en milieu scolaire », *Vie Richelieu*, vol. 25, n° 1, février 1985, p. 7, dans APRI, vol. « Vie Richelieu 1981-… ».

50. *Bulletin*, 26 février 1986, dans CRCCF, FCRO C117-1, vol. 3, dossier 11.

51. « Une conférence pour adolescentes et adolescents », *Vie Richelieu*, vol. 40, n° 1, janvier 1990, p. 13, dans APRI, vol. « Vie Richelieu 1981-… » ; Sylvain Fournier, « Jeu éducatif pour prévenir la drogue chez les jeunes », *Le Soleil*, 17 novembre 1993, p. C10 ; « Historique d'Optimist International », Optimist International [En ligne].

52. « Comité d'orientation », 26 novembre 1982, p. 3 ; Grégoire Pagé, « Rapport du directeur général », 16 août 1984, p. 35 ; « Procès-verbal de la réunion du Conseil d'administration », 6 juin 1987, p. 3, dans APRI, vol. « Procès-verbaux » et « Fondation Richelieu International », dossiers « 1982-1983 », « 1983-1984 », « 1986-1987 » et 2.

53. *Bulletin*, 8 décembre 1982, dans CRCCF, FCRO C117-1, vol. 3, dossier 12.

54. « Un concours littéraire : moyen de favoriser la formation des jeunes et un instrument de promotion », *Vie Richelieu*, vol. 33, n° 1, février 1983, p. 19, dans APRI, vol. « Vie Richelieu 1981-… ».

même celle de la responsabilité[55]. « En effet la liberté de parole dont nous jouissons dans les pays démocratiques », ont avancé les organisateurs du concours oratoire du Nord de l'Ontario en 1986, « exige que nous préparions les jeunes à exercer leurs droits de citoyens et leurs talents de leaders[56]. » Ces concours avaient d'ailleurs la conséquence inattendue de favoriser la promotion sociale des adolescentes, qui ont remporté 77 % des concours libres tenus entre 1982 et 1988[57] ; certaines récipiendaires seraient d'ailleurs convoitées comme des recrues dans les nouveaux cercles mixtes pour rejoindre ou remplacer leurs pères[58]. Après avoir exploré et abandonné les carrefours des jeunes et les clubs de jeunes adultes, les cercles revenaient à la cooptation de jeunes candidats. Ainsi, le mouvement se voulait plus accessible en réduisant de moitié la cotisation annuelle pour les membres de 18 à 25 ans[59]. Plus modestes que ceux des « années 68 », on cherchait des moyens pour susciter la débrouillardise chez les jeunes, qui auraient à affronter un monde devenu plus concurrentiel.

Quant à la participation des femmes au mouvement, leur rôle ressemblait à celui que leur réservait la société : elles grimpaient de plus en plus des échelons traditionnellement masculins, mais

---

55. « Concours d'excellence oratoire Richelieu », 1989, dans APCRE, vol. « Concours oratoire ».

56. « Concours oratoire, Région Ontario-Nord », *Vie Richelieu*, vol. 36, n° 5, décembre 1986, p. 9, dans APRI, vol. « Vie Richelieu 1981-… ».

57. « Concours oratoire Richelieu de l'Ontario-Nord », *Vie Richelieu*, vol. 32, n° 2, septembre 1982, p. 7 ; « Les grands prix du concours d'art oratoire Richelieu », *Vie Richelieu*, vol. 33, n° 3, juin 1983, p. 17 ; *Vie Richelieu*, vol. 34, n° 4, septembre 1983, p. 5, 13 ; « Concours oratoire des Maritimes », *Vie Richelieu*, vol. 35, n° 3, septembre 1985, p. 9 ; « Concours oratoire régional », *Vie Richelieu*, vol. 37, n° 5, décembre 1987, p. 20 ; « Concours d'art oratoire des clubs Richelieu des Maritimes », *Vie Richelieu*, vol. 28, n° 3, septembre 1988, p. 13, dans APRI, vol. « Vie Richelieu 1981-… » ; « Semaine Richelieu 82 à Hartford », *Vie Richelieu*, décembre 1982, *op. cit.*, p. 8 ; « Lauréat du prix d'éloquence », *Vie Richelieu*, février 1984, *op. cit.*, p. 6 ; « Concours d'art oratoire », *Vie Richelieu*, juin 1984, *op. cit.*, p. 8-10 ; « Concours "Prête-moi ta plume" », *Vie Richelieu*, septembre 1984, *op. cit.*, p. 15 ; « Concours… », décembre 1986, *op. cit.*, p. 9.

58. « Une première au Richelieu [de Matane] », *Vie Richelieu*, vol. 41, n° 2, décembre 1990, p. 11, dans APRI, vol. « Vie Richelieu 1981-… » ; Entrevue avec Paul Jutras, Montréal (Québec), 20 mai 2011.

59. « Procès-verbal de la 37e réunion annuelle », 9-10 octobre 1987, p. 8 ; « Procès-verbal de la quatrième réunion du Conseil », 20 mars 1992, p. 22, dans APRI, vol. « Procès-verbaux », dossiers « 1987-1988 » et « 1991-1992 » ; G.-Mathias Pagé, « Rapport… », 16 août 1984, *op. cit.*, p. 38.

y demeuraient dramatiquement sous-représentées[60]. L'idéal du libéralisme francophone appelait à une collaboration équitable entre hommes, donc le Richelieu a cessé de faire allusion aux « devoirs maternels » et de voir certaines épouses comme « des obstacles[61] » ; seul le membre serait considéré responsable de son engagement[62]. Le Richelieu recrutait toujours des pères de famille avant tout, mais les mères de famille (sans jeunes enfants) et les retraités gagnaient plus souvent ses rangs. Des questions se posaient à savoir si les femmes voudraient se joindre aux cercles ayant longtemps été masculins et s'ils devraient refléter le poids des femmes dans le marché du travail. Puisqu'on n'a émis aucune directive précise sur ce front, les clubs ont répondu à cette volonté de toutes sortes de manières. Le CA a dû accepter que certains cercles demeurent masculins, dont celui de Manchester qui craignait pour sa « camaraderie[63] » ou celui de North Bay qui souhaitait « rester ensemble entre gars[64] ». En même temps, plusieurs professionnelles ne souhaitaient pas forcer la porte de cercles qui ne voulaient pas d'elles ou qui n'auraient intégré qu'une femme symbolique. Les cercles qui choisissaient de leur tendre la main, le CA a-t-il précisé en 1988, ne devaient pas « transposer les femmes de leur cuisine [aux] clubs en leur apportant le même regard[65] ».

Pour ne pas ébranler les cercles masculins qui tenaient encore à la famille institutionnelle, on s'est mis à fonder des cercles féminins. Si quelques cercles féminins se sont constitués en regroupant des professionnelles à Val-d'Or et à Maniwaki (Québec)[66], les

---

60. Denyse Baillargeon, *Brève histoire des femmes au Québec*, Montréal, Les Éditions du Boréal, 2012, p. 188-215.

61. « Analyse du questionnaire de 1980 », [1981], p. 36, dans APRI, vol. « Procès-verbaux », dossier « 1980-1981 ».

62. Roger Légaré, « Une ère nouvelle », *Vie Richelieu*, septembre 1983, *op. cit.*, p. 4.

63. Entrevue avec Roger Simard, Manchester (New Hampshire), 13 octobre 2011.

64. Entrevue avec Simon Brisbois, North Bay (Ontario), 4 janvier 2013.

65. André Duclos, « Réponse de la régionale Ontario-Sud », 21 mai 1988, p. 11, dans APRI, vol. « Procès-verbaux », dossier « 1987-1988 ».

66. « Procès-verbal de la deuxième réunion du Conseil d'administration », 3-4 décembre 1982, p. 14-15 ; « L'Association des femmes de carrière de Val d'Or s'affilie au Richelieu international », *Vie Richelieu*, vol. 33, n° 3, juin 1983, p. 15 ; « Liste des membres du Club La Québécoise de Maniwaki », 1ᵉʳ juin 1983, dans APRI, vol. « Clubs », « Procès-verbaux » et « Vie Richelieu 1981-... », dossiers « 07289 La Québécoise » et « 1982-1983 ».

Remise de charte aux Dames Richelieu du Rhode Island, été 1985,
dans CI, APRI, Ottawa (Ontario).

cercles féminins d'Elliot Lake et de Sudbury (Ontario) se sont
formés avec des épouses qui avaient appartenu à un ordre auxiliaire
défunt[67]. À Toronto, on retrouvait plusieurs épouses des membres
du club masculin[68]; et au jour de l'An 1990, c'est le club féminin
du Rhode Island qui a servi un souper traditionnel majoritairement
aux hommes des clubs locaux[69]. Malgré ces similitudes avec les
ordres auxiliaires, les cercles féminins étaient autonomes, égaux
aux cercles masculins et portés à soutenir l'éducation des jeunes
femmes dans leurs œuvres[70]. Ainsi, ils arrimaient, à leur manière,

67. Entrevue avec Claire-Lucie Brunet, Berthe Lafrenière et Jeannine Rouleau, Sudbury (Ontario), 11 juin 2012.

68. Claudette Blais, «Discours du président du club Richelieu Trillium de Toronto», *Vie Richelieu*, vol. 33, n° 5, décembre 1983, p. 9; «L'expansion Richelieu en Nouvelle-Angleterre», *Vie Richelieu*, vol. 35, n° 4, décembre 1984, p. 2, dans APRI, vol. «Vie Richelieu 1981-...».

69. «Les Dames Richelieu du Rhode Island», vol. 40, n° 1, *Vie Richelieu*, janvier 1990, p. 18, dans APRI, vol. «Vie Richelieu 1981-...».

70. Charles Burroughs, «Jeunes contrevenants, victimes et témoins», *Le Droit,* Cahier «La Région», 27 avril 1994, p. 4; Entrevue avec Claire-Lucie Brunet, *op. cit.*, 11 juin 2012.

la complémentarité à l'égalité[71]. Six ans après leur admission formelle, le Richelieu comptait 33 clubs féminins, soit 10 % des cercles actifs[72].

Les cercles discutaient souvent de la représentation adéquate des femmes dans les conseils d'administration et en politique élective[73]. L'arrivée de jeunes professionnelles aux cercles anciennement masculins contribuait souvent à les relever. Elles en ont épargné certains, dont ceux de Penetanguishene et de Burlington (Ontario), d'une disparition imminente[74] et, à Saskatoon, leur arrivée a doublé l'effectif du cercle local dès qu'il est devenu possible qu'elles y accèdent. En revanche, elles n'ont pas réussi à empêcher la dissolution de ce dernier en 1990[75]. Autre triste histoire, lorsque le cercle des Ontaroises à Elliot Lake a fermé ses portes quatre ans après sa formation, les femmes qui auraient voulu maintenir leur engagement se sont fait refuser l'admission au cercle masculin de la ville[76]. Deux ans plus tard, c'était au tour du club « mâle » de jeter l'éponge, celui-ci préférant visiblement disparaître que d'avoir à s'ouvrir à la mixité. Décidément, personne ne voulait « s'avouer sexiste ou ségrégationniste[77] », mais certains le demeuraient.

Or, l'érosion de l'homosociabilité semblait irréversible. Parmi les 35 promoteurs qui menaient un processus d'affiliation pour un nouveau club en 1988-1989, 21 d'entre eux imaginaient des clubs mixtes, 12 prévoyaient des clubs féminins et deux seuls proposaient

---

71. Jacques Staelen, Lettre à chaque présidente des clubs Richelieu féminins, 29 octobre 1987, dans APRI, vol. « Anciens présidents », dossier « Jacques Staelen » ; Renée Veilleux et Céline Deschênes, *op. cit.*, p. 155.

72. « Rapport du délégué général », 1er avril-10 mai 1988, p. 5, dans APRI, vol. « Procès-verbaux », dossier « 1987-1988 ».

73. *Bulletin*, 25 septembre 1985, p. 2, dans CRCCF, FCRO C117-1, vol. 3, dossier 10 ; « La langue (maternelle) sans les femmes », *Vie Richelieu*, décembre 1984, *op. cit.*, p. 6.

74. « Message d'un Richelieu du Club Burlington », *Vie Richelieu*, février 1986, vol. 36, n° 1, p. 11 ; « Première Richelieu », *Vie Richelieu*, vol. 37, n° 1, février-mars 1987, p. 8, 11, dans APRI, vol. « Vie Richelieu 1981-... ».

75. Lettre d'Angela Trout à G. Mathias Pagé, 1er octobre 1990, dans APRI, vol. « Divers ».

76. « Réponse de la régionale », 21 mai 1988, p. 11 ; « Comité d'expansion. Réunion », 24 novembre 1988, Annexe I, dans APRI, vol. « Originaux des procès-verbaux », dossier « 1987-1988 ».

77. Fernand Fortier, « Le Club Richelieu accueille les femmes », *Vie Richelieu*, vol. 34, n° 5, septembre 1984, p. 6, dans APRI, vol. « Vie Richelieu 1981-... ».

Membres fondateurs du Club Richelieu Les Patriotes de Sudbury,
janvier 1985, dans CI, ARPI, Ottawa (Ontario).

Kiosque promotionnel du Club Richelieu de Saint-Étienne (France),
été 1982, dans CI, ARPI, Ottawa (Ontario).

des clubs masculins[78]. «On ne voyait plus la nécessité», se rappelle aujourd'hui G.-Mathias Pagé, «de former des clubs masculins à la fin des années 1980[79].» Un consensus se dessinait autour du principe de permettre aux femmes et aux hommes d'accéder à des possibilités égales. Parmi les cercles anciennement masculins en milieu urbain, l'intégration des femmes semble s'être faite de manière plus durable. Au cercle de Toronto, les femmes intégrées au milieu de la décennie 1980 s'y trouvaient encore 10 ans plus tard[80]. Au cercle de Montréal, les femmes n'ont pas atteint la parité démographique avec les hommes, mais leur contingent de 10 à 16 % des effectifs est demeuré[81]. Les clubs de Québec ont carrément refusé la formule des clubs féminins, s'ouvrant alors tous à la mixité dès 1982. Plus catégorique, ce geste a «brassé la cage un peu[82]», d'après Agathe Collard-Gagné, une ethnologue de l'Université Laval qui s'est jointe au cercle de Sainte-Foy. Nombre d'épouses auraient été «inquiètes[83]» pour la fidélité de leurs maris lorsque les jeunes professionnelles ont rejoint ces clubs. Si les cercles de Québec et de Montréal élisaient parfois une présidente[84], les huit fauteuils du CA central n'ont accueilli une première administratrice qu'en 1994. Alors que le cinquième de l'effectif du mouvement était féminin, c'était une preuve que la représentation dans les structures administratives serait plus laborieuse[85].

Aux cercles d'Europe, les enjeux féministes – de la représentation accrue des femmes en politique à l'adoption de lois assurant une

---

78. «Comité d'expansion. Réunion», 24 novembre 1988, Annexe I, dans APRI, vol. «Originaux des procès-verbaux», dossier «1987-1989».

79. Entrevue avec G.-Mathias Pagé, Ottawa (Ontario), 22 juin 2011.

80. «Club : Toronto 089», 25 février 1986; «Liste des membres Toronto 089», 7 mars 1996, dans APRI, vol. «Clubs», dossier «07089 Toronto».

81. «Liste des membres. Club Richelieu Montréal Inc.», 1er avril 1985; «Club Montréal 003», 21 décembre 1990; «Club Montréal 003», 18 décembre 1995, 2 p., dans APRI, vol. «Clubs», dossier «07003 Montréal».

82. Entrevue avec Agathe Collard-Gagné, Québec (Québec), 4 juin 2011.

83. Entrevue avec Denis Vaillancourt, Ottawa (Ontario), 16 juin 2011; Entrevue avec Diane Baudet-Nocas, Manchester (New Hampshire), 13 octobre 2011.

84. «Liste des présidents de 1980 @ 2009», 20 mai 2011, dans Archives privées du Club Richelieu de Montréal (APCRMQ), Montréal (Québec), vol. «Dossiers électroniques»; Serge Laplante, «La petite duchesse devient une grande présidente», Le Devoir, 22 juin 1994, p. A6; Agathe Collard-Gagné, op. cit., 4 juin 2011.

85. «Réunion du Conseil d'administration», 5-6 octobre 1994, dans APRI, vol. «Procès-verbaux», dossier «1994-1995»; Entrevue avec Grégoire Pagé, Ottawa (Ontario), 10 mai 2011.

meilleure protection contre la violence – avaient bonne mine. Lorsque le cercle de Liège a intégré une demi-douzaine de femmes en 1992, elles y sont restées. À l'inverse, les cercles de Caen et de Rennes n'ont chacun intégré qu'une femme, qui les quitterait au bout d'une saison et les ramèneraient de facto dans le giron masculin[86]. Même le cercle de Paris, qui avait moqué le Richelieu pour avoir tardé à admettre des candidates, a vu son effectif féminin plafonner à 33 % en 1987[87]. Imbus de préceptes démocratiques, les cercles africains ont admis des femmes dès leur formation et vu en cette possibilité un avantage pour le Richelieu sur ses concurrents, qui leur refusaient toujours l'accès.

Après une décennie, l'ascension des femmes au Richelieu avait eu des conséquences résolument inattendues. La reconnaissance des clubs mixtes et féminins au Richelieu en février 1982 a favorisé leur multiplication, mais le temps qu'on avait pris pour céder à cette ouverture mitoyenne avait débouché sur un laisser-faire, qui reflétait les engagements variables des divers promoteurs. À Québec et à Montréal, les clubs se sont ouverts à la mixité rapidement et semblent avoir peu réfléchi à la question après 1982. En milieu rural, certains clubs masculins ont accueilli des premières femmes, tandis que d'autres ont parrainé la fondation d'un cercle féminin. Ainsi, on adaptait l'idéal de l'égalité aux sensibilités locales. C'est en milieu minoritaire francophone que l'étanchéité entre les cercles masculins et féminins est demeurée plus longtemps. Les sources sont insuffisantes pour déterminer si ces hommes, vivant en situation minoritaire, se sont sentis plus lésés dans leur masculinité à cause de leur minorisation culturelle ou que les institutions traditionnelles (la paroisse, l'école catholique et la famille) y maintenaient plus d'importance, mais la réticence de certains clubs à donner leur aval à la mixité semble le suggérer.

---

86. «Club: Rennes 171», 10 décembre 1985; «Club: Caen Malherbe 179», 9 août 1990; «Club: Rennes 171», 11 octobre 1990; «Club: Caen Malherbe 179», 18 août 1995; «Club: Liège 220», 23 août 1995; «Club Rennes 171», 17 janvier 1996, dans APRI, vol. «Clubs», dossiers «07171 Rennes», «07179 Caen» et «07220 Liège».

87. Simon-Pierre Nothomb, «Langue française et francophonie de 1986 à 2010», 2011, p. 6, dans Archives privées du Club Richelieu Senghor de Paris; «Club: Paris 172», 28 octobre 1988, dans APRI, vol. «Clubs», dossier «07172 Paris»; «Monsieur du Richelieu, ou les missionnaires du français», *Réussir*, 13 mai 1987, p. 25.

Une charité complémentaire au recul de l'État providence

Les œuvres à caractère récréatif avaient permis aux cercles de se tailler une niche complémentaire au filet de sauvetage de l'État pendant les décennies 1960 et 1970, mais Raymond Blake et David Guest rappellent que les réductions d'impôts et politiques d'austérité ont fini par exiger que les établissements publics sollicitent des dons d'organismes caritatifs pour boucler leurs budgets pendant la décennie 1980[88]. Leslie Pal rajoute que l'État a activement participé à cette mutation, incitant les milieux associatifs à offrir des services utiles à la population pour réduire le coût de leur prestation[89]. Derrière cette efficacité dont on se réjouissait, la charité visant les carences matérielles réapparaissait modestement. Alors que le poids des fonds distribués aux œuvres à caractère récréatif avait été de 84 % en 1975, il était désormais de 75 %[90]. Selon Jean Malo, les cercles nord-américains se résignaient à ouvrir moins de nouvelles institutions et agissaient plus comme bailleurs de fonds pour des institutions publiques :

> Dans les années [19]50, les institutions religieuses étaient, elles, avec la proche famille et la communauté, les principales bienfaitrices des démunis. Dans la foulée des changements apportés par la Révolution tranquille, cette responsabilité fut transférée à l'État. Puis, dans le contexte de l'essoufflement de l'État providence au début de la décennie [19]80, le flambeau dut partiellement relayer (à des coûts moindres) aux organismes communautaires œuvrant dans les secteurs parfois délaissés par les gouvernements. Déjà, la survie de ces groupes reposait essentiellement sur le travail bénévole laïque, sur la générosité du public et, finalement, sur des miettes de subventions.

---

88. Raymond B. Blake, *From Rights to Needs: A History of Family Allowances in Canada*, Vancouver, University of British Columbia Press, 2009, 384 p. ; Dennis Guest, *The Emergence of Social Security in Canada*, 3ᵉ édition, Vancouver, University of British Columbia Press, 1997, 390 p.

89. Leslie Pal, *Interests of State: The Politics of Language, Multiculturalism and Feminism in Canada*, Montréal, McGill-Queen's University Press, 1993, 330 p. ; Raymond Blake, *op. cit.*, 384 p.

90. Lettre de Paul Côté à Alain Bolduc, 3 mai 1988, 2 p., dans APRI, vol. « Clubs », dossier « 07034 Moncton ».

À l'orée des années [19]90, le constat du poids des dépenses publiques amena une redéfinition du rôle de l'État. Les domaines de la santé et des services sociaux furent particulièrement touchés, ce qui entraîna une cure d'amaigrissement des services et du personnel ainsi que l'instauration du virage ambulatoire. Les individus rendus plus vulnérables à ces mesures par la maladie, la perte de revenus ou l'isolement durent alors se tourner vers les organismes du milieu, ces derniers faisant entendre avec encore plus d'insistance leur appel à l'aide auprès des capitaux privés[91].

En 1989, Ottawa a augmenté le montant que les organismes caritatifs du Canada pouvaient amasser pendant une collecte à 500 000 $[92], ce qui a incité des clubs à amasser plus de capital ou, comme le faisaient les clubs de Toronto et de Joliette, à établir des fondations[93]. Doté d'un permis pour tenir des collectes à la grandeur du Québec, le club joliettain a lancé un tirage annuel pour deux voitures et deux voyages en Floride qui lui a rapporté des bénéfices de 225 000 $ en 1990 et de 400 000 $ en 1992[94]. De tels coups d'éclat, dont les téléthons ou les soirées de casino et de bingo, se sont multipliés. Certains clubs se souciaient peu du coût élevé des collectes, ce qui pouvait ronger la majorité des profits ; d'autres réussissaient à récolter un bénéfice cinq fois supérieur aux dépenses[95]. Toutefois, les « radiothons » et les soupers au spaghetti, dont les coûts étaient minimes, étaient plus assurés de générer un bénéfice. Et d'autres fondations, dont celle de Montréal, ou comptes bancaires bien renfloués, dont celui d'Ottawa, procuraient à ces

---

91. Jean Malo, *op. cit.*, p. 380.

92. « Réunion du C.A. », 11 novembre 1989, p. 4, dans APRI, vol. « Fondation Richelieu International », dossier 1.

93. *Vie Richelieu*, vol. 41, n° 1, septembre 1990, p. 13, dans APRI, vol. « Vie Richelieu 1981-… » ; *Vie Richelieu*, février 1985, *op. cit.*, p. 15.

94. « 225 000 $ aux œuvres du Cardinal au Club Richelieu Joliette », *Journal de Montréal*, 12 janvier 1990, p. 16 ; *Vie Richelieu*, vol. 42, n° 2, avril 1992, p. 30, dans APRI, vol. « Vie Richelieu 1981-… ».

95. « États financiers », 31 août 1995, p. 1-2, dans APCRE, vol. « Financiers – rapports » ; « Soirée Casino. Budget », 3 décembre 1987 ; « Procès-verbal d'une réunion », 4 avril 1990, p. 2-3, dans APCRMQ, vol. « Procès-verbaux ».

clubs assez d'intérêts pour couvrir la moitié de leurs contributions annuelles[96].

Comme autrefois, les cercles étaient habiles à limiter les frais administratifs, leur moyenne étant de 2,7 % sur les 3,7 millions de dollars recueillis en 1987. La logique affairiste faisait son chemin dans l'activité caritative, les cercles ont aussi commencé à faire appel aux commerces, qu'il se soit agi de SNC Lavallin et d'Alcan à Abidjan, de Pepsi à Burlington ou du Poulet frit Kentucky à Sainte-Foy, parmi une panoplie d'entreprises locales[97]. Dès 1991, le CA encourageait explicitement les cercles à solliciter des dons d'entreprises[98]. Ce faisant, les entreprises privées assumaient pleinement la notion de « personne morale », ce qui leur permettait de s'attirer une publicité positive et de préconiser la réduction des taxes, puisqu'elles contribuaient autrement à la redistribution de la richesse. Les tirages et les grands événements sont alors devenus la norme parmi les collectes de fonds.

Entretemps en Europe, les cercles soutenaient principalement des projets dans la Francophonie tiers-mondiste. Le cercle de Paris se vantait de pouvoir faire appel à ses réseaux en affaires et en politique pour obtenir des dons de service, l'envoi de matériel didactique dans 80 écoles de Zambie ne lui ayant coûté que 8 000 FF[99]. Les œuvres à caractère récréatif sont demeurées communes en France, même si les dons aux œuvres à caractère médical et aux institutions publiques y prenaient de l'ampleur, comme partout dans le réseau.

---

96. « Fondation Richelieu Montréal. Revenus, dépenses et surplus », 31 décembre 1995, p. 3, dans APCRMQ, vol. « Finances » ; « État des résultats et du surplus », 13 février 1990, dans CRCCF, FCRO C117-1, vol. 3, dossier 13.

97. Gilles Carignan, « Le Manoir Ronald-McDonald : bilan d'une année d'activités », *Vie Richelieu*, vol. 40, n° 2, avril 1990, p. 19, dans APRI, vol. « Vie Richelieu 1981-… » ; « Une conférence pour adolescents », *Vie Richelieu*, janvier 1990, *op. cit.*, p. 11 ; « Le centre Prévention-dépannage-jeunesse inauguré à Charny », *Le Soleil*, 23 février 1992, p. B12 ; « La maison d'accueil Richelieu est ouverte », *Le Soleil*, 9 décembre 1993, p. B1.

98. « Procès-verbal… », 25-27 juillet 1991, *op. cit.*, p. 30-31.

99. « Rapport préliminaire des recettes & déboursés pour les œuvres », 1975, 2 p., dans APRI, vol. « Procès-verbaux 1975-1976 » ; « Richelieu : Porte-parole de la francophonie », *Vie Richelieu*, avril 1986, *op. cit.*, p. 10.

TABLEAU 5.2

Sélection de collectes de fonds (1982-1995)[100]

Club	Collecte (profit, année) selon les données disponibles
Abidjan (Côte d'Ivoire)	Tenue du banquet fondateur à l'hôtel Hilton (650 000 francs CFA, 1984)
Boucherville	Tenue d'un souper au spaghetti (11 000 $, 1988) ; tenue d'un souper (22 000 $, 1990)
Caraquet	Tenue d'un radiothon (40 000 $, 1985)
Edmundston	Tenue d'une soirée de jeux (42 800 $, 1995)
Fémina de Nîmes (France)	Tenue d'un casino de black jack (1988)
Joliette	Tenue d'un souper pour les œuvres du cardinal Léger (30 800 $, 1984)
Laurier de Gloucester (Ontario)	Tenue d'un souper à l'homard et casino de black jack (1982)
Montréal	Tenue d'une soirée de casino (9 100 $, 1987) ; tenue d'une soirée de casino (13 600 $, 1990)
Paquetville (Nouveau-Brunswick)	Tenue d'un radiothon avec six autres organismes (79 000 $, 1988)
Québec	Tenue d'une soirée de casino (33 600 $, 1990) ; tenue d'un bal viennois (24 100 $, 1994)
Saint-Basile (Nouveau-Brunswick)	Tenue d'un radiothon (20 800 $, 1986)
Vanier	Tirage d'une voiture Cadillac (25 000 $, 1991)
Welland	Tenue d'un bingo (34 000 $, 1988)

100. « Procès-verbal d'une réunion spéciale du Conseil d'administration », 27 janvier 1988 ; « Fiducie des œuvres de charité », 1990 ; *Bulletin*, 1er février 1995, dans Archives privées du Club Richelieu de Québec (APCRQ), vol. « 1990 » et « 1995 » ; « Un Casino pour le Club Richelieu Fémina », *Vie Richelieu*, vol. 38, n° 3, mai-juin 1988, p. 13 ; « Le Pouls des clubs », *Vie Richelieu*, vol. 38, n° 4, décembre 1988, p. 9 ; « La générosité légendaire du Club Richelieu Vanier », *Vie Richelieu*, vol. 41, n° 3, juin 1991, p. 7, dans APRI, vol. « Vie Richelieu 1981-... » ; « De Abdjan à extott-Info Dakar Yndé Rabat Knsha Tunis Paris », 23 mai 1984, dans BAC, FMAE RG25, vol. 19447, dossier 26-6 ; « Une invitation du club Richelieu », *Vie Richelieu*, février 1983, *op. cit.*, p. 15 ; « Le Club Joliette pose un geste de solidarité », *Vie Richelieu*, février 1984, *op. cit.*, p. 3 ; « Radiothon Richelieu », *Vie Richelieu*, février 1985, *op. cit.*, p. 3 ; « Téléthon Saint-Basile », *Vie Richelieu*, février-mars 1987, *op. cit.*, p. 13 ; « Radiothon Richelieu ! », *Vie Richelieu*, janvier 1989, *op. cit.*, p. 12 ; « Club Boucherville », *Vie Richelieu*, septembre 1990, *op. cit.*, p. 11.

TABLEAU 5.3

Sélection d'œuvres (1982-1995)[101]

Club	Initiative (don, année) selon les données disponibles
Abidjan	Don de médicaments et de lait dans une mission canadienne locale (1984)
Bathurst	Don aux scouts (4 700 $, 1982) ; don aux personnes handicapées (2 000 $, 1982)
Burlington	Don à la bibliothèque municipale pour l'achat de livres en français (15 000 $, 1991) ; don à la francisation des programmes d'orientation et contribution à l'Association canadienne-française de Halton (1991)
Caraquet	Appui aux scouts, au hockey mineur et à la maternelle locale (1985)
Charleroi	Envoi de manuels de langue française en Roumanie (1991)
Côte-Saint-Paul	Don à la colonie de vacances locale (7 000 $, 1987)
Dakar	Don à l'érection d'un pavillon hospitalier ophtalmologique (1983)
Edmundston	Don à l'hôpital local (3 000 $, 1995)

---

101. « Fondation Richelieu Montréal. Notes complémentaires », 31 décembre 1990, p. 6 ; « Fondation Richelieu Montréal. Notes complémentaires », 31 décembre 1995; p. 5, dans APCRMQ, vol. « Finances » ; « Rapport d'activité du Richelieu de Charleroi », 20 juin 1991 ; *Nouvelles Richelieu*, février 1989, p. 2 ; « Conseil d'administration », 27 février 1990 ; *Nouvelles Richelieu*, juin 1992, dans APCRL, vol. « Région Belgique 1977-1993 » et « Procès-verbaux », dossiers « 1985-1989 », « 1989-1991 » et « 1991-1993 » ; « Aperçu des activités du club », 27 mai-10 août 1983, p. 1-2 ; « Le Club Richelieu Vanier vient au secours des scouts », *Vie Richelieu*, vol. 36, n° 3, septembre 1986, p. 6, 20, 23 ; « Club Richelieu de la Pocatière remet un don important au Camp Canawish » et « Bilan des activités du Club Richelieu Fémina », *Vie Richelieu*, vol. 37, n° 2, juin-août 1987, p. 13, 20 ; « Le Cercle Richelieu de Paris (Association de la loi de 1901) », [1988], p. 2 ; « Au club Richelieu Tournai (Belgique) », *Vie Richelieu*, vol. 39, n° 1, mars 1989, p. 15 ; « Naissance d'un nouveau club Richelieu », *Vie Richelieu*, vol. 39, n° 3, septembre 1989, p. 15, dans APRI, vol. « Clubs », « Originaux des procès-verbaux » et « Vie Richelieu 1981-... », dossiers « 07208 Dakar » et « 1987-1989 » ; « 25 000 $ pour LEUCAN », *La Presse*, 3 avril 1990 ; Pierre Champagne, « Richelieu Limoilou », *Le Soleil*, 16 juin 1994, p. B4 ; Vincent Cliche, « Projet du YMCA et du Club Richelieu », *Le Soleil*, 15 novembre 1994, p. A10 ; Pierre Champagne, « Richelieu Limoilou », *Le Soleil*, 9 janvier 1995, p. C8 ; Edgar Demers, « De Ceci et de cela... », *Le Droit*, La Région, 12 décembre 1995, p. 8 ; Claire-Lucie Brunet, *op. cit.*, 11 juin 2012 ; « Les activités du Club Richelieu Ottawa », Centre de recherche en civilisation canadienne-française [En ligne] ; *Vie Richelieu*, septembre 1982, *op. cit.*, p. 2 ; « Réalisation Club Richelieu Sherbrooke » et « Un chèque à « Médecins sans frontières », *Vie Richelieu*, décembre 1982, *op. cit.*, p. 5, 19 ; « De Abdjan... », 23 mai 1984, *op. cit.*, p. 2 ; « Le Gala du Club Richelieu au profit de la S.N.S.M. », *Vie Richelieu*, septembre 1984, *op. cit.*, p. 9 ; « Radiothon Richelieu », février 1985, *op. cit.*, p. 3 ; *Vie Richelieu*, février-mars 1987, *op. cit.*, p. 5 ; « Le Camp Richelieu pris d'assaut par 352 invités », *Vie Richelieu*, décembre 1987, *op. cit.*, p. 12-13 ; Georges Jafrroy, « Discours », *Vie Richelieu*, mai-juin 1988, *op. cit.*, p. 17 ; « Don du Club Richelieu Ste-Foy », *Vie Richelieu*, décembre 1988, *op. cit.*, p. 5 ; « Bravo Burlington » et « La générosité légendaire du Club Richelieu Vanier », *Vie Richelieu*, juin 1991, *op. cit.*, p. 6, 7 ; « États financiers », *op. cit.*, 31 août 1995.

Club	Initiative (don, année) selon les données disponibles
Embrun	Don à l'Unité de soins palliatifs, Hôpital Montfort avec les clubs Champlain d'Ottawa et de Rockland (7 500 $, 1986)
Fémina de Montréal	Don de 3 000 jouets pour Noël (1987)
Féminin de Sudbury	Cofondation d'une garderie à l'école secondaire Macdonald-Cartier permettant aux filles mères de terminer leurs études (1993)
Fort-de-France	Achat d'appareils audio-visuels pour «enfants inadaptés» (1988); don de secours à une mission d'Haïti (1988)
Caen	Don à Sauveteurs en mer (20 000 FF, 1984); envoi de matériel médical et scolaire à Haïti et au Sénégal (1984)
La Pocatière	Don à la colonie de vacances locale (3 000 $, 1987)
Laporte d'Ottawa	Don à l'Hôpital pour enfants de l'Est de l'Ontario (10 000 $, 1995); don à la Fédération des parents francophones (8 000 $, 1995)
La Québécoise	Achat de micro-ordinateurs pour la polyvalente de Maniwaki (1985)
Liège	Envoi de malles pédagogiques pour écoles du Tchad (1989); envoi de manuels scolaires (en français) en Roumanie (1990); réaménagement d'une école à Yalogo (Burkina Faso) (56 000 BEF,* 1992)
Limoilou (Québec)	Don à la Fondation des pompiers blessés (11 000 $, 1994); don au Centre de soins palliatifs local (11 000 $, 1994)
Montréal	Don au camp Saint-Côme (13 000 $, 1989); don à l'hôpital Sainte-Justine (25 000 $, 1990)
Ottawa	Octroi de bourses pour les finissants de l'école secondaire Champlain (1987); don au Centre psychosocial pour enfants (19 000 $, 1988); don à la Fondation Montfort (10 000 $, 1991); don aux scouts (13 000 $, 1991)
Paris	Envoi de matériel pédagogique dans 80 écoles secondaires de Zambie (1986); construction de trois bibliothèques publiques à Madagascar, envoi de livres classiques en Haïti; envoi d'animateurs en Amérique latine; prix pour les concours de l'Alliance française à Séoul (1988)
Québec	Financement du Programme de prévention du décrochage scolaire (15 000 $, 1994)
Rennes	Don à Médecins sans frontières en Afghanistan (1982)
Sainte-Foy	Don au Centre de prévention du suicide local (1 000 $, 1988)
Sherbrooke	Développement d'un sentier écologique et interprétatif (1982)
Tournai (Belgique)	Don au Centre de réadaptation professionnelle local (100 000 BEF, 1989)
Vanier	Réaménagement d'un camp scout (32 000 $, 1986)

* BEF : franc belge (jusqu'en 2002, la devise est maintenant remplacée)

Achat d'une camionnette adaptée au transport pour un centre d'enfants handicapés à Limoilou (Québec) par le Club Richelieu de Québec, dans CI, ARPI, Ottawa (Ontario).

L'ampleur des dons sous-tendait au public que les clubs et le siège social se portaient bien. Certains membres espéraient que l'élargissement de la sphère privée interpelle l'élite à réinvestir la culture du bénévolat; s'il était difficile pour le citoyen de déceler le résultat de ses impôts, celui-ci pouvait constater, de ses propres yeux, le résultat de sa charité[102]. Or, l'espoir s'avérerait naïf, car l'individualisme minait l'engagement de plus en plus. Les attitudes quant au retrait de l'État du domaine social et à l'accroissement des inégalités n'étaient pas épargnées de contradictions; on pouvait encourager la réduction de la taille de l'État et souhaiter, du même souffle, que celui-ci remédie au chômage des jeunes[103]. On voyait la nécessité de rehausser la qualité de l'enseignement pour endiguer

102. G.-Mathias Pagé, « Rapport du directeur général », 6 avril 1990, p. 42, dans APRI, vol. « Originaux des procès-verbaux », dossier « 1988-1995 »; Charles Thériault, « La Loi 8 ne sera pas compromise », *Le Droit*, Cahier « La Région », 25 mars 1993, p. 15; Grégoire Pagé, *op. cit.*, 23 novembre 1990, p. 4; Paul Jutras, *op. cit.*, 20 mai 2011.

103. Jacques Desmeules, « La reprise. Trois défis à relever », *Vie Richelieu*, avril 1983, *op. cit.*, p. 2.

Publicité pour le Camp St-Clément, financé par le Club Richelieu de Montréal, ca. 1985, dans Archives privées du Club Richelieu de Montréal (Québec).

le «déclin de la compétitivité[104]» du Canada et, petit à petit, des accusations de paresse réapparaissaient envers ceux qui dépendaient de l'assistance sociale pour subsister[105]. Même les membres libéraux espéraient que le gouvernement fasse du «ménage[106]» grâce à des compressions additionnelles dans les dépenses publiques[107]. Le cercle de Montréal s'avérait particulièrement acharné dans ses prises de position néolibérales.

En Acadie et en Ontario français, on n'exprimait pas plus de sympathie pour le socialisme, mais les clubs continuaient de solliciter les appuis de Fredericton et de Toronto pour construire de nouveaux établissements sociaux pour les francophones[108]. Le cercle

---

104. Vallier Lapierre, «Organismes spécialisés et entreprises forment une table de concertation sur l'emploi», *Les Affaires*, 31 août 1991, p. B6.

105. *Bulletin*, 16 janvier 1992, dans APCRMQ, vol. «Bulletins».

106. «Québec souffre de paralysie économique selon Jean Pelletier», *Le Soleil*, 1er juin 1993, p. A5.

107. *Bulletin*, 18 avril 1991, dans APCRMQ, vol. «Bulletins».

108. Paul-Émile Doyon, «Conférence au Club Richelieu Ottawa», *Vie Richelieu*, vol. 34, n° 2, avril 1984, p. 4, dans APRI, vol. «Vie Richelieu 1981-...».

d'Edmundston concevait toujours son rôle en lien avec l'État providence. Pour 177 000 $, il a réaménagé un parc avec des arbres, des glissades et des sentiers, ainsi que des terrains de basketball, de pétanque et de tennis. Emploi et Immigration Canada a défrayé 64 % du coût de la réfection et, au moment de la complétion des travaux en 1993, le cercle a remis les clés du parc à la Municipalité[109]. Il a aussi financé la maternelle scolaire dont il avait charge, jusqu'à ce qu'il la remette à la province en 1988[110]. Ce projet devait « normalement [...] devenir la responsabilité complémentaire du gouvernement provincial[111] ». Il conseillerait d'ailleurs Fredericton dans la mise sur pied des maternelles publiques. À Windsor, le cercle a coordonné la construction d'une résidence pour personnes âgées francophones et reçu 151 000 $ du ministère des Services sociaux de l'Ontario pour son hypothèque de 3,7 millions de dollars. Le cercle de Welland a également érigé une résidence pour retraités et reçu de Queen's Park une subvention de 340 000 $ (10 % du total de l'hypothèque)[112]. Ainsi, les cercles en milieu minoritaire répondaient au défi, plus accentué qu'au Québec, du vieillissement. Quelques clubs du Québec ont reçu de la Municipalité de Mont-Joli ou du député fédéral de Saint-Maurice des subventions servant à appuyer la réfection des colonies de vacances[113], mais ces dernières se faisaient plus rares. Et de part et d'autre de la frontière, elles ne suscitaient pas une réflexion philosophique au-delà d'une faveur pour l'octroi.

---

109. Lettre de Paul Lavoie à Sylvio Daigle, 12 janvier 1988 ; « Réf. No. 9 & 10 », [1989] ; Guy E. Caron, « Plantation d'arbres indigènes du Nouveau-Brunswick », 21 novembre 1989, 5 p. ; « Partie IV. Sommaire des coûts estimatifs du projet. Calcul de la contribution requise de la CEIC », 16 mars 1989 ; Lettre de Réjean Pelletier et de Jean-Marie Nadeau à la Ville d'Edmundston, 16 novembre 1993, dans APCRE, vol. « Parc Richelieu ».

110. Lettre de Clarence Cormier aux propriétaires de maternelles et de garderies, 29 avril 1983 ; « Procès-verbal de la réunion du Comité de la Maternelle Richelieu », 2 février 1989, 5 p., dans APCRE, vol. « Maternelle ».

111. « Raisons en faveur du maintien de la maternelle », [1983], dans APCRE, vol. « Maternelle ».

112. « Francophones win housing victory », *The Windsor Star*, 25 septembre 1990, p. A3 ; Aurel Gervais, *Club Richelieu Welland*, Welland, Éditions du Soleil, 1992, p. 72.

113. « Cérémonie de la levée de la première pelletée de terre », *Vie Richelieu*, janvier 1990, *op. cit.*, p. 7 ; « Après 22 ans d'attente, le fédéral s'implique au camp Richelieu », *Vie Richelieu*, avril 1990, *op. cit.*, p. 4.

Ces collaborations entre l'État et le secteur privé devenaient pourtant plus rares que les dons que faisait le Richelieu aux institutions publiques. Certains cercles finançaient – partiellement ou entièrement – le transport en autobus à des enfants d'âge préscolaire éprouvant des difficultés intellectuelles et émotives ou la réfection d'un pavillon pédiatrique d'un hôpital[114]. En 1982, le club de Québec a inauguré la Chaire Richelieu de recherche sur l'enfance à l'Université Laval. La dotant d'un fonds de 250 000 $, les intérêts ont subventionné des dizaines de recherches sur la pauvreté, les mères adolescentes, la négligence, le jeu compulsif, les obstacles à l'insertion sociale des jeunes contrevenants ou encore la violence à l'école. Pendant ses 20 premières années, la Chaire octroierait près d'un million de dollars à 55 projets[115]. Cette œuvre rappelait aussi l'importance que prenaient les projets à caractère médical.

Entretemps, la Fondation Richelieu International continuait de se faire valoir comme un moyen «de soutenir des œuvres qui dépass[ai]ent les capacités d'un seul club» pour soulager «des misères réelles» et témoigner de sa «solidarité avec les autres francophones[116]» du monde. Puisque les efforts de coopération et d'encouragement de l'autonomie parmi les clubs du Sud avaient été décevants[117], la FRI s'est tournée vers la philanthropie. Au moment de l'éclosion d'une famine en Éthiopie en 1984, elle s'est alliée à Vision mondiale Canada pour vendre ses «Passeports de l'espoir». Au prix de 5 $ l'unité, ces trousses contenaient engrais, semences, pesticides et outils et permettraient à 40 000 foyers en Éthiopie de développer des potagers à domicile. Comme le voulait l'idée que tout développement durable passe par l'implication des

---

114. «Merci au Richelieu», *Vie Richelieu*, avril 1992, *op. cit.*, p. 28 ; Diane Vallée, *op. cit.*, p. 101.

115. «Club Richelieu Québec. Au fil de nos 65 ans d'histoire 1947-2012», 2012, p. 9-10, dans APCRQ.

116. André Tremblay, «La Fondation Richelieu International», 3 avril 1982, p. 26, dans APRI, vol. «Fondation Richelieu International», dossier 1.

117. «Procès-verbal de la réunion du Conseil d'administration», 10 octobre 1986, p. 2, dans APRI, vol. «Fondation Richelieu International», dossier 2 ; Louis Favreau, Lucie Fréchette et René Lachapelle, *Coopération Nord-Sud et développement. Le défi de la réciprocité*, Québec, Les Presses de l'Université du Québec, 2008, p. 44-48.

La campagne contre la leucémie de la Fondation Richelieu International,
ca. 1989, dans CI, APRI, Ottawa (Ontario).

femmes et le développement de l'agriculture locale, ce projet contournait la lenteur bureaucratique des États et rejoignait « directement les défavorisés[118] ». En contrepartie, l'Agence canadienne du développement international (ACDI) offrait le quadruple de tout don civil, apportant la contribution au nom du Richelieu à cette initiative à 475 000 $[119]. En 1986, la FRI s'est associée à l'Organisation culturelle et éducative de développement (OCED) – spécialiste de l'alphabétisation, du reboisement et de l'agriculture – pour fournir 500 trousses de matériaux scolaires aux écoles du Tchad. Grâce au même engagement de contrepartie de l'ACDI, cette campagne a rapporté 533 000 $[120].

---

118. Hélène Lavoie, « La faim dans le monde », *Vie Richelieu*, février-mars 1987, *op. cit.*, p. 14.

119. « Procès-verbal de la réunion du Conseil d'administration », 15 mars 1986, p. 2 ; « Rapport annuel du président », 1986, p. 5, dans APRI, vol. « Fondation Richelieu International », dossier 1 ; « Un début nouveau en Éthiopie », *Vie Richelieu*, septembre 1985, *op. cit.*, p. 10 ; *Vie Richelieu*, décembre 1986, *op. cit.*, p. 16.

120. « Qui m'aidera ? », *Vie Richelieu*, février 1985, *op. cit.*, p. 8 ; « Rapport annuel… », 1986, *op. cit.*, p. 5.

Malgré tout, la FRI n'était pas parvenue à établir sa stabilité financière strictement à partir des rangs du Richelieu. Certes, la majorité des clubs y contribuait en 1988[121], mais les campagnes de financement n'avaient pas encore attiré suffisamment d'attention médiatique. En 1989, on a convaincu le président du Mouvement des caisses Desjardins, Claude Béland, de faire un don personnel de 100 000 $ à la FRI et de présider une campagne de financement. Desjardins a aussi créé pour les membres une carte de crédit d'affinité, qui ramènerait 1 % de la valeur des achats à la Fondation après que 3 000 personnes se la seraient procurée. Il faudrait cinq ans pour atteindre la cible, ce qui permettrait à la FRI de décrocher 32 000 $ en ristournes et une dizaine de milliers de dollars par année[122]. À l'automne 1991, on a aussi tenu un téléthon sur les ondes de la chaîne française de Télévision Ontario. Toutefois, les 275 000 $ générés par un spectacle d'artistes franco-ontariens n'ont même pas remboursé son coût de 350 000 $[123]. Quant aux efforts plus modestes, les spectacles-bénéfices de l'humoriste Jean Lapointe et des chanteurs Marcel Aymar, Paul Demers et Robert Paquette, ou encore les bingos tenus à Vanier, ont rapporté annuellement

Le projet de lutte contre la faim de la Fondation Richelieu International, 1986, dans CI, APRI, Ottawa (Ontario).

---

121. «Liste des engagements envers la Fondation», [octobre] 1988, dans APRI, vol. «Fondation Richelieu International», dossier 1 ; «Rapport annuel…», 1986, *op. cit.*, p. 3.

122. «Procès-verbal de la troisième réunion du Conseil d'administration», 27-28 janvier 1989, p. 34 ; G.-Mathias Pagé, «Rapport du directeur général», 7 avril 1989, p. 41 ; «Procès-verbal de la réunion annuelle», 30 septembre 1989 ; «Compte rendu de la réunion des présidents internationaux», 1er juillet 1994, p. 2, dans APRI, vol. «Fondation Richelieu International» et «Procès-verbaux», dossiers 1, «1988-1989» et «1993-1994».

123. «Réunion du Conseil d'administration», 14 novembre 1991, p. 7-8, dans APRI, vol. «Fondation Richelieu International», dossier 2.

environ 25 000 $ à la FRI[124]. Les collectes plus traditionnelles avaient l'avantage de limiter les coûts d'opération – et donc les risques – et d'augmenter la probabilité de décrocher un bénéfice.

Possédant un capital de 1,8 millions de dollars, qui générait des intérêts de 243 000 $ en 1993, la FRI était prête à faire une contribution d'envergure[125]. Signe des temps, au lieu de lancer une œuvre à l'étranger, elle a fait une contribution à une institution publique canadienne n'ayant pas les moyens de s'acheter une technologie particulière. En 1991, l'Hôpital pédiatrique Sainte-Justine de Montréal a approché la FRI pour qu'elle lui procure un appareil de stéréotaxie, utile à la chirurgie de tumeurs cérébrales et disponible à l'époque seulement aux États-Unis[126]. Les images à trois dimensions des tumeurs accentuaient la précision et l'efficacité des interventions. La technologie de 600 000 $ promettait des « miracles ». « [The] best part is the child doesn't have to stay long in hospital », rajoutait le pédiatre Jean-François Chicoine, « or come often for treatments[127]. » Le don a fourni à la FRI une publicité telle qu'elle a pu enclencher le cycle de sa pérennité. Dans les mois qui ont suivi cette transaction, elle a reçu 138 000 $ en dons, sans compter les 50 000 $ récoltés au banquet de l'assemblée générale du Richelieu la même année[128]. De 1992 à 1993, le nombre de dons annuels à la FRI a crû de 21 %. En 1994, elle encaissait 750 000 $ et recueillait désormais l'appui des deux tiers des clubs[129].

---

124. « Procès-verbal de la deuxième réunion du Conseil d'administration », 23-24 novembre 1990, p. 12-13, dans APRI, vol. « Procès-verbaux », dossier « 1990-1991 » ; « Rapport... », *op. cit.*, 26 août 1995.

125. « État financier », 20 mars 1993, dans APRI, vol. « Fondation Richelieu International », dossier 2.

126. « Procès-verbal de la réunion du Conseil d'administration », 7 avril 1989, p. 49 ; « Procès-verbal de la réunion du Conseil d'administration », 11 septembre 1991, p. 3, dans APRI, vol. « Fondation Richelieu International » et « Procès-verbaux », dossiers « 1988-1989 » et 2.

127. Jean-François Chicoine, dans « 3-D brain surgery method soon available in Canada », *The Toronto Star*, 13 septembre 1991, p. F11.

128. « Procès-verbal de la réunion annuelle de l'Assemble générale », 5 octobre 1990, p. 2-3 ; « Réunion du Conseil d'administration », 10-11 janvier 1992, p. 2, dans APRI, vol. « Procès-verbaux », « 1991-1992 ».

129. « Rapport du directeur général », 24 juin 1993, p. 2 ; « Compte-rendu de la réunion », 1er juillet 1994, p. 4, dans APRI, vol. « Fondation Richelieu International », dossier 2.

Le procurement de la technologie de stéréotaxie découlait d'un certain constat d'échec, du moins au Richelieu, sur la mondialisation de l'altruisme. Les clubs canadiens-français n'avaient jamais accepté de tarir l'assistance locale au profit d'une assistance internationale et, malgré leur enthousiasme vis-à-vis de la mondialisation, les cercles européens n'avaient pas été plus enclins à contribuer à la FRI, surtout vu que les reçus qu'elle attribuait n'étaient utiles qu'aux déclarations d'impôts du Canada. Pour remédier à ce défi, on a lancé la Fondation Richelieu International France (FRIF) en 1989[130]. Le contexte s'y prêtait d'ailleurs, car deux lois adoptées par l'Élysée en 1987 et en 1990 encourageaient les collectes caritatives et la création de fondations. Selon l'historien Georges Duby, cela signalait la renaissance du « mécénat humanitaire », devenu nécessaire devant une « puissance publique défaillante[131] ». La FRIF a entamé ses activités en attirant des dons ponctuels de quelques dizaines de milliers de francs français[132]. Avec un capital de 251 000 FF en 1993, la FRIF a fait 29 500 FF en dons[133]. Ces premiers efforts pour « aider l'enfance de manière significative » sont demeurés symboliques, par le remboursement des frais de la chirurgie d'une jeune belge au Canada par exemple.

Ce faisant, au moment où l'engagement bénévole faisait parfois défaut et que la disponibilité de subventions publiques reculait, les dons commerciaux et les intérêts générés par les fiducies occupaient une place de plus en plus importante. Si on agissait davantage en bailleur de fonds, les cercles en milieu minoritaire francophone tendaient toujours à fonder de nouveaux établissements de langue française avec des subventions de l'État. Les projets à caractère médical soulignaient la volonté de réinvestir certains secteurs

---

130. « Liste… », *op. cit.*, [octobre] 1988 ; « Réunion… », 11 novembre 1989, *op. cit.*, p. 6.

131. Georges Duby (dir.), *Histoire de la France des origines à nos jours*, Paris, Les Éditions Larousse, 2006, p. 1282.

132. « Procès-verbal de la réunion du Conseil d'administration », 11 septembre 1991, p. 2 ; « Procès-verbal de la réunion du Conseil d'administration », 15 septembre 1993, p. 4 ; « Procès-verbal de la réunion du Conseil d'administration », 9 juin 1994, p. 4 ; « Procès-verbal de la réunion du Conseil d'administration », 16 septembre 1994, p. 4, dans APRI, vol. « Procès-verbaux » et « Fondation Richelieu International », dossiers 2 et « 1993-1994 ».

133. Lettre d'André Reymond aux gouverneurs, vice-gouverneurs et présidents de clubs européens, 26 novembre 1993, p. 2, dans APRI, vol. « Procès-verbaux », dossier « 1993-1994 ».

caritatifs, qu'on avait abandonnés pendant la décennie 1960, mais plus globalement, la volonté de s'adapter à un État providence, qui devenait plus modeste, et à une sphère privée, plus large et libérale que jamais…

Les projets parallèles du Québec et des minorités canadiennes-françaises

La libéralisation a aussi marqué la manière dont on imaginait une communauté d'appartenance. Sur le plan économique, la multiplication des accords de libre-échange affaiblissait les souverainetés étatiques, encourageait la circulation de biens et habilitait la circulation des personnes. Sur le plan politique, le rapatriement de la Constitution canadienne (1982), ainsi que les tentatives de réforme – des accords du Lac Meech (1987) au référendum sur la souveraineté du Québec (1995) – usaient les projets nationaux canadien-français et québécois. En contribuant à ériger un échelon identitaire au-delà de la référence nationale, le Richelieu avait fini par contribuer, pas tout à fait consciemment, à la marginalisation du nationalisme canadien-français. Malgré tout, en milieu minoritaire, le projet canadien-français a maintenu un « respect[134] », pour citer Joseph Yvon Thériault, les projets identitaires provinciaux n'y prenant que partiellement le relais. Ils avaient tous en commun l'individu et la pluralité, sans trop laisser de place aux particularismes. La mondialisation francophone n'était pas antinationaliste pour autant, ses adhérents, dans des sociétés aussi variées que l'Acadie, la France et le Sénégal, y voyant un nouveau moyen pour résister à l'homogénéisation anglo-américaine.

Malgré cette mutation, le Richelieu a continué de mobiliser le projet canadien-français, soulignant avec nostalgie que son assise reposait toujours « en Ontario et au Québec », ces « cadres

---

134. Joseph Yvon Thériault et E.-Martin Meunier, « Que reste-t-il de l'intention vitale du Canada français ? », dans Joseph Yvon Thériault, Anne Gilbert et Linda Cardinal (dir.), *L'espace francophone en milieu minoritaire au Canada. Nouveaux enjeux, nouvelles mobilisations*, Montréal, Éditions Fides, 2008, p. 205.

traditionnels[135]» où se trouvaient deux clubs sur trois. Peut-être naïvement, le président Roger Légaré, lors d'un congrès à Montréal en octobre 1984, estimait que l'idéal ayant mis au monde le Richelieu demeurait et s'était seulement arrimé à un projet plus ambitieux:

> L'objectif des fondateurs de la Société Richelieu était de créer une chaîne de fraternité en donnant aux Canadiens français, non seulement un moyen d'épanouissement, mais aussi un cadre qui respectait les valeurs profondes d'un peuple minoritaire. Si les buts et les pensées sont demeurés essentiellement les mêmes, certaines choses ont pourtant changé. Ce lien, par exemple, que les fondateurs ont voulu donner à ceux de nos concitoyens dont la langue maternelle était le français est devenu un lien international qui tend à relier toute la francophonie[136].

On n'avouait pas qu'on percevait le Canada français comme vieillot, mais on ne voyait plus de moyen pour évoquer ses «raisons communes». Le rapatriement de la Constitution canadienne et l'adoption de la Charte canadienne des droits et libertés en 1982 cristallisaient les divergences entre le Québec (qui y perdait son droit de veto historique, n'était pas reconnu comme société distincte et n'accepterait pas la Constitution) et les minorités francophones (qui, grâce à l'article 23, obtiendraient la complétion et la gestion de leurs régimes scolaires)[137]. On ne voyait plus les communautés comme des avant-postes de la nation autant que des figures d'altérité[138], rappellent Lawrence Olivier et Guy Bédard, qui rappelaient

---

135. «Hull/Ottawa CHOT 18:30 Plus Loin», 12 octobre 1982, dans APRI, vol. «Anciens présidents», dossier «Roger Légaré».

136. [Roger Légaré], «Allocution, Montréal, 19 octobre 1984», *Vie Richelieu*, décembre 1984, *op. cit.*, p. 8.

137. Michael Behiels, *La Francophonie canadienne. Renouveau constitutionnel et gouvernance scolaire*, Ottawa, Les Presses de l'Université d'Ottawa, 2005, 432 p.; Serge Miville, *«À quoi sert au Canadien français de gagner l'univers canadien s'il perd son âme francophone?» Représentations identitaires et mémorielles dans la presse franco-ontarienne après la «rupture» du Canada français (1969-1986)*, thèse de maîtrise (histoire), Ottawa, Université d'Ottawa, 2012, 246 p.

138. Entrevue avec André Beaudoin, Québec (Québec), 15 octobre 2012.

aux Québécois la précarité de leur existence en Amérique[139]. C'était aux congrès en périphérie, de Winnipeg (1985) à Hollywood (1988), qu'on retrouvait un semblant d'ambiance des grands-messes d'antan et entendait des discours à saveur nationale canadienne-française[140], dont ce plaidoyer du membre franco-ontarien René J. Martin :

> L'attitude trop souvent entretenue par certains incite à la comparaison du frère aîné envers son petit frère ; au contraire, la relation devrait être celle d'une famille unie où le grand frère aide son cadet pour le bien commun des deux. Cette unité est notre seule chance ; l'attitude de certaines gens qui proclamaient jadis : « Hors Québec, point de salut pour la langue » devrait mourir aujourd'hui avec cette rencontre.
>
> Mes ancêtres étaient bretons, mes parents, comme d'ailleurs c'était le cas pour plusieurs de l'extérieur du Québec, étaient originaires de la province de Québec et nombreux à se réfugier dans le grand nord de l'Ontario. […] En effet, sans notre esprit de défricheur, de nationalisme et de liberté, nous serions probablement tous citoyens des États-Unis d'Amérique. Nous avons combattu à la fois contre les divisions internes de notre pays et contre ceux qui voulaient l'envahir et même contre ceux qui menaçaient les pays d'Europe ; maintenant il serait facile de s'endormir dans le confort. C'est seulement grâce à l'effort constant des gens comme vous, qui êtes les porte-paroles de la langue française, qu'elle restera un mode d'expression privilégié, un instrument de pensée à la hauteur de nos besoins techniques intellectuels et moraux dans notre société contemporaine[141].

À mots couverts, Martin reprochait au Québec de commencer à faire un demi-tour injustifiable sur sa solidarité envers les

---

139. Lawrence Oliver et Guy Bédard, « Le nationalisme québécois, les Acadiens et les francophones du Canada », *Égalité : revue acadienne d'analyse politique*, n° 33, printemps 1993, p. 96.

140. Diane Vallée, *op. cit.*, p. 101.

141. René J. Martin, « Allocution », *Vie Richelieu*, vol. 36, n° 3, juin 1986, p. 2, dans BAC, Fonds J.257, vol. 2, dossier C2.

minorités, qui avait constitué une pièce immuable du projet national jusqu'à tout récemment, car les frictions aux États généraux du Canada français n'avaient pas réussi à rompre plusieurs amitiés tissées par-delà les frontières à l'Action catholique et poursuivies au Richelieu[142]. Comme à l'Association canadienne de l'éducation de langue française (ACELF), les membres du Canada entier s'intéressaient aux programmes fédéraux touchant les langues officielles et à l'Accord du libre-échange avec les États-Unis[143]. Le Richelieu et l'ACELF ne craignaient plus l'américanisation de l'économie et de la culture autant qu'autrefois, même si on cherchait toujours à protéger la spécificité canadienne-française[144]. Les traces d'un projet national apparaissaient toujours dans ces discours, sans toutefois nourrir une idée claire d'une cause nationale commune.

À Québec, René Lévesque avait fondé le Secrétariat permanent des peuples francophones en 1981 pour rétablir les ponts que le Service du Canada français d'outre-frontières, fermé par les libéraux en 1975, avait abandonnés. En revenant au pouvoir en 1985, les libéraux de Robert Bourassa ont rassemblé le Richelieu, la Fédération des francophones hors Québec (FFHQ), la Société nationale des Acadiens et le Council for the Development of French in Louisiana (CODOFIL), entre autres[145], pour «prendre connaissance de la situation et des aspirations des francophones hors Québec[146]». Pourtant, Bourassa a ouvert le Musée de l'Amérique française en 1989 et aboli le Secrétariat en 1993[147]. La substitution d'un conseil consultatif par un musée n'avait rien d'encourageant pour la survie

---

142. «L'enthousiasme Viau, c'est contagieux», *Vie Richelieu, op. cit.*, février 1988.

143. «Procès-verbal de la cinquième réunion du Conseil d'administration», 3-4 juin 1988, p. 48; dans APRI, vol. «Procès-verbaux», dossier «1989-1990»; *Bulletin*, 16 avril 1986, dans CRCCF, FCRO C117-1, vol. 3, dossier 11; «Rapport...», 12-14 juillet 1990, *op. cit.*, p. 2.

144. «Le libre-échange: Staelen croit au français», *Le Nouvelliste*, [1988], dans APRI, vol. «Anciens présidents», dossier «Jacques Staelen»; *Bulletin*, 18 novembre 1987, p. 2, dans CRCCF, FCRO C117-1, vol. 3, dossier 12.

145. «Rapport du délégué général», [janvier] 1989, p. 2; *Nouvelles Richelieu*, octobre 1990, p. 7-8; Lettre de Michel Brûlé à René Pitre, 16 octobre 1990, dans APRI, vol. «Anciens présidents» et «Originaux des procès-verbaux», dossiers «René Pitre» et «1987-1989».

146. G.-Mathias Pagé, «Rapport du directeur général au Conseil d'administration», 8 mars 1991, p. 5, dans APRI, vol. «Procès-verbaux», dossier «1990-1991».

147. Texte sur la dissolution, 23 juillet 1991; «Un défi pour le Richelieu», *Vie Richelieu*, vol. 42, n° 1, janvier 1992, p. 7; G.-Mathias Pagé, «Rapport du délégué général», mars 1992,

des minorités, ce qui a outré Grégoire Pagé, qui tiendrait lui-même une réunion des organismes susmentionnés à Ottawa.

Si Pagé ne retrouvait plus au Québec la solidarité d'antan pour les communautés minoritaires, ses appels ont néanmoins interpellé Queen's Park, qui a versé au moins 28 500 $ à l'expansion du Richelieu en Ontario, où 16 nouveaux clubs ont rejoint la chaîne entre 1982 et 1995[148]. La province approuvait l'Accord du Lac-Meech à l'époque et son Office des Affaires francophones diffusait même des publicités à caractère nationaliste dans *Vie Richelieu*[149]. Le club d'Ottawa a continué de débattre les réformes constitutionnelles et s'est dit déçu des maigres garanties offertes aux minorités canadiennes-françaises dans la nouvelle Constitution[150]. Tandis que le nationalisme canadien gagnait du terrain chez les Franco-Ontariens[151], d'autres membres, dont Jean-Guy Patenaude du club d'Embrun, estimaient qu'ils s'installeraient au Québec pour continuer de vivre en français si jamais il faisait l'indépendance[152].

Les cercles franco-ontariens ont aussi favorisé le développement institutionnel en appuyant ou en revendiquant la construction d'écoles secondaires de langue française (Iroquois Falls), la création de commissions scolaires francophones (Sturgeon Falls), la tenue des premiers Jeux franco-ontariens (Vanier) et la fondation de nouvelles Caisses populaires (Toronto)[153]. En plus des nombreux

---

p. 6, dans APRI, vol. « Procès-verbaux » et « Vie Richelieu 1981-… », dossiers « 1990-1991 » et « 1991-1992 » ; « Procès-verbal… », 20 mars 1992, *op. cit.*, p. 21.

148. « L'appellerons-nous Chantal ou Ashley ? », *Vie Richelieu*, vol. 42, n° 1, septembre 1991, p. 28, dans APRI, vol. « Vie Richelieu 1981-… » ; « L'Office des affaires francophones accorde son aide au Richelieu International », *Vie Richelieu*, avril 1990, *op. cit.*, p. 4.

149. G.-Mathias Pagé, « Rapport du directeur général », 27 novembre 1987, p. 22-23, dans APRI, vol. « Procès-verbaux », dossier « 1987-1988 » ; « Limited Quebec veto has merit : McMurty », *The Globe and Mail*, 4 février 1983, p. 10 ; « Procès-verbal… », 3-4 décembre 1982, *op. cit.*, p. 16 ; « Un souper Richelieu régional à Québec où le français de l'Ontario est en vedette », *Vie Richelieu*, avril 1983, *op. cit.*, p. 5.

150. *Bulletin*, 3 septembre 1982 ; *Bulletin*, 8 mars 1984, dans CRCCF, FCRO C117-1, vol. 3, dossier 7.

151. *Bulletin*, 15 décembre 1982 ; *Bulletin*, 18 juin 1987, dans CRCCF, FCRO C117-1, vol. 3, dossiers 7 et 9.

152. « Quitter leur patelin pour un Québec souverain ? », *Le Droit*, Cahier « La Région », 6 novembre 1993, p. 6.

153. « Procès-verbal de la cinquième réunion du Conseil d'administration », 5 octobre 1988, p. 67, dans APRI, vol. « Procès-verbaux », dossier « 1988-1989 » ; « Procès-verbal d'une réunion », 30 mai 1994, p. 3, dans CRCCF, FCRO C117-3, vol. 1, dossier 2 ; William Johnson,

dons que les clubs franco-ontariens faisaient à la FRI, une dizaine d'entre eux faisaient aussi des dons annuels de milliers de dollars à la Fondation franco-ontarienne, fondée en 1985[154]. Les cercles pouvaient donner aux membres le goût du militantisme, mais éprouvaient du mal à recruter les immigrants de langue française[155]. Puisque les liens émergeaient plus naturellement entre gens ayant des antécédents similaires, on avait plus de succès aux clubs de Toronto et de Hamilton à retenir les Français que les Burundais et Libanais, qui y demeuraient rares, malgré leur poids parmi les francophones de ces deux villes[156].

En Acadie, les cercles maintenaient aussi leur militantisme en appuyant les journalistes en grève de *L'Évangeline*, le seul quotidien en français à l'est du Québec, en tenant un concours oratoire annuel auprès de 2 000 élèves et en soutenant l'affiliation d'un club pour rassembler des Français aux origines acadiennes et dont les ancêtres avaient été déportés vers l'Hexagone pendant le Grand Dérangement[157]. Devant l'incapacité de renouveler leurs effectifs, les cercles de Saint John et de Saint-Quentin (Nouveau-Brunswick) ont fermé boutique, mais 13 nouveaux clubs ont vu le jour dans les Maritimes entre 1982 et 1995. Il s'agissait d'un gain sans précédent là-bas, qui découlait peut-être de l'élévation récente du niveau de vie des Acadiens. Le CA a reproché aux clubs acadiens d'être intervenus durant les audiences de la commission Bastarache-Poirier

---

«A silent majority speaks up», *The Globe and Mail*, 13 septembre 1982, p. 7 ; « Just what was said », *The Globe and Mail*, 10 décembre 1984, p. 6 ; *Le Droit*, 3 novembre 1989, p. 15.

154. « Contribution importante à la Fondation franco-ontarienne », *Vie Richelieu*, avril 1990, *op. cit.*, p. 16.

155. « Candidat à la vice-présidence exécutive, Woilford Whissell », *Vie Richelieu*, septembre 1985, *op. cit.*, p. 3 ; G.-Mathias Pagé, « Rapport… », 6 avril 1990, *op. cit.*, p. 4 ; Denis Vaillancourt, *op. cit.*, 16 juin 2011.

156. « Club : Hamilton 151 », 1980 ; « Club : Hamilton 151 », 1985 ; « Club : Toronto 089 », 25 février 1986 ; « Club : Toronto 089 », 11 octobre 1990, dans APRI, vol. « Clubs », dossiers « 07151 Hamilton » et « 07089 Toronto ».

157. « Procès-verbal de la 32ᵉ réunion de l'Assemblée annuelle », 8-9 octobre 1982, p. 5 ; « Procès-verbal de la quatrième réunion du Conseil d'administration », 22-23 janvier 1985, p. 25 ; « Procès-verbal de la quatrième réunion du Conseil d'administration », 9 mai 1986, p. 32 ; « Procès-verbal de la quatrième réunion du Conseil d'administration », 23-24 juin 1988, p. 47, dans APRI, vol. « Procès-verbaux », dossiers « 1982-1983 », « 1984-1985 », « 1985-1986 » et « 1987-1988 » ; Lettre de Grégoire Pagé à André Potvin, 26 janvier 1984, p. 3, dans BAC, FMAE RG25, vol. 19447, dossier 26-6.

sur l'égalité des langues officielles[158], mais le gouverneur Martin Légère lui a répliqué que les cercles ne pouvaient rester silencieux à ce moment « critique » :

> J'applaudis [les] Clubs Richelieu qui n'ont pas hésité à venir se prononcer publiquement au Comité des Langues officielles afin de bien démontrer que le Richelieu est véritablement un Club d'esprit français attaché à toutes les valeurs qui en découlent. [...] Je suis d'accord qu'au Québec, un club Richelieu ne doit pas participer aux querelles stériles qui se font sur la langue française, mais ici en Acadie, nous ne pouvons demeurer muets devant les dangers qui nous menacent. Nous nous devons, à titre de citoyens épris de cette grande vertu qu'est le civisme, de nous prononcer quitte à faire peur aux mouchards qu'il pourrait y avoir dans nos rangs. Donc si nous voulons que le Richelieu fasse de nous des hommes complets dans toute l'acceptation du terme, nous nous devons de participer à la vie et surtout à la survie de l'Acadie en affichant bravement nos couleurs[159].

Les cercles acadiens ont également soutenu l'établissement d'un bureau de la Société nationale de l'Acadie à Québec en 1989 et organisé un congrès Richelieu à Moncton en 1990 qui, comme le faisaient les assemblées d'antan, a souligné les grandes lignes de l'histoire acadienne de la colonisation à la résilience contemporaine en passant par les événements de 1755[160]. Toujours selon la tradition, des invités de marque, dont le sénateur libéral Louis Robichaud, étaient de la partie. Ces cercles ont aussi appuyé l'organisation du premier Congrès mondial acadien en 1994. En Acadie et en Ontario français, les cercles semblaient préserver une part du militantisme nationaliste, qui avait inspiré leur formation. N'ayant pas un État au service de leurs collectivités, les cercles en milieu minoritaire

---

158. « Procès-verbal... », 25 janvier 1985, *op. cit.*, p. 25.

159. Martin-J. Légère, « Conférence prononcée à Bathurst », *Vie Richelieu*, septembre 1985, *op. cit.*, p. 12.

160. « Rapport du directeur », 2 décembre 1988, p. 8 ; « 25 ans du Club Fredericton », *Vie Richelieu*, vol. 39, nº 3, juin 1989, p. 12, dans APRI, vol. « Procès-verbaux » et « Vie Richelieu 1981-... », dossier « 1988-1989 » ; « L'Acadie pays enchanteur », *Vie Richelieu*, janvier 1990, *op. cit.*, p. 11 ; « Réunion... », 11-12 mars 1994, *op. cit.*, p. 3.

ont continué de représenter un rare lieu de pouvoir pouvant appuyer le développement institutionnel de leurs communautés.

Les cercles à l'extérieur de la ceinture bilingue témoignaient plutôt de la fragilisation des îlots canadiens-français. Dans l'Ouest canadien, un seul nouveau club a vu le jour pendant la période. La plupart des cercles y fermaient leurs portes, dont le club de Régina, qui discutait de l'acculturation des Fransaskois quelques mois avant sa disparition[161]. Les cercles restants dénonçaient Saskatoon, qui ne respectait toujours pas l'article 110 de l'Acte des Territoires du Nord-Ouest permettant l'emploi du français dans les tribunaux et les législatures de la province, ou collaboraient avec l'Association canadienne-française de l'Alberta à la Cour suprême du Canada dans la cause Mahé, qui voulait obliger les provinces à donner suite aux dispositions de l'article 23 de la Charte[162]. En 1985, le Richelieu a tenu son congrès à Winnipeg pour souligner, avec 350 délégués, le 100e anniversaire de la pendaison de Louis Riel[163]. La rhétorique nationaliste était au rendez-vous en rappelant la « dignité entachée » et la « persécution » par Ottawa du « fondateur du Manitoba, défenseur des droits des Métis et des Canadiens français[164] ». Le CA aurait fondé d'autres cercles, dont au Yukon, si le Secrétariat d'État lui avait accordé une subvention[165] ; il a toutefois dû se contenter de ses moyens financiers limités pour faire vivre un réseau fragile dans l'Ouest.

En Nouvelle-Angleterre, le taux de transfert à l'anglais était encore plus élevé ; les quartiers des « Petits Canadas » et les écoles paroissiales bilingues avaient disparu et plusieurs paroisses disaient la messe en anglais et en espagnol plus souvent qu'en français. Sans

---

161. « Club : Saskatoon 182 », 7 décembre 1989, dans APRI, vol. « Clubs », dossier « 07182 Saskatoon » ; « La vie francophone dans l'Ouest canadien », *Vie Richelieu*, février 1985, *op. cit.*, p. 11 ; « Procès-verbal… », 23-24 novembre 1990, *op. cit.*, p. 7.

162. « Francophones from Alberta tear strip off Quebec », *The Toronto Star*, 6 juin 1989, p. A10.

163. « Procès-verbal de la sixième réunion du Conseil d'administration », 28 août 1985, p. 55, dans APRI, vol. « Procès-verbaux », dossier « 1984-1985 » ; « Réunion… », 11-12 mars 1994, *op. cit.*, p. 16.

164. « Riel, une vie, une vision », *Vie Richelieu*, vol. 35, n° 2, avril 1985, p. 7, dans « Vie Richelieu 1981-… ».

165. « Rapport du délégué général », 5 avril 1989, p. 3, dans APRI, vol. « Procès-verbaux », dossier « 1988-1989 ».

législation pour encadrer l'enseignement du français ou son utilisation dans les services publics, la Nouvelle-Angleterre française était vouée à son intégration à la société américaine, mais le nombre de Franco-Américains, ainsi que leur proximité au Québec, y maintenaient une certaine francité encore pour un moment. Entre 1982 et 1995, les clubs de Hartford et de Woonsocket ont fermé leurs portes, mais le Richelieu a tout de même fondé cinq nouveaux clubs dans la région[166]. Le dynamisme semblait plus élevé dans les villes du Massachusetts et du New Hampshire, où les visites de membres québécois appuyaient les membres franco-américains dans leurs efforts de regagner « la langue [...] perdue[167] » de leur enfance et de conserver leur « héritage français[168] ». En 1988, le Richelieu a nommé personnalité de l'année la professeure Claire Quintal du Collège de l'Assomption. En acceptant le prix, Quintal a fait un plaidoyer pour la mémoire :

> Il nous faut avoir la mémoire fidèle. Apprenons donc les faits et gestes de tout notre peuple aussi bien que ceux de notre famille. Car nous ne pouvons pas honorer nos pères et mères si nous ne fussions acadiens, canadiens, québécois, ou franco-américains. Assumons donc de façon énergique et avec dynamisme nos responsabilités envers notre groupe ethnique. Car c'est à lui que nous sommes liés depuis des siècles par un sang commun et un héritage unique[169].

Dans l'esprit de ces minorités, le « rêve partagé » du Canada français demeurait toujours le seul projet de société globale dont la teneur n'était pas dictée par une majorité exogène.

Contrairement aux autres lieux éloignés du Québec, la présence francophone augmentait en Floride, qui attirait des centaines de milliers de touristes, d'hivernants et d'immigrants canadiens-français

---

166. « La fin du rêve franco-américain », *Le Soleil*, 26 juin 1995, p. A9 ; G.-Mathias Pagé, 16 août 1984, *op. cit.*, p. 37.

167. Roger Simard et Diane Baudet-Nocas, *op. cit.*, 13 octobre 2011.

168. « Discours d'acceptation », 1991, p. 2-3, dans APRI, vol. « Anciens présidents », dossier « Lionel Lavallée ».

169. Claire Quintal, « Personnalité de l'année 1988 », *Vie Richelieu*, septembre 1988, *op. cit.*, p. 4.

du Nord. Des immigrants et hivernants y fondaient un archipel d'organismes de langue française, comme on l'avait fait au début du siècle. Cette croissance a permis l'émergence de cinq cercles et même suffi pour y constituer un conseil régional en 1986[170]. Ces projets d'expansion n'ont reçu qu'une subvention de la délégation du Québec à Boston, mais pouvaient se fier à une masse importante d'assureurs, de banquiers et de propriétaires de motels, qui agissaient comme intermédiaires ethniques pour les migrants du Québec et du Canada français et qui souhaitaient œuvrer au moins partiellement en français[171]. Grégoire Pagé espérait que le Richelieu devienne une plaque tournante entre les Canadiens français, Français et Haïtiens de la région[172]. Si le Canada français ne s'est pas réfugié en Floride, son « rêve partagé » y a tout de même vécu un second souffle[173]. Le faible poids sociopolitique de plusieurs milieux minoritaires nécessitait toujours un réseau associatif pour y faire contrepoids. Ainsi, le Richelieu y demeurait un lieu de pouvoir. Cela explique peut-être son succès, de 1982 à 1995, à affilier 49 clubs dans la Francophonie nord-américaine, pendant que le Québec en établissait 42.

La Francophonie comme référence supranationale

En fondant aussi 45 clubs en Europe pendant ces années, le Richelieu semblait répartir ses énergies proportionnellement aux trois volets de son engagement, soit au Québec, en Amérique et dans le monde francophone. En plus de promouvoir la diplomatie et les échanges culturels parmi une pluralité de locuteurs du français, le Richelieu participait à l'institutionnalisation de la Francophonie

---

170. « Procès-verbal de la quatrième réunion du Conseil d'administration », 9 mai 1986, p. 31, dans APRI, vol. « Procès-verbaux », dossier « 1985-1986 » ; « Rapport... », 14 février 1986, *op. cit.*, p. 17-18.

171. « Fleur-de-lis banners and French ride High in "Le Petit Quebec" », *The Toronto Star*, 18 mars 1990, p. A16 ; Maurice Girard, « Au moins 100 000 Québécois résident six mois par année en Floride », *La Presse*, 9 février 1991, p. I9.

172. Lettre de Grégoire Pagé à André Potvin, *op. cit.*, p. 2 ; « Procès-verbal... », 23-24 juin 1988, *op. cit.*, p. 50.

173. Serge Dupuis, *Plus peur de l'hiver que du Diable : une histoire des Canadiens français en Floride*, Sudbury, Éditions Prise de parole, 2016, 188 p.

en fondant des clubs outre-mer. Il a fallu attendre la décennie 1980 pour que l'Agence de coopération culturelle et technique (ACCT) passe d'une conférence de ministres à une assemblée de chefs d'État – Ottawa, ainsi que Québec et Fredericton y obtiendraient un siège – et qu'une kyrielle d'institutions culturelles, dont l'Université Senghor d'Alexandrie et le réseau TV5, voie le jour[174]. Pourtant, on avait beau élargir le forum à plus d'États ou de régions en abordant les enjeux linguistiques, agricoles, énergétiques ou militaires, la coopération économique dans la Francophonie était confrontée aux accords de libre-échange continentaux de plus en plus rigides. Le Richelieu est sorti perdant de la refonte de l'ACCT, qui a aboli le conseil consultatif auquel siégeait le Richelieu. Maigre consolation, l'ACCT lui a attribué le titre exclusif de « club de la Francophonie » en 1989[175]. Le Richelieu a continué de s'entretenir avec des ministres et des conseillers à Paris, même si Grégoire Pagé ne pouvait se permettre d'assister à toute rencontre pertinente dans la capitale française[176]. Les dirigeants du Richelieu ne s'attendaient pas à des subventions de l'Élysée, même s'ils auraient aimé que les cercles européens en décrochent pour la chaîne. Finalement, en 1990, le ministère des Affaires étrangères (MAÉ) a versé une subvention ponctuelle de 40 000 FF au secrétariat de Sallanches et à la fondation de nouveaux cercles en France[177].

Entretemps, ces efforts à l'étranger ne sont pas passés inaperçus à Ottawa, où le gouvernement fédéral voyait en la Francophonie un mécanisme pour promouvoir la composante française du Canada, accroître son influence à l'étranger et y endiguer la sympathie pour l'indépendance du Québec. On ignore pourquoi les subventions du Secrétariat d'État envers l'affiliation de cercles au Canada se

---

174. Trang Phan et Michel Guillou, *Francophonie et mondialisation. Histoire et institutions des origines à nos jours*, Paris, Les Éditions Belin, 2011, p. 196-206.

175. « Procès-verbal de la deuxième réunion du Conseil d'administration », 2-3 décembre 1988, p. 14-15 ; « Procès-verbal de la dernière réunion du Conseil d'administration », [août 1989], p. 68, dans APRI, vol. « Originaux des procès-verbaux », dossier « 1987-1989 ».

176. Grégoire Pagé, 23 novembre 1990, *op. cit.*, p. 2 ; « Personnalité Richelieu 1991 », *Vie Richelieu*, septembre 1991, *op. cit.*, p. 10 ; « Réunion… », *op. cit.*, 10-11 janvier 1992 ; « Réunion… », *op. cit.*, 20 mars 1992.

177. « Procès-verbal de la réunion du Conseil d'administration », 3-4 octobre 1990, p. 56, dans APRI, vol. « Procès-verbaux », dossier « 1989-1990 » ; « Nouvelles de France », *Vie Richelieu*, février 1983, *op. cit.*, p. 6.

sont asséchées, mais il semble bien qu'Ottawa ait cessé de voir le Richelieu comme utile au *nation-building* domestique. Ainsi, le ministère des Affaires extérieures (MAE) du Canada a voulu amener le Richelieu à concentrer « son action à l'extérieur du continent nord-américain[178] » et l'aligner sur sa politique étrangère. Le MAE n'a pas voulu appuyer l'affiliation de cercles en France, où la langue française n'était « pas en péril[179] », mais ailleurs dans la Francophonie. Les ambassades appuieraient le Richelieu en lui permettant de faire circuler articles et cotisations grâce à son service de « valises diplomatiques »[180]. Entre 1982 et 1990, le MAE a versé au moins 104 500 $ à l'établissement de clubs en Afrique et semblait satisfait des résultats[181]. L'initiative avait « renforc[é] » les rapports avec des « personnalité[s] importante[s] de l'échiquier politique français[182] » et sensibilisé les membres outre-mer au fédéralisme canadien et aux francophones hors Québec[183]. Ces octrois ont amplifié les efforts du Richelieu, mais Grégoire Pagé les trouvait insuffisants pour répondre aux attentes du MAE[184].

L'intérêt de Québec pour les affiliations à l'étranger s'est avéré plus sporadique. Plusieurs demandes de subventions aux ministères

---

178. « Contribution du ministère […] », 2 février 1982, p. 2-3, dans BAC, FMAE RG25, vol. 12572, dossier 26-6.

179. André Potvin, « Note pour le dossier Richelieu International », 11 mars 1983, dans BAC, FMAE RG25, vol. 12572, dossier 26-6.

180. Lettre de Malick Diop à Grégoire Pagé, 15 février 1983, p. 2, dans BAC, FMAE RG25, vol. 19447, dossier 26-6.

181. Lettre de Marius Bujold à MM. Trépanier et Pâquet, 15 février 1982 ; « Contribution […] au financement du Richelieu International », 12 avril 1983 ; Lettre de Guy Pâquet à Grégoire Pagé, 4 juillet 1983 ; Lettre de Guy Pâquet à Grégoire Pagé, 22 août 1985 ; Lettre de Monique Landry à Grégoire Pagé, 31 mars 1988 et 18 août 1987 ; dans BAC, FMAE RG25, vol. 19447, dossier 26-6 ; « Procès-verbal de la dernière réunion du Conseil d'administration », 6-7 février 1987, p. 26 ; « Rapport d'activités », 6 juin-27 juillet 1988, p. 2 ; Grégoire Pagé, « Rapport d'activités du délégué général », [février 1988], p. 2 ; G.-Mathias Pagé, « Rapport du directeur général au Conseil d'administration », 25 juillet 1991, p. 5, dans APRI, vol. « Originaux des procès-verbaux » et « Procès-verbaux », dossiers « 1986-1988 », « 1987-1989 », « 1986-1987 » et « 1990-1991 » ; Jacques Dupuis, *op. cit.*, 12 avril 1983 ; *Vie Richelieu*, février-mars 1987, *op. cit.*, p. 19 ; « Rapport… », 5 avril 1989, *op. cit.*, p. 3 ; Grégoire Pagé, 27 juillet 1989, *op. cit.*, p. 54.

182. « De Paris », 5 juillet 1985, dans BAC, FMAE RG25, vol. 19447, dossier 26-6.

183. Grégoire Pagé, *op. cit.*, 26 janvier 1984, p. 3.

184. Lettre de Marius Bujold aux ambassades du Canada à Dakar et à Rabat, 24 février 1982, dans BAC, FMAE RG25, vol. 12572, dossier 26-6 ; « Rapport… », 5 avril 1989, *op. cit.*, p. 3.

de la Jeunesse ou des Affaires culturelles n'ont reçu aucune réponse et certains fonctionnaires, interrogés par rapport à ces requêtes, y auraient été «complètement réfractaires[185]», d'après Pagé. Le ministre délégué à la Francophonie lui aurait même avoué que «jamais il ne pourrait envoyer un chèque [à un siège social] en Ontario[186]». Québec a fini par rembourser un billet d'avion pour que Pagé réalise une mission outre-mer et défrayer le coût de l'impression de 10 000 exemplaires d'un dépliant promotionnel[187], mais cette relation est demeurée plus irritante pour le Richelieu qu'autre chose. Malgré son refus de subventionner l'expansion, Québec empruntait néanmoins les tribunes des clubs européens pour défendre le projet politique du parti au pouvoir. À deux reprises, la ministre péquiste des Relations internationales, Louise Beaudoin, est passée au cercle de Paris pour rappeler les luttes linguistiques au Canada. L'ambassade du Canada à Paris jugeait que l'exposé avait été biaisé[188], preuve s'il en faut une qu'on ne se gênait pas d'exporter les différends constitutionnels.

L'engagement des gouvernements canadien et québécois décevait le Richelieu, mais ses membres appuyaient désormais le rôle global dont il s'était doté à hauteur de 85 %[189]. Yvan Saint-Denis était l'un des rares administrateurs à exprimer la crainte que les interactions mondiales enrichissent autant qu'elles fragilisent les cultures régionales. Ce faisant, la Francophonie remplaçait les défis d'antan par «des problèmes nouveaux[190]». Les assemblées n'ont pourtant pas hésité à reconduire l'objectif de «rassembler une communauté

---

185. Grégoire Pagé, «Rapport d'activités…», [février 1988], *op. cit.*, p. 2.

186. Grégoire Pagé, «Rapport d'activités», mars 1992, *op. cit.*, p. 7.

187. «Rapport du délégué général. Voyage Europe», 1er avril-1er mai 1988, p. 2; «Rapport du délégué général. Voyage Europe-Afrique», 6-29 septembre 1988, dans APRI, vol. «Originaux des procès-verbaux» et «Procès-verbaux G.-Mathias Pagé», dossier «Expansion»; Lettre de Grégoire Pagé à Benoît Bouchard, Clément Richard et Andrée Champagne, 4 septembre 1985, dans BAC, FMAE RG25, vol. 19447, dossier 26-6.

188. *Le Babillard*, octobre 1984, dans Archives du Cercle Richelieu Senghor (ACRS), Paris (France); «De Paris à extott», 4 octobre 1984, p. 2-4, dans BAC, FMAE RG25, vol. 19447, dossier 26-6; Louise Beaudoin, «Allocution devant le cercle Richelieu de Paris», *Vie Richelieu*, février 1985, *op. cit.*, p. 5; «Nouvelles de France», *Vie Richelieu*, décembre 1985, *op. cit.*, p. 12.

189. «Analyse…», [1981], *op. cit.*, p. 34.

190. Yvan Saint-Denis, «Éditorial. Les statuts 1985», *Vie Richelieu*, vol. 35, n° 3, juin 1985, p. 4, dans APRI, vol. «Vie Richelieu 1981-…».

d'individus tolérants» et d'encourager «l'indépendance, le développement», «l'éveil d'une conscience collective au sein de la
francophonie», ainsi qu'«une authentique solidarité[191]». On omet-
tait la conscience de la fragilité du Canada français pour souligner
que la majorité des francophones du monde habitait un État
multilingue où ils étaient minoritaires et que la langue offrait une
«chance de dialogue[192]» substantiel avec plusieurs pays du Sud. Le
club de Boucherville osait même avancer que «la mondialisation
[av]ait [été] le rêve du Dr Horace Viau[193]». Dès lors, l'imaginaire
du Québec semblait bien s'arrêter brutalement à ses frontières,
pour s'envoler ensuite vers la France sur le plan culturel et vers les
États-Unis sur le plan économique.

Le Richelieu en Amérique étant plus pragmatique que philosophique, sa volonté s'est manifestée sur le terrain par des efforts
pour développer, point à la ligne, des rapports humains avec les
«cousins» français. Au printemps 1984, le Richelieu a subventionné
des places pour des jeunes canadiens et français à bord de l'équipage
d'une reproduction contemporaine de l'Émerillon, qui traverserait
l'Atlantique de Saint-Malo (France) à Tadoussac (Québec) pour
commémorer le 450ᵉ anniversaire de la traversée de Jacques
Cartier[194]. Cette même année, le mouvement a remis une charte
au cercle de «Saint-Malo Jacques-Cartier» lors d'une cérémonie à
laquelle a assisté le ministre fédéral Charles Lapointe. Le CA a
également proposé un important projet d'échange entre jeunes du
Burkina Faso, du Canada, des États-Unis et de la France, mais il
en a réduit l'ampleur lorsqu'il a décroché moins de subventions

---

191. «Réunion du Conseil d'administration», 5 août 1993, p. 77, dans APRI,
vol. «Procès-verbaux», dossier «1992-1993»; Jean-Louis Close, «Discours prononcé», *Vie
Richelieu*, septembre 1984, *op. cit.*, p. 8; «L'Agence de coopération culturelle et technique et
la communauté francophone», *Vie Richelieu*, avril 1985, *op. cit.*, p. 2.

192. Raymond François, «Rapport d'introduction. La spécificité du Richelieu en
Europe», 25 mai 1985, p. 2, dans APCRL, vol. «Région Belgique 1977-1993».

193. «Une présence active, Richelieu Boucherville: 25 ans, Paix et Fraternité, 1969-
1994», 1995, p. 15, dans BAC, Fonds HS 2735, vol. B68, dossier R52.

194. «Procès-verbal de la quatrième réunion du Conseil d'administration», 22-23 mars
1985, p. 27, dans APRI, vol. «Procès-verbaux», dossier «1984-1985»; «Procès-verbal…»,
28 août 1985, *op. cit.*, p. 56.

Préparation des jeunes à la traversée entre Québec et Saint-Malo,
printemps 1984, CI, APRI, Ottawa (Ontario).

que ce qu'il avait espéré[195]. Entre 1984 et 1992, un ensemble de
cercles ont aussi organisé chacun une demi-douzaine d'échanges
de 20 à 40 jeunes ressortissants acadiens, belges, burkinabais,
français, franco-ontariens, martiniquais et québécois[196]. Le succès
de ces rassemblements aurait d'ailleurs inspiré l'ACCT et l'Élysée
à organiser, au Maroc en 1989, les premiers Jeux de la Francophonie.

La consolidation philosophique et politique de la Francophonie
a eu meilleure mine parmi les cercles d'Europe, qui s'étaient affiliés
au Richelieu dans ce but précis. Le ministre et secrétaire d'État
français à la Francophonie, Alain Decaux, ainsi que son successeur,
Lucette Michaux-Chevry, y ont promu la « mondialité à [la] façon[197] »

---

195. « Forum Jeunesse Richelieu 1986 », *Vie Richelieu*, septembre 1986, *op. cit.*, p. 18 ;
Lettre de Claude St-Pierre à Mathias Pagé, 23 juillet 1986, dans BAC, FMAE RG25, vol. 19447,
dossier 26-6.

196. « Rapport du délégué général », 31 mars-7 avril 1984, p. 3 ; « Nouvelles du monde
francophone », août 1989, p. 3 ; Olivier Flambard, « Club Richelieu Caen Malherbe XXXᵉ
anniversaire 1971-2001 », 2002, p. 31, dans APRI, vol. « Procès-verbaux », « Procès-verbaux
G.-Mathias Pagé » et « Varia », dossier « 1988-1989 » ; *Nouvelles Richelieu*, décembre 1988, dans
APCRL, vol. « Procès-verbaux et documents », dossier « 1985-1989 » ; « Quelques nouvelles
du Club Richelieu Fort-de-France », *Vie Richelieu*, mai-juin 1988, *op. cit.*, p. 18 ; « Procès-
verbal… », 27-28 janvier 1989, *op. cit.*, p. 30 ; Grégoire Pagé, *op. cit.*, mars 1992, p. 4.

197. Alain Decaux, dans « Parallèle 48 », *Vie Richelieu*, juin 1991, *op. cit.*, p. 21.

des francophones, qui pourrait favoriser l'avancement de la médecine et de l'instruction en Afrique et, ce faisant, l'influence de la France sur la planète[198]. S'adressant au cercle de Paris en mai 1987, Henri d'Orléans, comte de Paris et héritier au trône de la monarchie française dépossédée, a parlé de son « amour de la langue » et exprimé sa « volonté d'en conserver l'usage et de l'enrichir » pour une « paix entre les peuples[199] » ni impérialiste ni nationaliste. Certains membres craignaient d'ailleurs que la langue parlée « dans toutes les cours des royaumes d'Europe » passe « d'une culture dominante à une culture dominée[200] ». Décidément, certaines déclarations naviguaient dans les eaux troubles entre la réciprocité et le néocolonialisme. Outre les réseaux et les institutions, incontournables à toute communauté en voie d'édification, on appelait aussi la Francophonie à amener ses membres à mieux se connaître. Au lieu d'organiser un projet d'échange comme l'aurait fait un cercle canadien, le cercle de Paris a répertorié l'ensemble des institutions et organismes francophones de la planète dans un premier *Annuaire de la Francophonie* en 1983[201]. Ce faisant, il souhaitait favoriser « la cohésion de la Francophonie qui se cherchait », tout en procurant « une source de financement permanente pour le cercle[202] ». Le cercle aurait décroché du MAÉ français une subvention de 100 000 FF et, malgré les réticences initiales du MAE canadien quant à l'utilité de l'annuaire, il doterait chacune de ses ambassades d'un exemplaire[203].

Tout en étant un allié indéfectible de la Francophonie, le cercle de Paris avait aussi ses caprices. En une saison, il pouvait accueillir des invités de prestige, dont le maire de Paris, Jacques Chirac, le

---

198. « Pour sauvegarder notre rayonnement et notre liberté », *Vie Richelieu, op. cit.*, février-mars 1987.

199. Henri d'Orléans, « La mission de la France dans le monde, hier, aujourd'hui et demain », 6 mai 1987, dans ACRSP.

200. Gérard Clavel, « Défendre le français ? », *Vie Richelieu*, décembre 1987, *op. cit.*, p. 22.

201. Lettre de Simon-Pierre Nothomb à André Potvin, 20 septembre 1983 ; « De Paris à extott – Encyclopédie biographique Francophonie – Projet Nothomb », 29 mars 1984 ; Lettre de Jean-Jacques Nathan au ministère des Affaires étrangères du Canada, 13 mai 1986, dans BAC, FMAE RG25, vol. 19447, dossier 26-6.

202. Simon-Pierre Nothomb, *op. cit.*, 5 novembre 2011.

203. Guy Pâquet et Jean-Paul Hubert, « Message », 16 mars 1988, dans BAC, FMAE RG25, vol. 19447, dossier 26-6.

Lucien Bouchard et Frank McKenna au club de Paris,
janvier 1988, dans CI, APRI, Ottawa (Ontario).

Louise Beaudoin, devant le club de Paris,
automne 1984, dans CI, APRI, Ottawa (Ontario).

Serge Joyal, avec
le président du
Club de Paris,
Simon-Pierre
Nothomb, janvier
1983, dans CI,
APRI, Ottawa
(Ontario).

ministre canadien, Serge Joyal, l'ambassadeur canadien, Lucien
Bouchard, l'ancien président sénégalais, Léopold Senghor, l'ambassadeur des États-Unis auprès de l'UNESCO, Jean Gérard et le
linguiste Bernard Pivot[204]. Difficile de déterminer s'il est parvenu
à déjouer des crises diplomatiques potentielles en Francophonie,
comme il le prétendait, mais le cercle se vantait de son prestige,
non pas sans essouffler le CA et les cercles européens. Le président
Simon-Pierre Nothomb aurait même avancé, lors d'un congrès de
clubs européens au printemps 1985, que le Richelieu était « trop

---

204. Simon-Pierre Nothomb, « Langue française et francophonie de 1986 à 2010 »,
2011, dans ACRSP ; *Vie Richelieu*, juin 1983, *op. cit.*, p. 15 ; *Le Babillard*, octobre 1984,
op. cit., p. 2 ; « Cercle de Paris », *Vie Richelieu*, février 1985, *op. cit.*, p. 3 ; « Au Cercle Richelieu
de Paris », *Vie Richelieu*, février-mars 1987, *op. cit.*, p. 7.

Jacques Chirac, avec le président du Club de Paris, Simon-Pierre Nothomb, janvier 1983, dans CI, APRI, Ottawa (Ontario).

Léopold Senghor, ancien président sénégalais et membre de l'Académie française, au club de Paris, juin 1984, dans CI, APRI, Ottawa (Ontario).

important pour être confié à des *boy scouts*[205] », désignation qu'il accordait aux dirigeants à Ottawa. Nothomb proposait alors de confédérer les cercles européens sous l'égide du cercle de Paris et d'y déménager le siège social du Richelieu. Cette mutation lui aurait permis de se guérir dudit manque d'ambition des cercles canadiens-français quant à la « défense » du français « à travers le monde[206] ». Le siècle a convoqué le cercle de Liège pour discuter des agissements du cercle de Paris et des réserves en Europe sur la manière dont le Richelieu promouvait la Francophonie[207]. Entretemps, l'acharnement avec lequel le cercle de Paris défendait sa vision a conduit les cercles européens, réunis en congrès régional en novembre 1988, à exclure le cercle cavalier de la chaîne, décision que le CA a entériné[208]. Peu découragé par sa désaffiliation, le cercle parisien a adopté le nom « Cercle Richelieu Senghor de Paris » et poursuivi son activité[209].

Les critiques du cercle rebelle étaient partiellement partagées par les cercles européens, qui demandaient à leur tour un « droit à la différence » par rapport aux cercles nord-américains[210]. Au congrès de Nice en 1993, ils ont dénoncé « l'action caritative » des clubs canadiens, « trop imprégnés du courant [...] des clubs anglo-saxons qui n'[avaie]nt d'autres objectifs[211] ». On rajoutait que le Richelieu « manqu[ait] à sa mission » en négligeant l'« action culturelle à destination de l'Afrique promise à un destin francophone évident[212] ». Élu premier président européen en 1995, le Belge Guy Rogister a dû ménager le désaccord sur les rites pour promouvoir un dogme

205. Simon-Pierre Nothomb, dans « De Paris à ExtOtt », 30 mai 1985, dans BAC, FMAE RG25, vol. 19447, dossier 26-6.

206. Chantal Melaerts et Marc Liesse, « Le Congrès européen [...] », *Vie Richelieu*, septembre 1985, *op. cit.*, p. 15.

207. « Congrès européen », 24-25 mai 1985 ; Lettre de Jacques Staelen à Simon-Pierre Nothomb, [1988] ; Lettre de Pierre Blum à Simon-Pierre Nothomb, 4 novembre 1988, dans APRI, vol. « Clubs », dossier « 07172 Paris ».

208. « Procès-verbal... », 27-28 janvier 1989, *op. cit.*, p. 34.

209. « Les lauréats du prix Richelieu-Senghor », 2011, dans APCRSP.

210. *Nouvelles Richelieu*, octobre 1992, dans APCRL, vol. « Procès-verbaux », dossier « 1992-1993 ».

211. *Nouvelles Richelieu*, janvier 1994, p. 3, dans APCRL, vol. « Procès-verbaux », dossier « 1994-1995 ».

212. *Ibid*, p. 4.

Jean-Paul L'Allier, délégué général du Québec au club de Liège (Belgique), 7 octobre 1982, dans Archives privées du Club Richelieu de Liège.

Omer Deslauriers, délégué général de l'Ontario, au club de Liège (Belgique), 4 novembre 1982, dans Archives privées du Club Richelieu de Liège.

pouvant rassembler minimalement des cercles francophones dispersés sur quatre continents[213].

Les cercles de Belgique entretenaient plus d'atomes crochus avec les cercles canadiens-français. Ils s'intéressaient à une vaste gamme de sujets, dont le recul du français dans les travaux scientifiques, la diversification économique devant la désindustrialisation, l'union des langues latines, la coopération économique avec l'Afrique francophone, ainsi que la place du français en Europe communiste, en affaires ou dans les médias électroniques[214]. En discutant d'enjeux constitutionnels, le cercle de Liège a continué d'établir des liens avec les ministres et ambassadeurs canadiens, dont Charles Lapointe et D'Iberville Fortier, ainsi que les délégués du Québec à Bruxelles, Jean-Paul L'Allier et Gérard Latulippe[215]. Comme autrefois, les premiers y promouvaient le fédéralisme et la Charte comme des planches de salut pour les «deux groupes linguistiques au sein d'une nation[216]», tandis que les derniers y avançaient que la politique de multiculturalisme noyait le pacte entre deux des peuples fondateurs et minait la légitimité de l'aspiration des Québécois à l'autodétermination[217]. En 1982, l'Ontario a ouvert une délégation générale en Belgique pour favoriser les échanges commerciaux et développer des partenariats culturels avec la minorité franco-ontarienne[218]. Queen's Park a appelé le membre du Richelieu, Omer Deslauriers, à diriger la délégation. Il quitterait alors le club de

---

213. «Le Liégois Guy Rogister sur la plus haute marche de la francophonie mondiale», *La Meuse*, 10 octobre 1995, dans APCRL, «Procès-verbaux 1995-1996».

214. Lucette Michaux-Chevry, «Discours», [1987], 19 p.; Lettre de Jacques Levaux, 15 avril 1988; *Nouvelles Richelieu*, décembre 1988, 2 p.; *Nouvelles Richelieu*, mars 1990, p. 5-8; «Nouvelles du monde francophone», août 1989, p. 4; *Nouvelles Richelieu*, octobre 1990, p. 4; *Nouvelles Richelieu*, octobre 1992, p. 3, dans APCRL, vol. «Correspondance» et «Procès-verbaux», dossiers «1985-1989», «1988-1993» et «1989-1991».

215. «Hôte de marque du Club Richelieu de Charleroi», *Vie Richelieu*, décembre 1982, *op. cit.*, p. 15.

216. Charles Lapointe, «Vers un Canada nouveau, maître de son destin», 8 mars 1982, 12 p., dans APCRL, vol. «Procès-verbaux», dossier «1981-1982».

217. Lettre de Jean-Paul L'Allier à Albert Lonnoy, 22 octobre 1982, p. 2; *Nouvelles Richelieu*, février 1995, p. 2, dans APCRL, vol. «Correspondance 1981-1983», «Procès-verbaux», dossiers «1985-1989» et «1994-1995»; Jean-Paul L'Allier, «Le Canada, un pays bilingue?», *Vie Richelieu*, février 1984, *op. cit.*, p. 13.

218. François-Xavier Simard, *Omer Deslauriers (1927-1999): visionnaire, rassembleur et bâtisseur*, Ottawa, Les Éditions du Vermillion, 2008, p. 316-320; «Congrès de St-Malo», *Vie Richelieu*, septembre 1984, *op. cit.*, p. 12.

Toronto pour se joindre à celui de Charleroi pendant son exil[219]. Pour sa part, Deslauriers s'est retenu de faire trop de parallèles entre les Wallons et les Canadiens français, dont la place historique dans leurs régimes fédéraux respectifs se distinguait considérablement[220].

Quant à l'Afrique, les fonds du MAE canadien ont permis au Richelieu d'y établir des cercles additionnels. Après les « timides tentatives[221] » à Kinshasa et à Dakar, le MAE avait de grands espoirs en Afrique francophone. Il espérait que les ambassadeurs et leurs agents, en appuyant le processus d'affiliation, y plantent des racines solides pour le réseau[222]. À Dakar, l'ambassade a rassemblé des professionnels sénégalais francophones, avides d'entretenir des liens avec le Canada français et la Francophonie. En 1983, on a relancé le cercle de Dakar en intégrant 28 nouveaux membres, dont plusieurs Canadiens et Français[223]. Pour sa part, le club d'Abidjan a recruté des gens du milieu, appuyés par une minorité d'expatriés canadiens qui y a maintenu un rôle actif, un peu paradoxalement, pour empêcher que ce cercle à majorité ivoirienne adopte une allure trop métropolitaine, comme les Lions et Rotary Clubs du coin[224]. Grégoire Pagé hésitait toutefois à fonder plusieurs clubs en Afrique, leur viabilité dépendant trop souvent de leurs membres occidentaux. Ces milieux n'étaient peut-être pas suffisamment « mûrs[225] », selon

---

219. Lettre d'Omer Deslauriers à Albert Lonnoy, 21 janvier 1983, dans APCRL, vol. « Correspondance 1981-1983 » ; « Rapport du directeur général », 27 janvier 1989, p. 27, dans APRI, vol. « Procès-verbaux », dossier « 1988-1989 ».

220. François-Xavier Simard, *op. cit.*, p. 198.

221. Grégoire Pagé, « Rapport de la mission », [1983], dans APRI, vol. « Procès-verbaux », dossier « 1982-1983 ».

222. « Annexe Club Richelieu Dakar, Sénégal », 9 juin 1983, dans APRI, vol. « Clubs », dossier « 07208 Dakar » ; « Contribution du ministère des Affaires extérieures au financement du Richelieu International », 2 février 1982, p. 2-3 ; Michel Desgroseillers, « De Dakar à Ott Air Canada de par info extott », 15 avril 1983 ; Guy Pâquet, « De Extott à Paris-Grégoire Pagé », 15 avril 1983, dans BAC, FMAE RG25, vol. 12572 et 19447, dossier 26-6.

223. Même s'il ne serait composé que de Sénégalais six ans plus tard. Lettre à René Leduc, 3 novembre 1988, p. 2 ; « Club : Dakar 208 », 5 octobre 1989, dans APRI, vol. « Clubs » et « Procès-verbaux G.-Mathias Pagé », dossiers « 07208 Dakar » et « Expansion » ; *Vie Richelieu*, septembre 1985, *op. cit.*, p. 16.

224. « De Abdjn à Extott », 21 février 1983 ; « Lettre au sous-secrétaire d'État aux Affaires extérieures », 27 mai 1983, p. 2 ; « De Abdjn à extott-Info Dakar Yndé Rabat Knsha Tunis Paris », 23 mai 1984 ; Lettre de Grégoire Pagé à André Potvin, 13 mars 1985, dans BAC, FMAE RG25, vol. 12572 et 19447, dossier 26-6 ; « Rapport... », [hiver 1983], *op. cit.*, p. 2.

225. Entrevue avec Grégoire Pagé, Ottawa (Ontario), 10 mai 2011.

Présentation du kora lors du relancement du club de Dakar (Sénégal),
avril 1983, dans CI, APRI, Ottawa (Ontario)

Compétition du club de Fort-de-France, été 1987, dans CI, APRI, Ottawa (Ontario)

lui, pour maintenir de telles cellules. Entretemps, le cercle à Kinshasa
continuait d'exister et le réseau dans les DOM antillais se maintiendrait plus ou moins jusqu'au début de la décennie 1990[226]

---

226. «Lettre au siège social», 1993, dans APRI, vol. «Clubs», dossier «07276 Fort-de-
France»; «De Knsha à extott Club Richelieu», 13 août 1982, dans BAC, RG25, vol. 12572,
dossier 26-6; Grégoire Pagé, mars 1992, *op. cit.*, p. 2.

La délégation sénégalaise au congrès du 50ᵉ, Ottawa,
octobre 1994, dans CI, APRI, Ottawa (Ontario).

Le congrès du 50ᵉ anniversaire, Ottawa,
octobre 1994, dans CI, APRI, Ottawa (Ontario).

En fait, le contexte socioéconomique ou culturel d'un endroit pouvait dicter le succès d'une affiliation tout autant que la ténacité d'un promoteur. Comment expliquer que le Richelieu ne soit pas parvenu à s'enraciner ni à l'Île Maurice (un DOM doté d'un niveau de vie élevé), ni en Tunisie (le pays le plus francophone, stable et prospère du Maghreb) mais en Côte d'Ivoire tiers-mondiste[227], sans reconnaître l'influence incontournable des âmes dirigeantes dans ce processus ? Le mouvement a visité d'anciennes régions de colonisation belge ou française. Pagé a toutefois prévenu le MAE qu'on devait d'abord « travailler à solidifier les clubs existants [...] avant de songer à créer d'autres clubs au Niger, au Cameroun, au Gabon et en Haute-Volta », même si on y avait « maintenant des contacts[228] ». L'agent André Potvin pensait que l'élite de langue française du Cameroun aurait « des affinités naturelles avec le Canada », puisqu'une grande proportion avait « étudié soit dans des institutions dirigées par des religieux canadiens, soit encore dans des universités canadiennes[229] ». Cependant, les efforts de Pagé et des membres français pour y susciter une affiliation n'ont pas été fructueux.

« L'expansion dans les cadres non traditionnels[230] » a mené à bon port l'affiliation de cercles à Koné (Nouvelle-Calédonie) en 1982 et à Johannesburg (Afrique du Sud) en 1993, de même qu'en Amérique du Sud à Cayenne (Guyane) en 1990 et à Bogota (Colombie) en 1995[231]. Même si interpellés par la Francophonie[232], certains de ces cercles isolés ont connu une existence éphémère. Devant la chute du communisme, le Richelieu a aussi déployé des

227. « [...] Club Richelieu au Maroc », 4 mai 1982 ; « [...] CMF0661 », 19 août 1982 ; « De Rabat à extott », 8 novembre 1982, dans BAC, FMAE RG25, vol. 12572 et 19447, dossier 26-6 ; Lettre de Marius Bujold, *op. cit.*, p. 2 ; « De extott... », *op. cit.*, 31 mai 1982 ; « Un club à l'Île Maurice ? », *Vie Richelieu*, mars 1989, *op. cit.*, p. 17.

228. Grégoire Pagé, *op. cit.*, 26 janvier 1984.

229. Jacques Cousineau, « De extott à Rabat », 20 avril 1983, dans BAC, FMAE RG25, vol. 12572, dossier 26-6.

230. « Procès-verbal... », 3-4 octobre 1990, *op. cit.*, p. 57.

231. « Club : Cayenne 388 », 3 janvier 1991 ; « Club Richelieu-Sofia Europe », 26 mai 1994 ; « Santa Fe de Bogota », 16 octobre 1995, dans APRI, vol. « Clubs », dossiers « 07388 Cayenne », « 07416 Sofia » et « 07421 Bogota ».

232. Lettre de Daniel Miroux à Grégoire Pagé, 29 juin 1982 ; Lettre de Daniel Miroux à Grégoire Pagé, 9 septembre 1982, dans BAC, FMAE RG25, vol. 19447, dossier 26-6.

efforts pour affilier des cercles en Bulgarie, en Roumanie, en Ukraine et au Vietnam, où les francophiles étaient nombreux[233]. « Ce sont là des fleurs que nous devons payer[234] », a écrit Mathias Pagé en juillet 1991, car « aucun club social » n'avait encore réussi à pénétrer l'Union soviétique. Le Richelieu s'y est donc rendu dans l'espoir de susciter des affiliations auprès des francophones avant que les autres clubs ne lui dament le pion[235]. Grâce aux efforts de membres français, belges et canadiens-français, de premiers clubs ont été fondés en Bulgarie, en Roumanie et en Ukraine de 1993 à 1995.

Entre 1982 et 1995, le mouvement semble avoir partagé ses énergies entre les fronts du Québec, de l'Amérique et de la Francophonie outre-mer, en affiliant sensiblement la même quantité de cercles dans ces trois cadres. Ce résultat reflétait la disponibilité des subventions pour les missions à l'étranger, mais aussi la volonté des cercles nord-américains à maintenir leur engagement envers leurs « cadres traditionnels », tout en tendant la main aux francophones du monde. L'implantation en Europe, comme d'habitude, s'est réalisée plus facilement qu'en Afrique, où les divergences culturelles, la distance géographique et – surtout – les disparités économiques se sont avérées insurmontables dans l'effort de faire une solidarité d'égal à égal, malgré la rhétorique relative au libéralisme et à la pluralité. Sur le plan philosophique, on pouvait développer des réseaux de communication, des institutions et des valeurs communes, mais le Richelieu n'avait aucunement les moyens (ni l'ambition) de sortir un groupe, une localité ou un peuple de sa précarité économique ou politique. Tel était le lot de projets qui cherchaient à répondre au défi de la francité à l'extérieur de la politique et des États. Les cercles acadiens et franco-ontariens ont favorisé le développement institutionnel par l'entremise d'un nationalisme régional, pendant que les cercles européens souhaitaient que le Richelieu contribue à l'institutionnalisation politique de la Francophonie. Entre ces deux cercles, l'espace qu'occupait

---

233. *Nouvelles Richelieu*, juin 1992, *op. cit.*, p. 5, 9.
234. G.-Mathias Pagé, 25 juillet 1991, *op. cit.*, p. 28.
235. Albert Lonnoy, « Rapport expansion », 1993, p. 2, dans APCRL, vol. « Procès-verbaux et documents » dossier « 1988-1993 » ; Grégoire Pagé, *op. cit.*, 23 novembre 1990.

autrefois la nation canadienne-française s'était ainsi considérablement rétréci.

* * *

Cette nouvelle solidarité se distinguait de celle des années 1950 de plusieurs manières. D'abord, l'influence considérable du libéralisme a ébranlé les notions de l'altruisme, des rapports sociaux et de l'appartenance communautaire chez les membres. La décolonisation du Sud et la démocratisation de l'espace public dans le Nord avaient soulevé les sociétés traditionnelles de leurs ancrages et les avaient reposées avec une sympathie pour le libéralisme social. Ce faisant, le nationalisme canadien-français s'était effrité en communautés régionales et en libéralisme francophone, moins préoccupé par la préservation des particularismes que par l'expression de valeurs universelles. Toutefois, à la suite du passage de cette vague est resté un courant retenant les sociétés du monde dans la traînée du libéralisme économique. La charité s'est alors éloignée des projets récréatifs au profit d'un soutien croissant pour les projets médicaux, et est passée d'une collaboration avec l'État providence à des projets complexes pour soutenir des institutions tant privées que publiques. La libéralisation des rapports sociaux a favorisé la progression de l'égalité des chances parmi les citoyens, mais aussi un esprit de laisser-faire.

Dans cette transformation, la tradition n'a pas complètement disparu, la recrudescence de certaines tendances fondatrices du Richelieu y demeurant non négligeables, mais la solidarité qui animait sa cohésion n'était visiblement plus celle qui l'avait mise au monde.

Conclusion

POURQUOI LES FRANCOPHONES D'AMÉRIQUE ont-ils écarté le projet national canadien-français pour embrasser la Francophonie mondiale? Le vent de libéralisme social, politique et économique qui soufflait sur les sociétés occidentales pendant les années 1960 et 1970 y a été pour beaucoup. Ainsi, les identités neuves de la deuxième moitié du XXe siècle, dont parle Gérard Bouchard, ne se sont pas seulement manifestées sur le plan régional, mais aussi parmi des groupes d'intérêt et de nouvelles communautés mondiales[1]. Jusqu'à présent sous-estimée, la mondialisation francophone a fait une contribution importante au démantèlement du projet national canadien-français, qui s'est trouvé coincé entre les projets régionaux (québécois, franco-ontarien, etc.) et les projets pluralistes (canadien, européen, francophone, etc.). En embrassant «la mondialité à [leur] façon[2]», pour citer l'ex-ministre français Alain Decaux, les peuples francophones ont imaginé un nouveau moyen pour résister à l'homogénéisation anglo-américaine.

* * *

Au moment de sa fondation en mai 1944, le Richelieu voulait amener les descendants de la Nouvelle-France, enracinés dans la

---

1. Arjun Appadurai, *Après le colonialisme: les conséquences culturelles de la globalisation*, Paris, Les Éditions Payot, 2001, 322 p.; Gérard Bouchard, *Genèse des nations et des cultures du Nouveau Monde: essai d'histoire comparée*, Montréal, Les Éditions du Boréal, 2000, 503 p.; Trang Phan et Michel Guillou, *Francophonie et mondialisation. Histoire et institutions des origines à nos jours*, Paris, Les Éditions Belin, 2011, 472 p.

2. Alain Decaux, dans «Parallèle 48», *Vie Richelieu*, vol. 41, n° 3, juin 1991, p. 21, dans Archives privées du Richelieu International (APRI), Ottawa (Ontario), vol. «Vie Richelieu 1981-...».

vallée laurentienne et disséminés dans les Maritimes et les Prairies, en Nouvelle-Angleterre et en Ontario à contrecarrer l'installation récente des *service clubs* américains au Canada français. Ce faisant, il a proposé de ramener les énergies au sein d'un organisme qui leur serait propre et favoriserait leur sort, ainsi que celui de ses compatriotes. L'horizon de possibilités qui se présentait à un peuple catholique et français sur un continent où il était minoritaire marquait alors les débats, les rassemblements et les œuvres. En revanche, le Richelieu n'a pas hésité à aborder librement des sujets contentieux de l'heure, dont la place de l'Église dans une société démocratique, la forme que prendrait l'assistance sociale devant l'élargissement de l'État providence ou encore le rapport d'une « petite société » à l'immigration.

Les turbulentes décennies 1960 et 1970 ont pourtant amené une vive concurrence parmi les identités, le Canada français n'étant plus la seule, ou du moins, la principale communauté d'appartenance. Si le nationalisme canadien-français est demeuré le véhicule privilégié chez les membres en périphérie du Québec plus long-temps, d'autres projets régionaux, dont le nationalisme québécois, les identités provinciales et les projets pluralistes, notamment le nationalisme canadien et la Francophonie mondiale, ont sensible-ment ébranlé l'édifice institutionnel qui les avait soutenus jusque-là. Au Richelieu, la transition progressive d'un groupement canadien-français à un organisme francophone mondial rappelle concrètement la coexistence, tant complémentaire que conflictuelle, de projets communautaires variés pendant ces années.

Ce processus de libéralisation s'est aussi amené au sein des rapports sociaux traditionnels entre hommes, femmes et jeunes. Tandis que la famille institutionnelle avait été au cœur du projet franco-catholique, les diverses revendications sociales pour que les femmes et les jeunes soient plus représentés sur la place publique se sont imposées, dont au Richelieu. La critique des hommes vis-à-vis des traditions hiérarchiques dans le réseau institutionnel du Canada français au début des années 1960 a fini par enclencher cette démocratisation sociale de laquelle les femmes et les jeunes se sont ensuite inspirés pour réclamer une place plus importante au Richelieu.

Ces transformations dans la manière de concevoir l'appartenance communautaire et les relations sociales ont aussi eu une incidence sur la notion de l'altruisme. Alors que le clergé et l'Église étaient demeurés largement responsables de l'assistance sociale jusqu'au milieu du siècle, l'État interventionniste absorbait plusieurs œuvres, dont celles du Richelieu. Plongé dans une situation pareille, il a tâché de repenser sa charité, d'une part, en encourageant ses membres à identifier de nouveaux besoins dans leur entourage et, d'autre part, à obtenir des subventions gouvernementales pour lancer des nouveaux projets, qui profiteraient à leur localité. Pour mieux répondre à ce nouveau contexte, on a aussi commencé à professionnaliser les collectes de fonds.

Pendant les décennies 1980 et 1990, l'idéal de l'égalité a continué de faire du chemin, malgré une résurgence des inégalités matérielles sur le terrain. Désormais, les cercles étaient plus portés à se mobiliser pour une cause locale ou mondiale qu'une question d'ordre national. Le paradoxe de la pluralité est demeuré ce «droit à la différence», qui encourageait – voire justifiait parfois – le maintien d'un certain niveau d'iniquités. Les individus n'avaient jamais cherché à devenir identiques, mais l'idée d'une égalité des chances s'est traduite imparfaitement, les différences de statut social demeurant importants et les besoins demeurant plus nombreux devant un État providence en recul. Le nouveau libéralisme francophone avait beau être plus démocratique que le projet national canadien-français, il n'en reste pas moins qu'il comportait aussi plusieurs limites.

Somme toute, le Richelieu a joué un rôle au Canada français pendant la deuxième moitié du xxᵉ siècle à développer et à élargir un espace où les Canadiens français exprimaient leurs espoirs et contribuaient à des projets d'ordre politique, social et économique dans leurs localités. À partir des «années 68», les «raisons communes» du mouvement ont été partiellement éclipsées, d'abord parce qu'il s'était établi en Europe, en Afrique et dans les Antilles francophones, mais aussi parce que les divergences sur la question nationale entre le Québec et les communautés de sa périphérie ne lui permettaient plus, par exemple, de véhiculer un nationalisme commun qui plairait au Québec, à l'Acadie et à l'Ontario français en même temps. Ce faisant, le réseau est devenu un lieu se penchant sur des questions sociales et des questions culturelles – à condition qu'elles soient d'ordre régional ou mondial –, car les membres acceptaient presque tous une vague idée libérale et plurielle de la Francophonie. Autrement dit, le projet s'était ancré comme référence supranationale, voire suprême, en matière de francité.

∗ ∗ ∗

Depuis 1995, le Richelieu poursuit son œuvre, malgré le vieillissement des effectifs et le recul de certains projets. En Amérique du Nord, les membres chérissent toujours une filiation à un certain destin commun du fait français sur le continent, même si cette volonté n'apparaît plus que de manière implicite. On la décèle pendant les congrès en périphérie du Québec ou lors des réformes administratives, dont la dernière en 2011, qui a maintenu l'Acadie, l'Ontario, le Québec, l'Europe et l'Afrique comme ses territoires d'intérêt. Le regain d'intérêt pour la francophonie nord-américaine au Québec pourrait être un atout pour le Richelieu, même si le projet politique du Canada français ne renaîtra pas sous son ancienne forme. Le mouvement demeure majoritairement nord-américain, comme les autres *service clubs* d'ailleurs, même si son expansion s'est surtout réalisée en Afrique et en Europe au cours de la dernière décennie.

Entre 1995 et 2011, le Richelieu a constitué 45 nouveaux cercles, dont la moitié en France et en Belgique, trois en ancien territoire communiste et trois en Afrique francophone. De plus, les initiatives visant à propager le microcrédit parmi les cercles fondés au Burkina Faso et au Sénégal pendant les décennies 2000 et 2010 s'annoncent prometteuses[3]. Les nationalistes francophones, où qu'ils soient, semblent en effet souhaiter l'intensification des liens avec l'Afrique francophone qui, grâce à son taux de natalité élevé et à sa scolarisation croissante, pourrait contribuer le plus considérablement à la croissance de la langue française sur la planète[4]. Les nationalistes du Québec anticipent également la

---

3. Entrevue avec Pierre Aubin, Gatineau (Québec), 4 avril 2011.
4. Georges Minois, « Une planète trop peuplée? », *Le Monde diplomatique*, n° 687, juin 2011, p. 1, 16-17; Jean-Louis Roy, *Quel avenir pour la langue française? Francophonie et concurrence culturelle au XXIe siècle*, Montréal, Les Éditions Hurtubise HMH, 2008, p. 246.

conclusion d'un Accord économique et commercial global entre le Canada et l'Union européenne, qui intensifiera le troc franco-québécois[5]. Dix des dix-huit nouveaux cercles nord-américains ont émergé au Québec, tandis que huit cercles ont vu le jour en Ontario, en Nouvelle-Angleterre et en Floride.

Aujourd'hui, le Richelieu prend des formes distinctes selon l'endroit où il jette son ancre. L'accès des femmes aux clubs traditionnellement masculins permet aussi à plusieurs d'entre eux de se maintenir à flot ou d'augmenter leur effectif[6]. À partir de 1990, le Richelieu a affilié presque exclusivement des cercles mixtes et la majorité des cercles anciennement masculins a fait la transition vers la mixité, même si une minorité défend toujours les bastions masculins. Quant aux œuvres caritatives, elles continuent d'être appréciées par le public, même si les collectes de fonds ont perdu la coordination dont elles faisaient preuve pendant les années 1970 et dépendent davantage des fondations et des comptes bancaires renfloués. La Fondation Richelieu International effectue maintenant des dons d'environ un million de dollars par année, grâce aux intérêts dégagés par son capital investi. Cette contribution est proportionnellement supérieure à la quarantaine de millions de dollars qu'accorde le Rotary, annuellement depuis 1988, à l'éradication de la polio, puisqu'il a 200 fois plus de membres[7]. Étant « un reflet[8] » des sociétés dans lesquelles il œuvre, le Richelieu offre de plus en plus de secours matériels et particulièrement des secours à caractère médical dans les pays occidentaux où les programmes sociaux subissent des compressions et l'écart des revenus se creuse entre riches et pauvres. La classe moyenne, qui avait permis l'émergence des cercles de services, diminue également en

---

5. « Liste des clubs Richelieu », mai 2011, p. 17-19, dans APRI, vol. « Base de données électroniques ».

6. « Club Richelieu Manchester (#0786) », septembre 2006 ; « Liste du club Edmundston 07041 », 12 juillet 2007 ; « Liste du club Toronto 07089 », 29 novembre 2007, dans APRI, vol. « Clubs », dossiers « 07041 Edmundston », « 07086 Manchester » et « 07089 Toronto » ; Entrevue avec Diane Beaudet-Noucas, Manchester (New Hampshire), 13 octobre 2011 ; Entrevue avec Roger Lacerte, Manchester (New Hampshire), 14 octobre 2011 ; Entrevue avec Guy Rogister, Montréal (Québec), 20 mai 2011.

7. « Rotary International », Wikipedia [En ligne] ; « En finir avec la Polio », Rotary International [En ligne].

8. Entrevue avec Normand Clavet, Edmundston (Nouveau-Brunswick), 2 juin 2011.

taille, particulièrement au Canada et aux États-Unis, ce qui réduit du même coup le bassin de recrues potentielles[9]. Puisque l'Afrique affiche une croissance économique plus dynamique que celle de l'Occident, il n'y a peut-être pas un moment plus opportun que le début du XXIe siècle pour que sa classe moyenne grandissante perçoive la pertinence du Richelieu.

Malgré ce potentiel et son succès à se réinventer vers 1970 et à se revaloriser vers 1990, le mouvement paraît moins en phase avec la décennie 2010. La sectorisation des activités associatives, tant au Québec qu'en milieu minoritaire, fragilise de tels mouvements généralistes. Le Richelieu a connu une perte nette de 2 100 membres entre 1994 et 2011, un recul de 33 % de son effectif. Le Rotary rétrécit tout aussi rapidement, ayant perdu à lui seul 30 000 membres entre 2002 et 2006 seulement[10]. Si plusieurs cercles ne sont plus que l'ombre de ce qu'ils ont été, plusieurs d'entre eux demeurent très actifs. Sur le terrain, plusieurs membres soulignent que leur mouvement éprouve moins de difficulté à recruter des membres que les autres *service clubs*, même en Nouvelle-Angleterre, grâce à sa dimension francophone et à ses initiatives originales[11].

Alors que ces lignes s'écrivent, le mouvement espère fonder son assise sur le bénévolat des baby-boomers des deuxième et troisième âges, plus souvent libérés des obligations d'une jeune famille et qui demeurent souvent en bonne forme physique à l'âge de la retraite[12]. En 2009, le Richelieu a lancé «À la croisée des chemins», une réflexion qui cherchait à déterminer s'il fallait cibler son engagement plus strictement sur le militantisme francophone ou l'action charitable. De cette manière, il pourrait réfléchir davantage aux éléments structurels qui causent la pauvreté ou encore défendre la cause

---

9. *Decision Time for Canada. Let's Make Poverty History. 2005 Report Card on Child Poverty in Canada*, Toronto, Campaign 2000 [En ligne], 2005, 12 p., [http://www.childcare-canada.org/documents/research-policy-practice/05/11/decision-time-canada-lets-make-poverty-history]; «Should Canadian millionaires pay more taxes?», Canadian Broadcasting Corporation [En ligne], 20 décembre 2011.

10. Charles Thériault, «Le Rotary tatoué sur le cœur», *Le Droit*, 5 décembre 2011; «Liste de clubs…», *op. cit.*, p. 17-19; «Rotary International», *op. cit.*, 3 septembre 2016.

11. Roger Lacerte, *op. cit.*, 14 octobre 2011; Grégoire Pagé, *op. cit.*, 10 mai 2012.

12. Krista McCracken, «Crumbiling Communities: Declining Service Club Membership», Active History [En ligne], 12 novembre 2012.

francophone dans le monde plus activement. À l'heure du « prin-temps des peuples » et du début d'une critique de fond sur les vices du libéralisme, il demeure tout à fait d'actualité que des citoyens engagés se penchent sur les besoins et les aspirations des commu-nautés auxquelles ils appartiennent.

Chronologie des événements importants (1940-1995)

1940 Formation du Club Lucerne

1944 Fondation de la Société Richelieu

1945 Fondation du premier cercle, le club d'Ottawa-Hull

1945 Ouverture du siège social au 465, rue Rideau, Ottawa (Ontario)

1946 Fondation du premier cercle au Québec, le club de Montréal

1949 Fondation du premier cercle au Nouveau-Brunswick, le club Campbellton

1955 Fondation du premier cercle aux États-Unis, le club de Manchester

1964 Création des conseils régionaux

1965 Dissolution de l'Ordre de Jacques Cartier

1966 Tenue des États généraux du Canada français à Montréal

1968 Création des districts régionaux

1968 Première élection des administrateurs

1968 Premières subventions gouvernementales du Canada et du Québec

1969 Fondation du premier club en France, le cercle de Cannes

1970 Fondation du premier club au Congo, le cercle Mobutu de Kinshasa

1970 Laïcisation partielle du Richelieu en devenant « d'orientation chrétienne » (mouvement œcuministe)

1970 Fondation de l'Agence de coopération culturelle et technique

1973 Fondation du premier club au Sénégal, le cercle de Dakar

1974   Fondation du premier club en Belgique, le cercle de Liège

1976   Première admission d'une membre féminine au cercle de Montréal

1977   Création de la Fondation Richelieu International

1980   Fondation du premier club féminin, le cercle de Pointe-à-Pitre

1982   Reconnaissance des cercles féminins et mixtes

1983   Fondation du premier club en Côte d'Ivoire, le cercle d'Abidjan

1986   Ouverture du secrétariat en France, le bureau de Sallanches

1986   Premier Sommet de la Francophonie avec des chefs d'État

1988   Fondation du premier club en Suisse, le cercle de Genève

1989   Fondation de la Fondation Richelieu International France

1994   Élection d'une première femme au conseil d'administration

1995   Fondation du premier club en Roumanie, le cercle de Sofia

1995   Fondation du premier club en Colombie, le cercle Santa Fe de Bogota

ANNEXE 2

Le poids des cercles fondés par région (1949-2013)

Année	Québec	Amérique française	Antilles	Europe	Afrique	Total des membres
Janvier 1949	69%	31%	–	–	–	1 000
Septembre 1954	76%	24%	–	–	–	3 400
1960	76%	24%	–	–	–	6 000
1969	65%	35%	–	–	–	6 500
1973	61%	34%	–	5,0%	0,5%	6 400
1978	62%	32%	0,5%	5,0%	0,5%	
Août 1982	56%	33%	1,7%	9,0%	1,5%	6 500
Juillet 1986	52%	33%	1,5%	13%	1,2%	7 100
Juillet 1990	51%	32%	1,6%	15%	1,0%	7 600
Août 1994	49%	33%	1,7%	16%	1,0%	6 900
Février 2013	45%	32%	1,7%	20%	2,1%	4 300

Le poids des cercles féminins, mixtes et masculins parmi les clubs actifs (1988-2013)

	Clubs masculins		Clubs féminins		Clubs mixtes	
1988	–	–	33	10%	–	–
2013	67	32%	19	9%	123	59%

Bibliographie

Sources

Fonds d'archives publics

Biblio branchée, base de données électronique de journaux canadiens-français
Bibliothèque et Archives Canada, Ottawa (Ontario)
    Fonds HS 2735 [Pamphlets et interventions aux clubs sociaux]
    Fonds Maurice-Sauvé MG32-B4
    Fonds ministère des Affaires extérieures RG25
    Fonds Ordre de Jacques Cartier MG28-I98
    Fonds Secrétariat d'État RG6-F4
    Publications rares
Bibliothèque et Archives nationales du Québec, Montréal (Québec)
    Fonds A1157 [Pamphlets et interventions aux clubs sociaux]
    Fonds Club Richelieu Montréal P206
    Publications rares
Canadian Newstand, base de données électronique de journaux canadiens-anglais
Queen's University, W.D. Jordan Collection, Edith and Lorne Pierce Rare Books, Kingston
    (Ontario)
Université d'Ottawa, Archives de l'Université d'Ottawa, Ottawa (Ontario)
    Publications rares
Université d'Ottawa, Centre de recherche en civilisation canadienne-française, Ottawa
    (Ontario)
    Fonds Club Richelieu Ottawa C117
    Fonds Jean-Jacques-Tremblay P195
    Fonds Ordre de Jacques Cartier C3
    Fonds Richelieu International C76

Fonds d'archives privés

Archives privées du Club Richelieu d'Edmundston, Edmundston (Nouveau-Brunswick)
Archives privées du Club Richelieu de Hollywood, Hollywood (Floride)
Archives privées du Club Richelieu de Liège, Liège (Belgique)
Archives privées du Club Richelieu de Manchester, Manchester (New Hampshire)
Archives privées du Club Richelieu de Montréal, Montréal (Québec)
Archives privées du Club Richelieu de Québec, L'Ancienne-Lorette (Québec)
Archives privées du Richelieu International, Ottawa (Ontario)

Entrevues

ALBERT, Jacques A., Montréal (Québec), 20 mai 2011, 60 minutes.

ALLAIRE, Gratien, Ottawa (Ontario), 16 mai 2011, 70 minutes.

AUBIN, Pierre, Gatineau (Québec), 4 avril 2011, 30 minutes.

BEAUDET-NOUCAS, Diane, Manchester (New Hampshire), 13 octobre 2011, 30 minutes.

BEAUDOIN, André, Québec (Québec), 15 octobre 2012, 60 minutes.

BERTHIAUME, Brigitte, Montréal (Québec), 1er mai 2011, 90 minutes.

BEUNIER, Jean-Marc, Montréal (Québec) et Neuilly-sur-Seine (France), 20 mai 2011 et 3 juillet 2011, 50 minutes.

BOURGEOIS, Collin, Verner (Ontario), 9 mai 2010, 110 minutes.

BRISBOIS, Simon, North Bay (Ontario), 4 janvier 2013, 90 minutes.

BRUNET, Claire-Lucie, Sudbury (Ontario), 11 juin 2012, 30 minutes.

CHAPUT, Donald, Manchester (New Hampshire), 13 octobre 2011, 30 minutes.

CLAVET, Normand, Edmundston (Nouveau-Brunswick), 2 juin 2011, 70 minutes.

CLAVET, Réjane, Edmundston (Nouveau-Brunswick), 3 juin 2011, 25 minutes.

COLLARD-GAGNÉ, Agathe, Québec (Québec), 4 juin 2011, 60 minutes.

FAUCHER, Jacques, Gatineau (Québec), 17 juin 2011 et 5 janvier 2013, 180 minutes.

FRÉTIGNY, Sylvain, Hollywood (Floride), 29 mars 2013, 30 minutes.

ISABELLE, Laurent, Ottawa (Ontario), 20 juin 2011, 60 minutes.

JUTRAS, Paul, Montréal (Québec), 20 mai 2011, 30 minutes.

LACERTE, Roger, Manchester (New Hampshire) et Lowell (Massachusetts), 14 octobre 2011 et 14 décembre 2011, 30 minutes.

LAFRENIÈRE, Berthe, Sudbury (Ontario), 11 juin 2012, 30 minutes.

LANDRY, Maria, Brossard (Québec), 18 octobre 2012, 20 minutes.

LAVALLÉE, Lionel, Brossard (Québec), 18 octobre 2012, 30 minutes.

LAVOIE, Michel, Sudbury (Ontario), 6 juin 2012, 15 minutes.

LEFEBVRE, Denise, Hollywood (Floride), 29 mars 2013, 30 minutes.

LEPAGE, Alphonse, Brossard (Québec), 18 octobre 2012, 15 minutes.

MALO, Jean, Joliette (Québec), 5 juin 2011, 75 minutes.

MARTEL, Louis-Maurice, Manchester (New Hampshire), 15 octobre 2011, 60 minutes.

NOTHOMB, Simon-Pierre, Bruxelles (Belgique), 7 juillet 2011 et 5 novembre 2011, 15 minutes.

OUELLET, Jacques, Ottawa (Ontario), 10 mai 2012, 30 minutes.

PAGÉ, Grégoire, Ottawa (Ontario), 17 octobre 2010, 10 mai 2011, 21 juin 2011 et 10 mai 2012, 180 minutes.

PAGÉ, Mathias-G., Ottawa (Ontario), 10 mai 2011 et 21 juin 2011, 80 minutes.

ROGISTER, Guy, Montréal (Québec) et Liège (Belgique), 20 mai 2011 et 4 juillet 2011, 90 minutes.

ROULEAU, Jeannine, Sudbury (Ontario), 11 juin 2012, 30 minutes.

SIMARD, Roger, Manchester (New Hampshire), 13 octobre 2011, 30 minutes.

THÉRIAULT, Laurier, Ottawa (Ontario), 23 juillet 2010, 60 minutes.

VAILLANCOURT, Denis, Ottawa (Ontario), 16 juin 2011, 75 minutes.

Sources primaires publiées

«Une présence active, Richelieu Boucherville: 25 ans, Paix et Fraternité, 1969-1994», 1995, 40 p., dans Bibliothèque et Archives Canada, Fonds HS 2735, vol. B68, dossier R52.

BERTHIAUME, Brigitte, *Le Club Richelieu Sudbury, 1947 à 1977: le rôle des membres d'un club social dans une communauté canadienne-française*, thèse de maîtrise (histoire), Sudbury, Université Laurentienne, 2009, 143 p.

CHARLES, Larry A., *Service Clubs in American Society: Rotary, Kiwanis, and Lions*, Urbana, University of Illinois Press, 1993, 226 p.

COATES, Kenneth et Fred McGUINESS, *Only in Canada. Kinsmen and Kinnettes*, Winnipeg, Peguis, 1987, 271 p.

DESJARDINS, Roland, Louis-Roland PARADIS, Jules PERRON et Roland LEMIRE, *Kaléidoscope Richelieu 1946-66 [Club Richelieu Trois-Rivières Histoire]*, Trois-Rivières, P.-H. Martineau Éditeur, 1966, 43 p., dans Bibliothèque et Archives nationales du Québec, Collection nationale, 375123 CON.

DUFRESNE, Armand, *Les Clubs Richelieu: les premiers 25 ans du Richelieu international*, Montréal, Éditions du Jour, 1971, 209 p.

DUPUIS, Serge, *Le passage du Canada français à la Francophonie mondiale: mutations nationales, démocratisation et altruisme au mouvement Richelieu, 1944-1995*, thèse de doctorat (histoire), Waterloo, University of Waterloo, 2013, 368 p.

GAGNON, Cyrille, *Les Clubs sociaux neutres: ce qu'en pense la théologie*, Montréal, Action paroissiale, 1925, 16 p., dans Archives de l'Université d'Ottawa, Ottawa (Ontario), Publications rares.

GARDNER, Robert, *Golden Jubilee, 1913-1963*, Montréal, Rotary Club of Montreal, 1963, 48 p., dans Queen's University, W.D. Jordan Collection, Edith and Lorne Pierce Rare Books, Kingston (Ontario).

GERVAIS, Aurel, *Club Richelieu Welland 1957-1992*, Welland, Éditions Soleil Publishing, 1992, 105 p.

LEBLANC, Marcel, «Club Richelieu Roberval, 1949-1999», Roberval, Imprimerie Roberval, 1999, 250 p.

MALO, Jean, *Là où mes pas m'ont conduit. Souvenirs de Jean Malo*, Joliette, Le Caïus, 2010, 470 p.

MARTIN, Paul, *We Serve: A History of the Lions Clubs*, Washington, Regnery Greenway Publishers, 1991, 324 p.

ROBILLARD, Denise, *L'Ordre de Jacques Cartier. Une société secrète pour les Canadiens français catholiques, 1926-1965*, Montréal, Éditions Fides, 2009, 386 p.

SIMARD, François-Xavier et Jean Yves PELLETIER, *Omer Deslauriers, 1927-1999: visionnaire, rassembleur et bâtisseur*, Ottawa, Les Éditions du Vermillon, 2008, 386 p.

TREMBLAY, Jean-Jacques, *Patriotisme et nationalisme*. Ottawa, Les Presses de l'Université d'Ottawa, 1940, 233 p.

TRÉPANIER, James, *Battling a Trojan Horse: the Ordre de Jacques Cartier and the Knights of Columbus, 1917-1965*, thèse de maîtrise (histoire), Ottawa, Université d'Ottawa, 2007, 186 p.

VALLÉE, Diane, «Rappels et reconnaissance 1946-1996. Cinquantenaire du Club Richelieu Mont-Joli», Mont-Joli, 1996, 220 p., dans Bibliothèque et Archives Canada, Fonds HS 2735, vol. M65, dossier V34.

VEILLEUX, Renée et Céline DES CHÊNES, «Dans les sentiers de l'amitié: Richelieu International 1944-1994», Mont-Joli, 1994, 166 p.

Articles

ABULOF, Uriel, «"Small Peoples": The Existential Uncertainty of Ethnonational Communities», *International Studies Quarterly*, n° 53, 2009, p. 227-248.

ALLAIRE, Gratien, «Le triangle canadien-français au tournant des années 1960: le Conseil de la vie française en Amérique, la Société Saint-Jean-Baptiste de Montréal et l'Ordre de Jacques Cartier», *Francophonies d'Amérique*, n° 17, printemps 2004, p. 107-116.

BÉLANGER, Damien-Claude, «L'antiaméricanisme et l'antimodernisme dans le discours de la droite intellectuelle du Canada, 1891-1945», *Revue d'histoire de l'Amérique française*, vol. 61, n°ˢ 3-4, hiver-printemps 2008, p. 501-530.

BELLIVEAU, Joel et Frédéric BOILY, «Deux révolutions tranquilles? Transformations politiques et sociales au Québec et au Nouveau-Brunswick (1960-1967)», *Recherches sociographiques*, vol. 46, n° 1, 2005, p. 11-34.

BIENVENUE, Louise et Christine HUDON, «Entre franche camaraderie et amours socratiques: l'espace trouble et ténu des amitiés masculines dans les collèges classiques (1870-1960)», *Revue d'histoire de l'Amérique française*, vol. 57, n° 4, printemps 2004, p. 481-507.

BRUNET, Michel, «Trois dominantes de la pensée canadienne-française: l'agriculturisme, l'anti-étatisme et le messianisme», *Écrits du Canada français*, n° 3, 1957, p. 31-118.

CARDINAL, Linda et Martin PAPILLON, «Le Québec et l'analyse comparée des petites nations», *Politique et Sociétés*, vol. 30, n° 1, 2011, p. 75-93.

DEMERATH, N. J., «The Rise of "Cultural Religion" in European Christianity: Learning from Poland, Northern Ireland, and Sweden», *Social Compass*, vol. 47, n° 1, 2000, p. 127-139.

DUHAIME, Vincent, « "Les pères ont ici leur devoir": le discours du mouvement familial québécois et la construction de la paternité dans l'après-guerre, 1945-1960», *Revue d'histoire de l'Amérique française*, vol. 57, n° 4, printemps 2004, p. 535-566.

DUPUIS, Serge, « "Plus peur de l'hiver que du diable": des immigrants aux hivernants canadiens-français à Palm Beach (Floride), 1945-1997», *Revue d'histoire de l'Amérique française*, vol. 63, n° 4, printemps 2010, p. 465-495.

DUPUIS, Serge, «Pour une grille d'analyse appropriée à l'élite en francophonie canadienne», *Francophonies d'Amérique*, n° 37, printemps 2014, p. 77-86.

FERRETTI, Lucia, «Caritas-Trois-Rivières (1954-1966), ou les difficultés de la charité catholique à l'époque de l'État providence», *Revue d'histoire de l'Amérique française*, vol. 58, n° 2, automne 2004, p. 187-216.

HAYDAY, Matthew, «Fireworks, Folk-Dancing, and Fostering a National Identity: the Politics of Canada Day», *The Canadian Historical Review*, vol. 91, n° 2, juin 2010, p. 287-314.

LANGLOIS, Simon, «Un cas typique de mutation de la référence nationale: le Canada français», dans Simon Langlois, dir., *Identités et cultures nationales. L'Amérique française en mutation*, Québec, Les Presses de l'Université Laval, 1995, p. 3-14.

LEMIEUX, Raymond, «Le catholicisme québécois: une question de culture», *Sociologie et sociétés*, vol. 22, n° 2, octobre 1990, p. 145-164.

McKAY, Ian, «The Liberal Order Framework: A Prospectus for a Reconnaissance of Canadian History», *The Canadian Historical Review*, vol. 81, n° 4, décembre 2000, p. 617-645.

MEREN, David, «An Atmosphere of *Libération*: The Role of Decolonization in the France-Quebec Rapprochement of the 1960s», *The Canadian Historical Review*, vol. 92, n° 1, janvier 2011, p. 263-294.

MEYEROWITZ, Joanne, «A History of Gender», *The American Historical Review*, vol. 113, n° 5, décembre 2008, p. 1346-1356.

MINOIS, Georges, « Une planète trop peuplée ? », *Le Monde diplomatique*, n° 687, juin 2011, p. 1, 16-17.

OLIVIER, Laurence et Guy BÉDARD, « Le nationalisme québécois, les Acadiens et les francophones du Canada », *Égalité : Revue acadienne d'analyse politique*, n° 33, printemps 1993, p. 81-100.

RIOUX, Marcel et Jacques DOFNY, « Les classes sociales au Canada français », *Revue française de sociologie*, vol. 3, n° 3, juillet-septembre 1962, p. 290-300.

SCOTT, Joan W., « Gender : A Useful Category of Historical Analysis », *The American Historical Review*, vol. 91, n° 5, décembre 1986, p. 1053-1075.

RUTHERDALE, Robert, « Fatherhood, Masculinity, and the Good Life During Canada's Baby Boom, 1945-1965 », *Journal of Family History*, vol. 24, n° 3, juillet 1999, p. 351-373.

THÉRIAULT, Joseph Yvon, « Entre l'ethnie et la nation. Sociologie, société et communauté minoritaires francophones », *Sociologie et sociétés*, vol. 26, n° 1, 1994, p. 15-32.

TRAISNEL, Christophe, « Protéger et pacifier. La politique officielle de bilinguisme canadien face au risques de transferts linguistiques et de contestation communautaire », *Revue internationale d'études canadiennes*, n°s 45-46, 2012, p. 69-89.

VACANTE, Jeffery, « Evolving Racial Identity and the Consolidation of Men's Authority in Early Twentieth-Century Quebec », *The Canadian Historical Review*, vol. 88, n° 3, septembre 2007, p. 413-438.

VACANTE, Jeffery, « Liberal Nationalism and the Challenge of Masculinity Studies in Quebec », *Left History*, vol. 11, n° 2, automne 2006, p. 96-117.

WARREN, Jean-Philippe, « Le corporatisme canadien-français comme "système total". Quatre concepts pour comprendre la popularité d'une doctrine », *Recherches sociographiques*, vol. 45, n° 2, mai-août 2004, p. 219-238.

Chapitres

BOCK, Michel, « De la "tradition" à la "participation" : les années 1960 et les mouvements de jeunesse franco-ontariens », *Cahiers Charlevoix 8. Études franco-ontariennes*, Ottawa, Les Presses de l'Université d'Ottawa, 2010, p. 111-196.

CARDINAL, Linda, « Making a Difference : The Theory and Practice of Francophone Women's Groups 1969-1982 », dans Joy PARR (dir.), *Women in Ontario*, Toronto, University of Toronto Press, p. 281-316.

FRENETTE, Yves, « L'Ontario français du Centre et du Sud-Ouest, 1940-1970 », *Cahiers Charlevoix 6. Études franco-ontariennes*, Sudbury, Éditions Prise de Parole, 2006, p. 144-181.

GERVAIS, Gaétan, « Les paroisses de l'Ontario français 1767-2000 », *Cahiers Charlevoix 6. Études franco-ontariennes*, Sudbury, Éditions Prise de parole, 2004, p. 99-194.

MAGER, Robert et Patrice BERGERON, « Sortir la religion de l'école ou l'école de la religion ? Le débat québécois sur la confessionnalité scolaire (1960-2000) », dans François NAULT (dir.), *Religion, modernité et démocratie en dialogue avec Marcel Gauchet*, Québec, Les Presses de l'Université Laval, 2008, p. 170-194.

MEUNIER, E.-Martin, Jean-François LANIEL et Jean-Christophe DEMERS, « Permanence et recomposition de la "religion culturelle". Aperçu socio-historique du catholicisme québécois (1970-2006) », dans Robert MAGER et Serge CANTIN (dir.), *Modernité et religion au Québec. Où en sommes-nous ?*, Québec, Les Presses de l'Université Laval, 2010, p. 79-129.

STRUTHERS, James, « Unequal Citizenship : The Residualist Legacy in the Canadian Welfare State », dans John ENGLISH, Kenneth McLAUGHLIN et P. Whitney LACKENBAUER (dir.), *Mackenzie King : Citizenship and Community : Essays Marking the 125th Anniversary of the Birth of William Lyon Mackenzie King*, Toronto, Robin Brass Studio, 2002, p. 169-185.

Études

ADAMS, Mary Louise, *The Trouble with Normal : Postwar Youth and the Making of Heterosexuality*, Toronto, University of Toronto Press, 1997, 256 p.

ANDERSON, Benedict, *L'imaginaire national : réflexions sur l'origine et l'essor du nationalisme*, Paris, Éditions La Découverte, 2002, 212 p.

APPADURAI, Arjun, *Après le colonialisme : les conséquences culturelles de la globalisation*, Paris, Les Éditions Payot, 2001, 322 p.

ARNOLD, John H. et Sean BRADY, dir., *What is Masculinity ? Historical Dynamics from Antiquity to the Contemporary World*, London, Palgrave Macmillan, 2011, 464 p.

BAILLARGEON, Denyse, *Brève histoire des femmes au Québec*, Montréal, Les Éditions du Boréal, 2012, 281 p.

BASTIEN, Frédéric, *Le poids de la coopération : le rapport France-Québec*, Montréal, Les Éditons Québec Amérique, 2006, 275 p.

BEHIELS, Michael, *La Francophonie canadienne : renouveau constitutionnel et gouvernance scolaire*, Ottawa, Les Presses de l'Université d'Ottawa, 2005, 432 p.

BÉLANGER, Damien-Claude, *Prejudice and Pride : Canadian Intellectuals Confront the United States, 1891-1945*, Toronto, University of Toronto Press, 2011, 322 p.

BELLIVEAU, Joel, *Le « moment 68 » et la réinvention de l'Acadie*, Ottawa, Les Presses de l'Université d'Ottawa, 2014, 311 p.

BENGTSSON, Jan Olof, *The Worldview of Personalism : Origins and Early Development*, New York, Oxford University Press, 2006, 320 p.

BERSTEIN, Serge, *Histoire du gaullisme*, Paris, Éditions Perrin, 2001, 568 p.

BERTHIAUME, Guy et Claude CORBO (dir.), *La Révolution tranquille en héritage*, Montréal, Les Éditions du Boréal, 2011, 304 p.

BIENVENUE, Louise, *Quand la jeunesse entre en scène : l'Action catholique avant la Révolution tranquille*, Montréal, Les Éditions du Boréal, 2003, 291 p.

BIENVENUE, Louise, Ollivier HUBERT et Christine HUDON, *Les collèges classiques pour garçons. Études sur une institution québécoise disparue*, Montréal, Édition Fides, 2014, 424 p.

BLAKE, Raymond B., *From Rights to Needs : A History of Family Allowances in Canada, 1929-92*, Vancouver, University of British Columbia Press, 2009, 354 p.

BOCK, Michel, *Comment un peuple oublie son nom : la crise identitaire franco-ontarienne et la presse de Sudbury, 1960-1975*, Sudbury, Éditions Prise de parole, 2001, 119 p.

BOCK, Michel, *Quand la nation débordait les frontières : les minorités françaises dans la pensée de Lionel Groulx*, Montréal, Éditions HMH Hurtubise, 2004, 452 p.

BOCK, Michel et Gaétan GERVAIS, *L'Ontario français : des Pays-d'en-Haut à nos jours*, avec la coll. de Suzanne ARSENAULT, Ottawa, Centre franco-ontarien de ressources pédagogiques, 2004, 271 p.

BOTHWELL, Robert, *Alliance and Illusion : Canada and the World, 1945-1984*, Vancouver, University of British Columbia Press, 2008, 464 p.

BOUCHARD, Gérard, *Genèse des nations et des cultures du Nouveau Monde : essai d'histoire comparée*, Montréal, Les Éditions du Boréal, 2000, 503 p.

BOURBEAU, Amélie, *Techniciens de l'organisation sociale. La réorganisation de l'assistance catholique privée à Montréal (1930-1974)*, Montréal, McGill-Queen's University Press, 2015, 316 p.

BREMNER, Robert, *Giving: Charity and Philanthropy in History*. New Brunswick (New Jersey), Transaction Publishing, 1994, 235 p.

BROWN, Callum G., *Religion and the Demographic Revolution: Women and Secularization in Canada, Ireland, UK, and USA since the 1960s*, Woodbridge, Boydell, 2012, 305 p.

CHODOS, Robert et Eric HAMOVITCH, *Quebec and the American Dream*, Toronto, Between the Lines Publishing, 1991, 251 p.

CHOQUETTE, Robert, *La foi gardienne de la langue en Ontario, 1900-1950*, Montréal, Éditions Bellarmin, 1987, 282 p.

CHRISTIE, Nancy et Michael GAUVREAU, *A Full-Orbed Christianity: The Protestant Churches and Social Welfare in Canada, 1900-1940*, Montréal, McGill-Queen's University Press, 1996, 367 p.

COGAN, Charles G., *Charles de Gaulle. A Brief Biography with Documents*, New York, St. Martin's Press, 1996, 243 p.

COMACCHIO, Cynthia, *The Dominion of Youth: Adolescence and the Making of Modern Canada, 1920-1950*, Waterloo, Wilfrid Laurier University Press, 2006, 312 p.

CONNELL, R.W., *Masculinities*, 2ᵉ édition, Berkeley, University of California Press, 2005, 324 p.

COULOMBE, Danielle, *Coloniser et enseigner: le rôle du clergé et la contribution des Sœurs de Notre-Dame du Perpétuel Secours à Hearst, 1917-1942*, Ottawa, Les Éditions du Nordir, 1998, 253 p.

CUORDILEONE, K.A., *Manhood and American Political Culture in the Cold War*, New York, Routledge Press, 2005, 282 p.

CUTHBERT BRANDT, Gail, Naomi BLACK, Paula BOURNE et Magdalena FAHRNI, *Canadian Women: A History*, 3ᵉ edition, Toronto, Nelson Education Publishing, 2011, 660 p.

D'ABLIS, Cécile, *Richelieu: l'essor d'un nouvel équilibre européen*, Paris, Éditions Armand Colin, 2012, 287 p.

DE BEAUVOIR, Simone, *Le deuxième sexe*, Paris, Éditions Gallimard, 1949, 2 tomes.

DEREUMAUX, René-Maurice, *L'Organisation internationale de la francophonie: l'institution internationale du XXIᵉ siècle*, Paris, Éditions L'Harmattan, 2008, 155 p.

DESROSIERS-LAUZON, Godefroy, *Florida's Snowbirds: Spectacle, Mobility, and Community since 1945*, Montréal, McGill-Queen's University Press, 364 p.

DUBY, Georges (dir.), *Histoire de la France des origines à nos jours*, Paris, Les Éditions Larousse, 2006, 1408 p.

DUMMITT, Christopher, *The Manly Modern: Masculinity in Postwar Canada*, Vancouver, University of British Columbia Press, 2007, 232 p.

DUMONT, Fernand, *Raisons communes*, 2ᵉ édition, Montréal, Les Éditions du Boréal, 1997, 251 p.

DUMONT, Fernand, *Un témoin de l'homme. Entretiens colligés et présentés par Serge Cantin*, Montréal, Éditions de l'Hexagone, 2000, 361 p.

DUMONT, Georges-Henri, *Histoire de la Belgique*, Bruxelles, Les Éditions Le Cri, 2000, 659 p.

DUMONT, Jacques, *L'amère patrie: histoire des Antilles françaises au XXᵉ siècle*, Paris, Les Éditions Fayard, 2010, 351 p.

DUMONT, Micheline, Michèle JEAN, Marie LAVIGNE et Jennifer STODDART, *L'histoire des femmes au Québec depuis quatre siècles*, Montréal, Le Jour éditeur, 1992, 646 p.

DUPUIS, Serge, *Plus peur de l'hiver que du Diable : Une histoire des Canadiens français en Floride*, Sudbury, Éditions Prise de parole, 2016, 188 p.

ENGLISH, John, *Just Watch Me : The Life of Pierre Elliott Trudeau, 1968-2000*, Toronto, Knopf Canada Publishers, 2009, 789 p.

ENGLISH, John, *The Life of Lester Pearson*, Toronto, Vintage Books, 1993, 500 p.

FAHRNI, Magdalena et Robert RUTHERDALE (dir.), *Creating Post-War Canada : Community, Diversity, and Dissent, 1945-75*, Vancouver, University of British Columbia Press, 347 p.

FAVREAU, Louis, Lucie FRÉCHETTE et René LACHAPELLE, *Coopération Nord-Sud et développement. Le défi de la réciprocité*, Sainte-Foy, Presses de l'Université du Québec, 2008, 185 p.

FOISY-GEOFFROY, Dominique, *Esdras Minville : nationalisme économique et catholicisme social au Québec durant l'entre-deux-guerres*, Sillery, Les éditions du Septentrion, 2004, 176 p.

FRASER, Graham, *Sorry! I don't Speak French. Ou pourquoi quarante ans de politiques linguistiques au Canada n'ont rien réglé... ou presque*, Montréal, Les Éditions du Boréal, 2007, 406 p.

FRENETTE, Yves, *Brève histoire des Canadiens français*, Montréal, Les Éditions du Boréal, 1998, 209 p.

GAUVREAU, Michael, *Les origines catholiques de la Révolution tranquille*, Montréal, Éditions Fides, 2008, 457 p.

GENDRON, Robin Stewart, *Towards a Francophone Community : Canada's Relations with France and French Africa, 1945-1968*, Montréal, McGill-Queen's University Press, 2006, 191 p.

GEREMEK, Bronislaw, *Poverty : A History*, Oxford, Blackwell Publishers, 1994, 273 p.

GERVAIS, Gaétan, *Des gens de résolution : le passage du « Canada français » à l'« Ontario français »*, Sudbury, Éditions Prise de Parole, 2003, 230 p.

GRAMMOND, Sébastien, *Identity Captured by Law : Membership in Canada's Indigenous Peoples and Linguistic Minorities*, Montréal, McGill-Queen's University Press, 2009, 252 p.

GROULX, Lionel, *Le Canada français missionnaire ; une autre grande aventure*, Montréal, Éditions Fides, 1962, 532 p.

GUEST, Dennis, *The Emergence of Social Security in Canada*, 3ᵉ édition, Vancouver, University of British Columbia Press, 1997, 390 p.

GUILLAUME, Sylvie (dir.), *Les associations dans la Francophonie*, Bordeaux, La Maison des Sciences de l'Homme d'Aquitaine, 2006, 333 p.

HADDOW, Rodney S., *Poverty Reform in Canada, 1958-1978 : State and Class Influences in Policy Making*, Montréal, McGill-Queen's University Press, 1993, 247 p.

HAMELIN, Jean et Nicole GAGNON, *Histoire du catholicisme québécois, Volume III : Le XXᵉ siècle. Tome I, 1898-1940*, Montréal, Les Éditions du Boréal, 1985, 504 p.

HAYDAY, Matthew, *Bilingual Today, United Tomorrow : Official Languages in Education and Canadian Federalism*, Montréal, McGill-Queen's University Press, 2005, 256 p.

HÉBERT, Raymond-M., *La Révolution tranquille au Manitoba français*, Winnipeg, Éditions du Blé, 2012, 384 p.

HOLLORAN, Peter C. et Andrew HUNT, *A Social History of the United States: The 1980s*, Santa Barbara, ABC-CLIO Publishing, 2008, 344 p.

HURTEAU, Pierre, *Homosexualités masculines et religions du monde*, Paris, Éditions L'Harmattan, 2010, 418 p.

IGARTUA, José, *The Other Quiet Revolution: National Identities in English Canada, 1945-71*, Vancouver, University of British Columbia Press, 2006, 277 p.

JAMES, Lawrence, *The Middle Class: A History*, Londres, Little, Brown Book Group, 2006, 690 p.

JOY, Richard J., *Languages in Conflict: The Canadian Experience*, Toronto, McClelland and Stewart Publishing, 1972, 149 p.

KIMMEL, Michael S., *Manhood in America: A Cultural History*, 3ᵉ édition, New York, Oxford University Press, 2011, 392 p.

KUNDERA, Milan, *Le Rideau, essai en sept parties*, Paris, Éditions Gallimard, 2005, 196 p.

KYMLICKA, Will, *Multicultural Odysseys: Navigating the New International Politics of Diversity*, New York, Oxford University Press, 2007, 374 p.

LE NET, Michel et Jean WERQUIN, *Le volontariat: aspects sociaux, économiques et politiques en France et dans le monde*, Paris, Éditions La Documentation française, 1985, 128 p.

LOUDER, Dean et Éric WADDELL (dir.), *Du continent perdu à l'archipel retrouvé: le Québec et l'Amérique française*, Québec, Les Presses de l'Université Laval, 1983, 292 p.

LOUDER, Dean et Éric WADDELL (dir.), *Franco-Amérique*, Québec, Les éditions du Septentrion, 2008, 378 p.

MARSHALL, Dominique, *Aux origines sociales de l'État-providence. Familles québécoises, obligation scolaire et allocations familiales, 1940-1955*, Montréal, Les Presses de l'Université de Montréal, 317 p.

MARTEL, Marcel, *Le deuil d'un pays imaginé: rêves, luttes et déroute du Canada français: les rapports entre le Québec et la francophonie canadienne, 1867-1976*, Ottawa, Les Presses de l'Université d'Ottawa, 1997, 203 p.

MARTEL, Marcel et Martin PÂQUET, *Langue et politique au Canada et au Québec: une synthèse historique*, Montréal, Les Éditions du Boréal, 2010, 335 p.

McROBERTS, Kenneth, *Un pays à refaire: l'échec des politiques constitutionnelles*, Montréal, Les Éditions du Boréal, 1999, 483 p.

MEREN, David, *With Friends Like These: Entangled Nationalisms in the Canada-Quebec-France Triangle, 1945-1970*, Vancouver, University of British Columbia Press, 2012, 355 p.

MEUNIER, E.-Martin, *Le pari personnaliste: modernité et catholicisme au XXᵉ siècle*, Montréal, Éditions Fides, 2007, 369 p.

MEUNIER, E.-Martin et Jean-Philippe WARREN, *Sortir de la grande noirceur: l'horizon personnaliste de la Révolution tranquille*, Sillery, Les éditions du Septentrion, 2002, 209 p.

MILLS, Sean, *Contester l'empire: pensée postcoloniale et militantisme politique à Montréal, 1963-1972*, Montréal, Éditions Hurtubise, 2011, 349 p.

MORRISON, David R., *Aid and Ebb Tide: A History of CIDA and Canadian Development Assistance*, Waterloo, Wilfrid Laurier University Press, 1998, 602 p.

MUIRHEAD, Bruce, *IDRC: 40 Years of Ideas, Innovation, and Impact*, Waterloo, Wilfrid Laurier University Press, 373 p.

OWRAM, Doug, *Born at the Right Time: A History of the Baby-Boom Generation*, Toronto, University of Toronto Press, 1996, 392 p.

PAL, Leslie, *Interests of State: The Politics of Language, Multiculturalism and Feminism in Canada*, Montréal, McGill-Queen's University Press, 1993, 330 p.

PAQUIN, Stéphane, avec Louise BEAUDOIN, *Histoire des relations internationales du Québec*, Montréal, VLB Éditeur, 2006, 357 p.

PARÉ, François, *Théories de la fragilité*, Ottawa, Les Éditions David, 1994, 156 p.

PHAN, Trang et Michel GUILLOU, *Francophonie et mondialisation. Histoire et institutions des origines à nos jours*, Paris, Les Éditions Belin, 2011, 472 p.

ROY, Jean-Louis, *Quel avenir pour la langue française? Francophonie et concurrence culturelle au XXIe siècle*, Montréal, Éditions Hurtubise HMH, 268 p.

RUDIN, Ronald, *Faire de l'histoire au Québec*, Sillery, Les éditions du Septentrion, 1998, 278 p.

RUDIN, Ronald, *L'Acadie entre le souvenir et l'oubli: un historien sur les chemins de la mémoire collective*, Montréal, Les Éditions du Boréal, 2014, 445 p.

SAVARD, Pierre, *Entre France rêvée et France vécue: douze regards sur les relations franco-canadiennes aux XIXe et XXe siècles*, Montréal, Éditions Nota Bene, 2009, 330 p.

TAYLOR, Charles, *Grandeur et misère de la modernité*, Montréal, Éditions Bellarmin, 1992, 150 p.

THÉRIAULT, Joseph Yvon, *Critique de l'américanité. Mémoire et démocratie au Québec*, Montréal, Éditions Québec Amérique, 2005, 386 p.

THÉRIAULT, Joseph Yvon, Anne GILBERT et Linda CARDINAL (dir.), *L'espace francophone en milieu minoritaire au Canada. Nouveaux enjeux, nouvelles mobilisations*, Montréal, Éditions Fides, 2008, 562 p.

TILLOTSON, Shirley, *Contributing Citizens: Modern Charitable Fundraising and the Making of the Welfare State, 1920-66*, Vancouver, University of British Columbia Press, 2008, 339 p.

TILLOTSON, Shirley, *The Public at Play: Gender and the Politics of Recreation in Post-war Ontario*, Toronto, University of Toronto Press, 2000, 235 p.

WHITAKER, Reginald, *Canada and the Cold War*, Toronto, Lorimer Publishing, 2002, 256 p.

Thèses

BOURBEAU, Amélie, *La réorganisation de l'assistance chez les catholiques montréalais: la Fédération des œuvres de charité canadiennes-françaises et la Federation of Catholic Charities, 1930-1972*, thèse de doctorat (histoire), Montréal, Université du Québec à Montréal, 385 p.

MIVILLE, Serge, *«À quoi sert au Canadien français de gagner l'univers canadien s'il perd son âme de francophone?» Représentations identitaires et mémorielles dans la presse franco-ontarienne après la «rupture» du Canada français (1969-1986)*, thèse de maîtrise (histoire), Ottawa, Université d'Ottawa, 2012, 264 p.

Textes en ligne

Decision Time for Canada. Let's Make Poverty History. 2005 Report Card on Child Poverty in Canada, Toronto, Campaign 2000, 2005, 12 p.

«Historique d'Optimist International», Optimist International.

«History of the Canadian Progress Club», Canadian Progress Club.

«Inflation Canada 1973» et «Inflation Canada 1978», World Inflation Data.

«Les activités du Club Richelieu Ottawa», Centre de recherche en civilisation canadienne-française.

«Naissances et taux de natalité, Québec, 1900-2014», Institut de la statistique du Québec.

«Polio», Rotary International.

«Profile of the Canadian population by age and sex : Canada ages», Ottawa, Statistique Canada.

«Rotary International», Wikipedia.

«Should Canadian millionnaires pay more taxes?», Canadian Broadcasting Corporation, 20 décembre 2011.

BÉLANGER, Claude, «The Three Pillars of Survival», Marianopolis College, 23 août 2000.

COURNOYER, Jean, «Rouleau (Gontran)», *La Mémoire du Québec*.

DUPUIS, Serge, «La déconfessionnalisation partielle de l'école canadienne-française», *La Relève*, septembre-décembre 2010.

KERNALEGENN, Tudi, «Le réveil des revendications régionalistes et nationalitaires au tournant des années 1968 : analyse d'une "vague" nationale», *Fédéralisme Régionalisme*, vol. 13, 2013.

McKRACKEN, Krista, «Crumbiling Communities : Declining Service Club Membership», Active History, 12 novembre 2012.

REGINALD, David et Rebecca NESBIT, *Volunteer Growth in America. A Review of Trends Since 1974*, Washington, Center for National and Community Service, 2006, 12 p.

SÄGESSER, Caroline, «Le déclin de la pratique religieuse en Belgique», Observatoire des Religions et de la Laïcité, 18 avril 2012.

VALLÉE, Pierre, «L'Agence universitaire de la Francophonie a 50 ans», *Le Devoir* [En ligne], 10 septembre 2011.

Table des matières

CET OUVRAGE EST COMPOSÉ EN ADOBE GARAMOND PRO CORPS 12
SELON UNE MAQUETTE DE PIERRE-LOUIS CAUCHON
ET ACHEVÉ D'IMPRIMER EN MARS 2017
SUR LES PRESSES DE L'IMPRIMERIE MARQUIS
AU QUÉBEC
POUR LE COMPTE DE GILLES HERMAN
ÉDITEUR À L'ENSEIGNE DU SEPTENTRION